云南工业发展研究系列丛书

# 云南资源型工业核心竞争力研究

和段琪　蒋兴明　刘春学　著

北　京
冶　金　工　业　出　版　社
2015

## 内 容 提 要

本书从结构优化、技术先进、清洁安全、附加值高、吸纳就业能力强等五个方面对云南资源型工业的核心竞争力的现状、存在的问题进行了分析，并做了适度的预测，从采矿、选矿、冶炼、加工等四个门类和黑色金属、有色金属、煤、磷盐等四个行业进行了定量和定性研究，与相似省份进行了对比分析，在此基础上提出了参考对策和建议。

本书可供经济地理学、工业地理学、产业经济学、区域经济与区域发展等领域的研究人员、管理和决策人员使用，也可供高等院校相关专业师生参考。

**图书在版编目(CIP)数据**

云南资源型工业核心竞争力研究/和段琪，蒋兴明，刘春学著．—北京：冶金工业出版社，2015.10

(云南工业发展研究系列丛书)

ISBN 978-7-5024-7047-0

Ⅰ.①云…　Ⅱ.①和…　②蒋…　③刘…　Ⅲ.①地方工业经济—核心竞争力—研究—云南省　Ⅳ.①F427.74

中国版本图书馆 CIP 数据核字（2015）第 242250 号

出 版 人　谭学余
地　　址　北京市东城区嵩祝院北巷 39 号　邮编　100009　电话　(010)64027926
网　　址　www.cnmip.com.cn　电子信箱　yjcbs@cnmip.com.cn
责任编辑　杨秋奎　美术编辑　杨　帆　版式设计　孙跃红
责任校对　郑　娟　责任印制　牛晓波
ISBN 978-7-5024-7047-0
冶金工业出版社出版发行；各地新华书店经销；固安华明印业有限公司印刷
2015 年 10 月第 1 版，2015 年 10 月第 1 次印刷
169mm×239mm；11.5 印张；221 千字；169 页
**45.00** 元

**冶金工业出版社　投稿电话　(010)64027932　投稿信箱　tougao@cnmip.com.cn**
**冶金工业出版社营销中心　电话　(010)64044283　传真　(010)64027893**
**冶金书店　地址　北京市东四西大街 46 号(100010)　电话　(010)65289081(兼传真)**
**冶金工业出版社天猫旗舰店　yjgycbs.tmall.com**

# 前　言

云南矿产资源丰富，资源型工业既是云南矿业支柱产业的重要经济表现，也是大部分县乡的经济支柱，深入分析研究资源型工业核心竞争力具有理论价值和实践意义。

本书所指的资源型工业主要包括矿产资源开发中的采（矿）、选（矿）、冶（炼）、加（工）四个门类以及黑色金属、有色金属、煤、磷盐等四个行业，在具体矿产上，包括黑色金属（铁）、有色金属（锡、铅锌、铜、铝）、煤、磷盐等。

本书提出资源型工业核心竞争力包含破解发展难题、驱动发展创新、引领产业发展跨越、支撑产业发展前沿、抢占产业发展高点等五个核心要素，对这五个核心要素效应进行了深入论述。在此基础上，提出结构优化、技术先进、清洁安全、附加值高、吸纳就业能力强是资源型工业核心竞争力的表征。

结构优化主要从合理化和高级化两个方面分析了云南资源型工业的结构优化状况。合理化主要从规模比例、关联程度、协调能力等三个方面进行研究，高级化主要从高技术化、高度集约化、高度加工化等方面进行研究。

技术先进主要从管理制度合理、生产工艺先进两个方面分析。管理制度合理从产业政策合理、企业管理制度合理两个方面分析，生产工艺先进从生产技术工艺、装备水平及生产能力、产品质量等三个方面分析。

清洁安全主要从清洁和安全两部分进行研究。清洁从能源和材料、生产过程、产品等三个方面进行研究，安全从生产安全和经济安全两方面进行研究。

附加值高主要从经济效益、附加值率、增加值率等三个方面进行研究。

吸纳就业能力强主要从就业数量、就业质量、就业空间等三个方面进行研究。就业数量从就业人数、行业就业效应、就业贡献率等三个方面来研究，就业质量从工资水平、负担人数两方面研究，就业增长空间从就业弹性、结构偏离度两个方面研究。

这五个方面之间相互关联、相互支持。产业的结构越优化、技术越先进、越清洁、越安全、附加值越高、吸纳就业能力越强，产业竞争力越强。结构优化是核心，目的是促进产业结构的调整升级，转变现有的发展方式，结构优化就是要朝着技术先进、清洁安全、附加值高和吸纳就业能力强的方向发展。技术先进既是促进结构优化的关键和主要因素，也是结构优化主要表现之一，是实现其他几个方面的主要源泉和途径，可以使劳动密集型产业转向资本、技术密集型产业，同时降低能耗、减小环境污染。清洁安全是结构优化的一个衡量标准和重要表现，主要针对我国现阶段工业生产中普遍存在的污染严重、事故多发、产业波动等问题。附加值高是结构优化的主要目标和衡量基准。吸纳就业能力强是结构优化的一个重要要求，不仅是要在劳动力素质上吸纳就业能力强，在劳动力数量上也要强。

本书是集体智慧的结晶，是全体研究人员的共同成果。在研究工作期间，分别组成云南财经大学研究小组、云南省政府办公厅研究小组、云南大学发展研究院研究小组共同参与研究。云南财经大学刘春学教授、张洪教授、林幼斌副教授、韩全芳副教授，云锡集团高级工程师杨建宇，是开展研究工作、完成本书撰写任务的中坚力量。云南省人民政府办公厅、云南省科技厅、云南省工业和信息化委员会、云南财经大学等单位提供了大量帮助。云南大学发展研究院梁双陆教授在研究工作中提出大量的指导性意见，昆钢集团、云铜集团、云锡集团、云天化集团、云南冶金集团、云南煤化工集团、云南锗业公司、祥云飞龙公司等企业提供的基础数据是本书得以深入分析的条件。全书共分七章，具体撰写分工是：第1、2、7章由和段琪负责，第3、4章由蒋兴明负责；第5、6章由刘春学负责，张洪、林幼斌、雷荣林、张蔚、李春雪、韩全芳、杨建宇、雷迪、邓明翔、赵泽宽、徐卫华、郭长海、崔昊等参与了部分撰写工作。

在成书的过程中，叶燎原、龙江、刘绍忠、徐盛鹏、董华、王长勇、赵慧侠、李文荣、刘绍怀、汪戎、林文勋、杨先明、王力宾、侯树谦、许云等专家都提出了很好的意见建议，在此表示由衷的谢意。

由于著者水平所限，书中疏漏之处，请广大读者批评指正。

著 者

2015年5月

# 目　录

# 图目录

# 表目录

# 1 资源型工业核心竞争力

核心竞争力是广泛使用的一个概念，不同的领域、不同学者对此有不同的解释。《国际竞争力报告》（1994 年）中将区域产业核心竞争力定义为该产业“在世界市场上均衡地生产出比其竞争对手更多财富的能力”；我国有学者将产业核心竞争力定义为一国某一产业在特定经营环境中所形成的具有整体性的、对该产业的发展具有核心和支配地位的、具有自我完善能力的、其他国家难以模仿的优势竞争能力。核心竞争力是一个动态的概念，是在一定发展阶段的相对竞争力，其内涵随着经济的发展不断变化，在不同的时期关于核心竞争力的内容也有不同解释。

资源型工业的核心竞争力是资源型工业核心环节形成的独特的、难以模仿的内在成长能力和持续竞争优势。资源型工业的核心竞争力是一个具有以下五种效应的“要素群”：破解产业发展难题、驱动产业发展创新、引领产业发展跨越、支撑产业发展前沿、抢占产业发展高点，这一个“要素群”中的单个要素需具备以上效应中的两个或两个以上。

我国“十二五”规划建议提出，发展“结构优化、技术先进、清洁安全、附加值高、吸纳就业能力强”的现代产业体系，以上五种要素，构成一个“要素群”。这一“要素群”具备资源型工业核心竞争力的五种效应，且其中的每一种要素都具有两种或两种以上效应，可视为资源型工业的核心竞争力。

## 1.1 资源型工业核心竞争力的五种效应阐述

### 1.1.1 破解产业发展难题

产业发展难题是指产业发展过程中不易处理和解决，会对产业发展造成阻碍的问题。资源型工业的发展难题主要有：资源诅咒难题、环境影响难题、资本排斥劳动难题。破除资源型工业的发展难题主要在于破除以上三种难题。

#### 1.1.1.1 资源诅咒难题

资源诅咒的含义是自然资源丰裕的国家经济增长速度明显慢于自然资源匮乏的国家。出现资源诅咒现象的原因主要有以下几方面。

从国际贸易的角度看，以初等资源品为主要出口商品的国家在贸易状况不断恶化时，不得不出口更多的初级产品以换取工业品，从而大量贸易利益被发达国家占有。

资源产业对其他产业有“挤出效应”，自然资源丰富的国家对初级产业的依赖较大，导致分配给制造业等国民经济重要部门的劳动力和资本较少，进而导致经济增长缓慢。

从人力资本角度看，资源丰富国家的经济主要依靠初级产业，不需要高技术的劳动力，导致这些国家忽视了人力资本的培养，进而导致人力资本匮乏，国民经济发展和提升缺失关键要素。

从制度的角度看，丰富的资源催生了大量“经济租”，寻租行为使得腐败、官僚化、市场机制缺失等问题日益加剧，阻碍了国民经济的发展。

#### 1.1.1.2 环境影响难题

按照《中华人民共和国环境保护法》，环境是指“影响人类生存和发展的各种天然和经过人工改造的自然因素的总体，包括大气、水、海洋、土地、矿藏、森林、草原、野生动物、自然遗迹、人文遗迹、风景名胜区、自然保护区、城市和乡村等”。

资源型工业的发展不可避免地会对环境带来诸多负面影响。比如：矿石的开采、清洗会对附近的水资源带来污染；石油、天然气的开发利用也不可避免地会对大气造成损害。当下的中国，经济发展特别是资源型工业的发展与环境保护之间的矛盾越来越严峻，面临“资源约束趋紧、环境污染严重、生态系统退化的严峻形势”，必须“加大自然生态系统和环境保护力度”，“建立系统完整的生态文明制度体系，用制度保护生态环境”。然而，发展资源型工业对国民经济有着至关重要的作用，许多关系国计民生的产业都建立在资源型工业的基础之上，因此，必须采取行之有效的措施破解资源型工业发展中的环境影响难题。

#### 1.1.1.3 资本排斥劳动难题

“资本排斥劳动”源自经济学中的“技术替代”现象。所谓技术替代，是指不同要素投入组合可得到相同的产量，厂商在保持产量不变的前提下，可用一定数量的一种要素替代一定数量的另一种要素。要素之间可替代，使得厂商可以用一定数量的资本替代一定数量的劳动力，以达到提高效率、降低成本等目的，这是“资本排斥劳动”现象的理论依据。

资源型工业的发展也难免会出现“资本排斥劳动”现象，其原因主要有以下几点：

从生产效率方面看，机器设备的生产效率一般都高于劳动力，资源型企业为了提高生产效率，通常会使用更多的机器设备，在市场需求既定或变化不大的情况下，厂家会解聘一定数量的劳动力。

从调整的难易程度方面看，劳动力属于流动资本，其增减相对容易，机器设备属于固定资本，更换周期较长，因此，在需要调整时，厂家更倾向于保留机器设备而裁减雇员。

从技术更新的角度看，由于机器设备更新换代的速度较快，技术进步意味着效率的提升、安全性的提高等，为了赶上技术进步的步伐，资源型企业会投入一定的资金用以购买新的机器设备，这也在一定程度导致了“资本排斥劳动”现象的产生。

从生产安全的角度看，资源型工业特别是资源采掘业危险性较高，使用机器设备替代劳动力能够有效降低伤亡事故，这也是导致“资本排斥劳动”的原因之一。

只有破解了上述几种产业发展的难题，资源型工业才能在激烈的市场竞争中生存并且持续发展，其竞争力才能够日益提升。

### 1.1.2 驱动产业发展创新

创新是资源型工业发展源源不竭的动力，在产业核心竞争力中占据最核心的位置。唯有不断对制度、技术、管理方式等进行创新，才能破解产业发展的难题、引领产业发展跨越、支撑产业发展前沿并抢占产业发展高点。

产业创新的直接效应在于推动传统产业改造与升级并促进新产业形成与成长，下文借助经济学中的“产品生命周期理论”进行阐述。

产品生命周期理论（图1-1）认为，产品生命周期可分为引入期、成长期、成熟期和衰退期四个阶段。引入期指产品从研发设计到进入市场进行销售测试的阶段；成长期是指产品成功打开市场的时期，这一时期，产品在市场上站住了脚，销量逐渐扩大；成熟期是指产品已被大多数消费者认可，批量生产并且市场逐渐饱和；衰退期是指产品已不能满足消费者需求，被其他新产品替代，销量逐渐下降，以致最终退出市场。

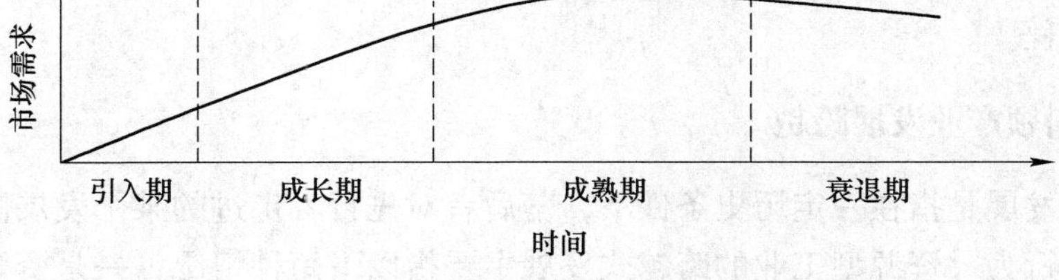


图1-1 产品生命周期

市场经济条件下，资源型工业生产不断延续的基础在于通过产品的销售将生产资本和货币资本不断进行转化。资源型工业的生命周期与产品生命周期类似，但是资源型工业可通过创新“突破”衰退期，这是与单个产品生命周期的最大区别，创新的主要手段是研发投入，资源型工业突破衰退期的主要方式包括传统产业改造升级和形成新产业两种类型。

1.1.2.1 传统产业改造升级

传统产业是指处于成熟期之后的产业，面临日益被市场淘汰的困局。对于资源型工业而言，较为典型的成熟产业是煤炭产业，其高污染的特点使其日益不能满足环境保护的要求和居民日常生活的需要，面临逐步被其他能源替代的困局。为了避免被市场淘汰，在还具有经济价值的条件下，在产品进入成熟期之后，资源型企业可投入资金进行研发，通过改进生产流程、生产工艺、产品设计、产品科技含量等实现产品更新换代使其满足市场需求。传统资源型工业通过改造升级继续在市场中生存，其生命周期呈“扇贝型”延续（图1-2）。在“扇贝型”生命周期中，产品生命周期完全结束之前，单个周期（即图1-2中的单个波形）只需要具备“引入期、成长期、成熟期”3个环节。

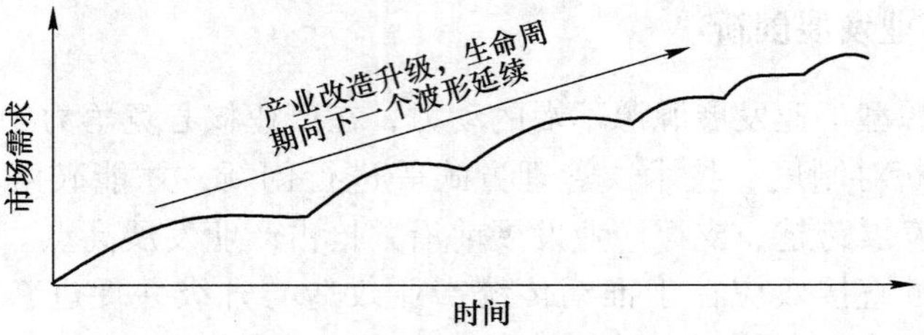


图1-2 扇贝型生命周期

1.1.2.2 新产业形成与成长

通过创新，形成新产业是传统资源型工业突破衰退期的另外一种重要方式。新产业的形成需要大量研发资金和研发人员投入，有可能涉及诸多单位的协作，耗时长、成本高，又由于新产业的市场前景未知，所以风险较大。资源型企业要综合成本、风险、市场前景等各方面因素，在做好可行性研究的基础上，投入资金和人力进行研发。新产业形成之后，产业和产品的生命周期会再次经历图1-1所示的过程。

### 1.1.3 引领产业发展跨越

跨越发展是指在一定历史条件下，落后者对先行者走过的某个发展阶段的超常规赶超行为。资源型工业的跨越式发展主要指以下两种情况：一是资源型企业从产业链低端跨越到高端，这其中包含了价值的增值，即从价值链低端到高端的跨越；二是企业在产业链中位置不变的情况下技术的升级，这也会导致产品附加值的提升。

产业链是由多个要素组成的多维概念，包含价值链、企业链、供需链和空间链四个维度，产业链形成的内在规律是，从供需链内部的需求链和技术链的对接开始，形成企业链（产业链的载体）的有效对接及一定空间布局。产业链从低端到高端的跨越过程包含了以上四方面的提升，产业链实现跨越意味着相关企业在企业链和供需链中处于更加优越的位置，形成了更加合理的全球空间布局，并且实现了产业附加价值的提升。

产业链从低端到高端跨越的过程可以用产业微笑曲线来解释，该理论由施振荣提出。如图 1-3 所示，横轴代表产业链，纵轴代表产业附加值。在微笑曲线中，位于产业链两端的“创新、研发、设计、物流、营销”等环节附加值较高，而位于产业链中间的制造或装配等环节的附加值较低。

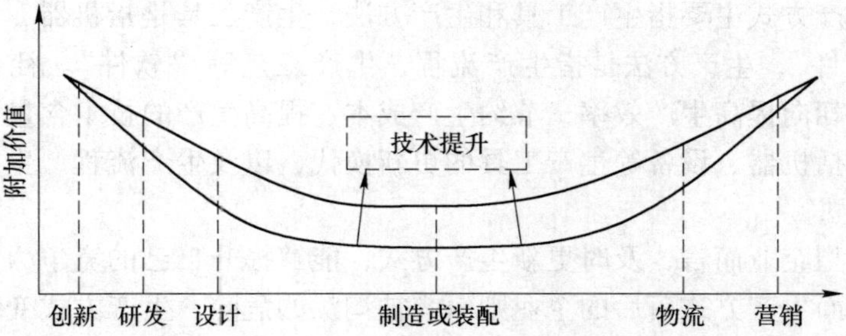


图 1-3 产业微笑曲线

借助产业微笑曲线，资源型工业的跨越升级可表述为以下两方面的内容：一是从产业链的中间环节，即制造或装配环节，向两端延伸，在延伸过程中，产业链的四个方面，即企业链、供需链、空间链、价值链都会得以改善或提升；二是在原有环节进行技术创新，实现技术升级，进而实现提升效率、降低成本等目的。以上两种方式最终都体现为产业附加值的提升。

### 1.1.4 支撑产业发展前沿

产业发展前沿可从以下三方面来解读：在需求方面，产业发展最终是为了满足消费需求，厂商需搜寻并捕捉消费需求的细微变化，满足消费需求的前沿；在生产方面，产业发展需适应社会生产方式变革的大方向，适时更新自己的生产方式，赶上社会生产方式的前沿；在外部效应方面，产业发展应尽可能适应自然环境变化的方向，对环境不造成或少造成破坏，减少“负外部效应”，才能赶上产业发展前沿。

#### 1.1.4.1 捕捉并适应消费需求的变化

资源型工业生产的最终目的是满足消费需求，从某种意义上说，消费决定着生产，生产的本质就是为消费需求服务。按照马克思《资本论》的分类，消费分为生产的消费和生活的消费：对资源型工业而言，生产的消费是下游企业将资源型工业品作为生产资料用于继续生产，如炼钢厂将矿石开采商的铁矿石用于炼铁，而炊具生产商又将炼钢厂生产的钢铁用于生产炊具；生活的消费是指终端消费者将资源型工业品用于日常生活，如居民将炊具生产商的产品用于日常生活。因此，消费市场可以细分为生产消费市场（微观经济学称之为要素市场）和生活消费市场（微观经济学称之为产品市场），资源型工业需满足这两个市场的需求，才能够生存，否则会被市场淘汰。要满足市场需求，资源型厂商须及时搜集市场信息并进行分析，仔细捕捉消费需求的变化，及时发现潜在的市场信息，掌握消费需求的前沿，进而赶上产业发展的前沿。

1.1.4.2 适应社会生产方式变革的方向

社会生产方式主要指生产工具和生产方法，生产工具是指机器、设备等用于生产的“硬件”，生产方法是指生产流程、生产工艺等“软件”。社会生产方式的变革是指朝向提高生产效率、节约生产成本、提高生产的技术含量等方向的变革，主要包括机器、设备等生产工具的更新换代，以及生产流程、生产工艺等生产方法的改进。

对资源型企业而言，及时更新生产方式，能够提升自己的竞争力，赶上产业发展前沿，而生产方式落后的企业则面临被淘汰的危险。生产方式变革的主要方式有三种：研发、购进、技术外溢，这其中最关键的方式是研发，自主研发能力强的企业生产方式一般都较为先进。

1.1.4.3 适应自然环境变化的方向

所谓自然环境变化的方向是指在人类生产生活的作用下，自然环境变化的方向。毋庸置疑，当下，随着工业活动的发展，自然环境呈现逐渐恶化的趋势。

资源型工业的发展对自然环境有较大的破坏，对人们生活和生产存在诸多“负外部效应”。所谓“负外部效应”，是指一种经济行为以不反映在市场交易中的形式对另一方所产生的负面影响。工业发展往往伴随着环境破坏，而资源型工业对大气、水资源等自然环境的破坏尤为严重，严重影响了人类生存和社会经济发展。随着“绿色经济”和“低碳经济”理念的兴起，高污染、高排放的产业日益被淘汰，绿色和低碳等“环境友好型”经济发展方式成为各产业发展的前沿。

### 1.1.5 抢占产业发展高点

按照生产力三要素（劳动者、劳动资料、劳动对象）来划分，产业发展高点主要包括以下四方面的含义：技术极其娴熟、创造力极强的劳动者；最为先进的劳动资料，主要指先进的生产工具；最优质的劳动对象；最科学先进的组织管理水平，能够将劳动者、生产资料、劳动对象按照最科学的方式组织在一起。

需要说明的是，在以上四个方面中，在其他三方面具备的情况下，“最优质的劳动对象”并不是必须的，因为其他三方面代表着先进的技术水平，而先进的生产技术可以弥补劳动对象的不足。

#### 1.1.5.1 技术极其娴熟、创造力极强的劳动者

资源型工业的劳动者可分为体力劳动者和脑力劳动者，技术娴熟主要指体力劳动者，创造力强偏重于脑力劳动者。劳动者技术娴熟能够保证资源型企业高效运行，创造力强使资源型企业具有不竭的创造力。从更高的层面看，抢占或者培养技术娴熟、创造力强的劳动者即是对人才的抢占和培养；而人才的抢占及培养是抢占产业发展高点的重要保证。

#### 1.1.5.2 最为先进的劳动资料

劳动资料是劳动者作用于劳动对象的物或物的综合体，主要是指机器设备等生产工具，也包括厂房、运输设备等其他必要的物质条件。对资源型工业而言，劳动资料是技术的主要载体，先进的劳动资料代表着较高的生产技术，对提高生产效率、降低长期平均成本、提高企业竞争力具有极其重要的作用，也是资源型企业能否抢占产业发展高点的关键因素。

#### 1.1.5.3 最优质的劳动对象

劳动对象是指生产过程中被加工的东西，包括直接从自然界获得的资料和经过劳动加工而创造出来的原材料。比如，钢铁冶炼厂所使用的铁矿石是从自然界获得的资料，而钢铁精炼厂所使用的粗钢则是经过劳动加工创造出来的原材料。对于资源型工业而言，在技术水平一定的情况下，劳动对象的优劣对产成品质量的高低有着直接的影响，同时，较高的技术水平能够弥补劳动对象的不足。依然以钢铁冶炼厂为例，在技术条件一定的情况下，铁矿石质量的高低对产成品质量的高低有着至关重要的影响；倘若铁矿石较为劣质，拥有高技术的冶炼厂依然能够生产出高质量的钢铁。

#### 1.1.5.4 最科学先进的组织管理水平

对资源型企业而言，在具有优秀的劳动者、先进的劳动资料、优质劳动对象的同时，科学先进的组织管理水平也是通向产业发展高点必不可少的要素。所谓组织管理水平就是企业家将劳动者、劳动资料、劳动对象组合到一起进行生产活动的水平，在企业日常运营中进行管理并不断优化。在劳动者、劳动资料、劳动对象一定的情况下，企业家的组织管理水平决定企业整体水平的高低。科学先进的组织管理水平能够将劳动者、劳动资料、劳动对象等各要素以最有效的方式组织到一起，在要素总量及质量一定的情况下，发挥最大的效用。

以上讲述了资源型工业核心竞争力应具备的五种效应，下文将论述“结构优化、技术先进、清洁安全、附加值高、吸纳就业能力强”这一“要素群”具备上述五种效应。

# 1.2 资源型工业核心竞争力

## 1.2.1 结构优化的核心竞争力效应

对资源型工业而言，产业结构优化包括产业结构合理化和产业结构高度化两方面的含义。产业结构合理化包括以下内容：第一，资源型产业的内部体系完整，涵盖传统资源和新能源；第二，各种类型（煤炭、石油、铁矿石等）资源型企业之间比例关系协调，大、中、小企业分布协调，各企业之间分工明确，形成较完整的产业链；第三，产业布局适合市场、资源、区位指向的特点，并与区域资源环境承载能力相适应。产业结构高度化是指产业结构从低级水平向高级水平发展的过程，在客观上要求产业创新，进一步说，产业结构高度化要求现有的产业结构存在各种创新机制及创新激励。产业结构优化的第一要务及核心在于分工合理、分工细化、分工明确。

### 1.2.1.1 结构优化破解产业发展难题

结构优化一方面蕴涵了创新的机制以及创新激励；另一方面在于通过合理、细化、明确的分工，诸多企业形成完整合理的产业链，产业链上不同企业之间以及不同产业之间形成合理的分工和协作。这一方面可促进资源型产业的转型升级，其次会延长产业链，发展下游产业。以上两方面客观上使资源丰富国家不再仅仅依靠较为原始的资源产业，而是形成上下游产业较为合理的分工格局，从而破解资源诅咒难题。

创新驱动产业转型升级。当前全球工业转型升级的一个重要方向是朝着“绿色、低排放”的“环境友好型”产业发展，资源型工业通过创新也可朝此方向发展；同时，产业链的完整使得上下游企业之间可以实现排放物的循环利用，降低最终废弃物的排放量。这两方面都可起到破解环境影响难题的作用。

结构优化的重点之一在于形成完整的产业链，造就合理的产业集群，产业集群中资本密集型、劳动密集型企业之间相互协作、互为补充，资本密集型产业的发展可带动劳动密集型产业的发展，这使得部分企业中被资本所排斥的劳动力可进入其他劳动密集型企业中就业，从而破解资本排斥劳动难题。

综上，结构优化可破解资源型工业发展中的资源诅咒难题、环境影响难题、资本排斥劳动难题，从而破解产业发展难题。

### 1.2.1.2 结构优化驱动产业发展创新

产业结构高度化是产业结构优化的重要内容和必要条件，包含了传统产业升级改造和新产业培育两方面的含义。产业结构高度化客观上要求产业进行创新，促进传统产业从低级向高级跨越或者促进新产业的诞生，即，创新是产业结构高度化的必要条件，进而也是产业结构优化的必要条件。资源型工业唯有在发展中不断创新，才能够促进产业结构不断优化，换言之，产业结构优化客观上要求产业创新，是产业创新的重要驱动力。

1.2.1.3 结构优化引领产业发展跨越

资源型工业发展跨越主要是指从产业链低端到高端的跨越，这一方面指资源型企业向“微笑曲线”高附加值的两端延伸，另一方面指资源型企业在产业链中位置不变的情况下，技术水平得以提升从而附加价值也相应地提升。这两方面恰恰蕴涵在产业结构优化的含义之中。产业结构优化一方面要形成完整的产业链，这包含了从产业创新、研发直到终端销售的整个环节；另一方面还需要产业创新以实现产业结构高度化，创新能够带动产业技术进步。因此，产业结构优化能够引领产业发展跨越。

1.2.1.4 结构优化支撑产业发展前沿

资源型产业结构优化的核心在于分工明确、分工细致、分工合理，产业链上下游企业各司其职，上游企业为下游企业提供原材料，下游企业向上游企业反馈需求信息。在分工明确的情况下，终端销售企业能够较准确地将终端消费者的需求反馈给终端产品制造商，而终端产品制造商据此向上游企业反映自身的需求变动情况，如此层层向上反馈，产业链中每一层级的企业都能较清晰地了解消费者对自身产品需求的变动情况。

分工促进了专业化生产，专业化生产能够促进企业致力于通过研发、购买或者获取技术外溢等方式提升技术水平。这一方面使部分企业能够站在产业发展前沿，引领生产方式变革的方向；另一方面使大多数企业能够准确把握社会生产方式变革的方向而及时更换自己的生产方式。

自然环境的日益恶化要求资源型工业朝着“环境友好型”产业发展。前文已经有所论述，产业结构优化一方面能够促进企业技术升级从而降低排放，另一方面能够通过产业链上各企业之间循环利用排放物而实现最终排放物的降低。以上两方面使得资源型产业能够适应自然环境变化的方向。

结构优化能够促使资源型工业掌握消费需求前沿、占领生产方式前沿、适应自然环境变化的方向，因此，结构优化可以支撑资源型工业的发展前沿。

1.2.1.5 结构优化抢占产业发展高点

结构优化对资源型企业抢占产业发展高点的支撑作用也是通过专业化分工来实现的。专业化分工使得劳动者专注于某一项或几项劳动技能，有利于劳动者创造性思维的发挥和技能的提高；专业化生产使资源型产业链中处于某一生产环节的企业能够专注于该环节的生产，致力于生产设备等劳动资料质量的提升，获取更加优良的劳动对象；专业化生产使资源型企业的管理者能够更加专注于企业的经营管理，可促进经营管理水平的提升。综上，专业化生产可促进资源型工业抢占产业发展高点，即结构优化能促进资源型工业抢占产业发展高点。

### 1.2.2 技术先进的核心竞争力效应

技术是指机器设备等生产工具的制造、改良、使用，也可以包含更广的构架，如系统、组织管理方法和生产技能等。技术是为了解决存在的问题，提升现有解决问题的方法，达到某种目标，或实施某项功能。技术的实质是科学知识，这些科学知识除了用于解决当下的问题之外，还具有创造性，即，能够创造出新的科学知识。

1.2.2.1 技术先进驱动产业发展创新

技术的创造性决定了技术可以驱动传统产业改造，也可以促进新产业培育。技术先进的资源型企业一般拥有雄厚的研发实力，在企业的整个运作过程中都会保持较高的研发资金和人力投入，这使得企业在现有产业进入成熟期之后能及时实现升级改造或进军新兴产业。因此，技术先进可以驱动产业发展创新。

1.2.2.2 技术先进引领产业发展跨越

微笑曲线底端不但是产业附加值较低的环节，也是整个产业链中技术含量较低的环节，技术水平先进的企业或产业多处在产业链两端。前文提到，产业发展跨越一方面是指向产业链高附加值的两端延伸，实现这一延伸的主要方法是提升技术水平实现经营转型，向技术先进的研发、设计或者管理水平先进的终端销售产业迈进；另一方面是指在产业链原有位置提升技术水平。综上，获取先进技术是引领产业发展跨越的关键因素。

1.2.2.3 技术先进支撑产业发展前沿

首先，企业可利用其先进的技术水平搜寻并掌握消费需求信息；其次，技术水平先进的企业更易适应社会生产方式变革的方向，并适时更换自己的生产方式；最后，当今技术变革的方向是往更环保的方向发展，技术先进的企业往往更能够适应自然环境变化的方向。综上，技术先进可支撑产业发展前沿。

1.2.2.4 技术先进抢占产业发展高点

技术包括了劳动者技能、机器设备等劳动资料所蕴涵的技术水平，也包含了组织管理方法。顾名思义，技术先进包含了先进的劳动者技能、先进的劳动资料和组织管理方法。因此，抢占产业发展高点的三大要素（技术极其娴熟、创造力极强的劳动者，最为先进的劳动资料，最科学先进的组织管理水平）内生蕴涵在“技术先进”这一概念之中。技术先进能够支撑资源型产业抢占产业发展高点。

### 1.2.3 清洁安全的核心竞争力效应

资源型工业的清洁生产是指不断采用先进设计，使用清洁的能源与原材料，采用先进的工艺技术与装备，改善管理，实行综合利用，从源头削减污染，提高资源利用效率，加强生态环保；资源型工业安全生产的含义是指产业的生产要素安全、市场结构安全、组织结构安全。资源型工业清洁生产要求采用新技术并不断提升技术水平；安全生产除了要求技术水平不断提升之外，还需要产业链中各企业形成合理的分工。

1.2.3.1　清洁安全驱动产业发展创新

清洁安全生产是资源型工业未来发展的大趋势，产业发展创新蕴涵在清洁安全生产的含义之中。清洁安全生产一方面要求资源型企业不断创新，提升技术水平；另一方面还要求资源型工业内部企业之间以及资源型产业和其他产业之间形成合理分工，各资源型企业从事专业化生产，专业化生产是产业创新的源泉之一。因此，清洁安全是产业发展创新的驱动力。

1.2.3.2　清洁安全引领产业发展跨越

资源型工业发展跨越一方面是从“产业微笑曲线”底端向两端移动，另一方面是指在原有位置实现技术水平的较大提升。因此，实现清洁生产，一方面要求资源型企业不断采取先进设计，采用先进的工艺技术与装备，改善管理水平，从而实现自身技术水平的提升；另一方面要求资源型企业实现经营转型，向“产业微笑曲线”两端移动，因为“产业微笑曲线”两端的创新、研发、设计以及销售等环节都是低污染乃至无污染的比较清洁的环节。实现安全生产，同样要求资源型企业提升技术水平。综上，清洁安全生产可以引领资源型产业发展跨越。

1.2.3.3　清洁安全支撑产业发展前沿

首先，资源型工业安全生产的“市场结构安全”要求企业不断搜集消费需求信息，了解市场的最新变动，把握人类消费需求转换的方向；其次，安全生产的“组织结构安全”要求资源型产业内部企业之间分工明确，分工有利于促进专业化生产，专业化使得资源型企业能够较准确地掌握社会生产变革的方向，及时做出变更以适应最新的生产方式；最后，资源型工业的清洁生产可从源头提高资源利用效率，减少污染物排放，适应自然环境变化的方向。综合以上三点，可以认为，资源型产业的清洁安全生产可支撑产业发展前沿。

### 1.2.4　附加值高的核心竞争力效应

附加值是指资源型产品的附加值，产品附加值最基本的内涵是产品本身的性能，即使用价值，但是，产品附加值不是指现有的使用价值，而是指超出产品原有使用价值所新增加的使用价值，或产品售出后给消费者新增加的物质利益，或比原有使用价值更方便、更好的使用价值。

企业提高产品附加值的目的在于保持或扩大其市场。提高产品的附加值可以使面临衰退期的产品重新获得消费者认可，使企业保持市场竞争力。

对资源型工业而言，提高产品附加值的主要途径有：创建特色品牌，增加服务价值，改进产品包装，加大加工深度，增加科技含量等。以上各条途径中，特色品牌的创建来源于优质的产品和服务，因此，可以说创建特色品牌是其他各条途径综合的结果。

1.2.4.1 附加值高驱动产业发展创新

提高附加值的各条途径都需要资源型企业在生产过程中进行创新，创新能够促进传统产业改造升级。在产品生命周期从引入期到衰退期的整个过程中，附加值逐渐降低，为了避免被市场淘汰，企业需要投入研发资金对传统产品进行升级改造，提高产品的附加值，使产品重获消费者认可，这一过程即是“扇贝型生命周期”过程。以上过程可表述为：避免产品衰退并巩固扩大市场份额-创新、提升产品附加值-产品升级改造。资源型企业的上述行为最终会促进资源型产业整体升级改造和发展创新。

1.2.4.2 附加值高引领产业发展跨越

资源型产业附加值增加的过程会直接导致产业发展跨越。增加服务价值、改进产品包装、加大加工深度等会促使资源型企业向产业链附加值更高的环节延伸，也即向产业微笑曲线两端延伸；增加科技含量需要资源型企业投入资金和人力进行研发，客观上能够促进企业技术水平的提升。综上，产业发展跨越的两个要素（企业向“微笑曲线”两端延伸、企业在产业链中位置不变时提升技术水平）都已具备，因此，产业附加值的增加可以引领产业发展跨越。

1.2.4.3 附加值高抢占产业发展高点

资源型企业提升产品附加值的过程（增加服务价值，改进产品包装，加大加工深度，增加科技含量等）可从以下几方面促进企业抢占产业发展高点：首先，在产品附加值提升的过程中，资源型企业内部以及和其他企业之间的专业化分工会进一步细化，专业化分工能提高劳动者技能；其次，产品附加值的提升需要企业投入大量资金进行研发或者购买先进的设备等劳动资料，这能促进劳动资料质量的提升；最后，附加值提升涉及企业升级改造、企业经营范围扩大等诸多复杂过程，只有提升企业整体管理水平，才能从容驾驭。提高附加值的过程可促进资源型企业抢占产业发展高点。

### 1.2.5 吸纳就业能力强的核心竞争力效应

产业吸纳就业能力是指能够提供合适的就业岗位，解决就业问题。吸纳就业能力强的企业首先要具备相应的岗位，其次还要为员工提供合适的工资以及福利待遇。

现代工业及城镇化的发展导致大量农村剩余劳动力转移至城镇，每年新增大量的高校毕业生也将为劳动力市场注入活力，但是，经济发展对劳动力需求的增加导致中国正逐渐经历劳动力从丰富到稀缺的阶段，多地持续出现“民工荒”就是较好的佐证。劳动力工资水平将逐渐由平稳状态过渡到较快上升的阶段，绝大多数中小企业劳动力成本上升就是较好的佐证。种种迹象表明，中国的“刘易斯拐点”正逐渐到来，现代部门对劳动力需求的扩张将导致劳动力稀缺，农村剩余劳动力被全部吸纳，工资水平不能仅仅停留于满足基本生活保障，而应该等于劳动的边际产值。

因此，“吸纳就业能力强”不仅是将大量无业者简单地纳入工作体系中，特别是“刘易斯拐点”逐渐到来之时，更是指为多数寻觅工作的人提供种类适当、薪金和福利待遇合适的工作。对于资源型产业而言，为了具备这些条件，至少要具备以下几个特征：（1）产业内大多数企业经营状况稳定，其产品具有一定的市场占有率，销售收入稳中有升；（2）具有较强的破解产业“衰退期”的能力和较好的发展前景；（3）产业内企业不是“孤军奋战”，而是同产业内其他企业之间以及产业外的相关企业联系紧密，形成完善的、信息共享的产业集群。

#### 1.2.5.1 吸纳就业能力强驱动产业发展创新

较高的市场占有率和较强的破解“衰退期”的能力要求企业不断发展创新。在产品进入成熟期之后适时对产品进行更新换代，使自身的产品呈“扇贝型生命周期”发展模式；或涉足新兴资源型产业，推出全新的尚处于生命周期之始的产品。企业的行为能促进资源型产业不断改造升级，并促进新兴资源型产业的形成，从而促进资源型产业整体的发展创新。

#### 1.2.5.2 吸纳就业能力强引领产业发展跨越

资源型产业吸纳就业能力强要求资源型企业涉及产业链中较多的经营环节，并形成一定规模的产业集群，这在客观上要求资源型企业经营范围向产业链高附加值的两端延伸，也即向“产业微笑曲线”两端延伸；同时需要资源型企业不断创新，提升技术水平，从而破解衰退期，提高市场占有率。因此，吸纳就业能力强能够引领资源型产业发展跨越。

综上所述，“结构优化、技术先进、清洁安全、附加值高、吸纳就业能力强”这一组“要素群”具备资源型工业核心竞争力的五种效应，即，破解产业发展难题、驱动产业发展创新、引领产业发展跨越、支撑产业发展前沿、抢占产业发展高点，可视为资源型工业核心竞争力的内涵。

# 2 云南资源型工业结构优化研究

产业结构是产业间的技术经济联系及其联系方式。这种产业间的联系与联系方式可从两个角度来考察：一是从“质”的角度动态地揭示产业间技术经济联系与联系方式不断发展变化的趋势，揭示国民经济各产业部门在经济发展过程中起主导或支柱地位的产业部门的不断替代规律及其相应的“结构”效益，从而形成狭义的产业结构理论；二是从“量”的角度静态地研究和分析一定时期内产业间联系与联系方式的技术经济数量比例关系，即产业间“投入”与“产出”的量的比例关系，从而形成产业关联理论。产业结构与经济增长有着非常密切的关系。产业结构的演进会促进经济总量的增长，经济总量的增长也会促进产业结构的加速演进。

总的来说，产业结构优化是指各产业协调发展、产业总体发展水平不断提高的过程。具体来说，产业结构优化是产业之间的经济技术联系，包括数量比例关系由不协调不断走向协调的合理化过程，是产业结构由低层次不断向高层次演进的高度化过程。

产业结构优化是各种产业结构演变规律综合作用的产物，也是按照各种产业结构演变规律的要求进行产业结构调整的结果。产业结构优化的实质是实现资源在产业之间的优化配置和高效利用，促进产业经济协调、稳定、高效发展。

基于以上分析，本书从产业结构的合理化和高级化两方面来探讨云南资源型工业及其内部间结构的优化程度和协调程度。

## 2.1 结构合理化

产业结构合理化是产业之间的经济技术联系和数量比例关系趋向协调平衡的过程，即产业按比例协调发展。可以从静态与动态两个角度来理解。从静态角度来讲，产业结构合理化是一种状态，即产业结构的有序协调状态；从动态角度来看，产业结构合理化是一个过程，即对失衡产业结构进行调整，使之恢复到协调和谐状态的过程。

作为静态的状态，产业结构合理化包含两方面的内容：一是各产业之间在生产规模上的比例关系，也即是各产业和行业之间的合理构成或比例，比如产业间的均衡、主导产业与非主导产业的均衡、传统产业与新兴产业的均衡，等等；二是产业之间的关联作用程度，所谓产业关联作用是指某一产业引起其他产业部门的建立和发展的能力，这种效应是通过产业部门间的投入产出联系表现出来的，表现为各产业之间的协作状态。产业之间联系程度越高，产业结构的整体效应就越大，产业之间可以相互促进，取长补短，企业生产成本降低，产业的竞争力可以得到加强。

作为动态的过程，产业结构合理化主要是指产业与产业之间协调能力的加强和关联水平的提高，产业结构合理化的过程就是促进产业结构的动态平衡、产业规模适度、产业素质提高和产业联系协调的过程。

产业结构的合理与完善是提高经济效益的主要因素之一，是使国民经济按比例协调发展、再生产的各个环节相互适应、近期增长与长远发展相互衔接、实现良性循环条件下高效率持续发展的保证。本书从静态和动态两个角度出发，分规模比例、关联程度和协调能力三方面来分析云南资源型工业结构的合理化。

### 2.1.1 规模比例

产业结构的规模比例通过其所包含的各产业规模间的比例，从静态表明产业结构的合理化。合理化的产业结构要求产业内部部门之间的规模比例合理，投入产出均衡，没有过剩或短缺现象，或者过剩、短缺现象不严重，各部门的生产能力能够充分发挥，所需资源可以较好地得到满足，使供需平衡，经济协调发展。

云南资源型工业规模比例的研究从其产业水平满足程度、部门均衡程度、行业均衡程度三个方面进行分析。

#### 2.1.1.1 产业水平满足率

产业的兴起、发展及衰退，应为满足社会需要而进行动态调整。因此，产业结构的合理化评价原则之一是看能否满足社会的需求。若供不应求，则应大力发展；若供大于求，则有必要调整和压缩。

产业水平满足率可以通过产业的社会需求和供给之间的比例关系来表示。社会需求是指一个国家或地区在一定时期内（通常为1年）由社会可用于投资和消费的支出所实际形成的对产品和劳务的购买力总量，包括两个部分：一是国内需求，包括投资需求（固定资产投资需求和流动资产投资需求）和消费需求（居民个人消费需求和社会集团消费需求）；二是国外需求，即产品和劳务的输出。社会总供给是指一个国家或地区在一定时期内（通常为1年）由社会生产活动实际可以提供给市场的可供最终使用的产品和劳务总量，通常以国民生产总值作为其货币表现形式。

产业水平满足率的计算公式为：

$$R=\frac{S}{Q}\times 100\%$$

式中 $R$——产业水平满足率；

$S$——该产业的社会供应量；

$Q$——该产业的社会需求量。

产业水平满足率越接近100%，则社会需求和生产供给间越能相互满足，不存在过剩或短缺现象，或过剩、短缺现象不严重，各部门生产能力越能够充分发挥，经济越能协调发展。

A 云南资源型工业省内满足程度

云南资源型工业的省内产业水平满足率可以用资源型工业的省内总需求和省内总供给之间的满足程度来衡量。社会总需求量指云南省内全社会对资源型工业的实际需求，不包括出口、销往省外和未使用的；社会总供给量指云南资源型工业所能提供的总量。

总供给和总需求可以利用投入产出表进行计算。投入产出表反映一定时期各部门间相互联系和平衡的比例关系，一方面能反映国民经济各部门的产出情况，以及这些部门的产出是怎样分配给其他部门用于生产，或怎样分配给居民和社会用于最终消费或出口到国外的；另一方面还能反映各部门为了自身的生产又是怎样从其他部门取得中间投入产品及其最初投入的状况。

投入产出表中的总投入等于总产出；“中间使用”反映用于国民经济本期生产活动的，包括省内生产和省外（含国外）调入在内的各类物质、产品和服务；“最终使用”是指不再进入本期生产活动而为各种最终需求所使用的各类物质产品和服务，反映了各产品部门的货物或服务用于各种最终使用的数量和构成。

根据投入产出表，影响云南资源型工业的社会总需求量的因素包括：各资源型工业产品部门货物的最终使用、该产品部门为其他产品本期生产活动所提供的货物、省内出口国外的资源型工业产品、调出省外产品、作为固定资本和存货未被使用的部分。资源型工业产品的社会总供给量可以用总产出代替。其计算公式如下：

社会总需求量 = 中间使用 + 最终使用 - 出口 - 调出 - 资本形成总额

社会总供给量 = 总产出 = 最终使用 + 中间使用 - 进口 - 调入

根据产业水平满足率的定义及计算公式，利用投入产出表，计算得到云南资源型工业的产业水平满足率（表2-1和图2-1）。

**表2-1 云南资源型工业省内产业水平满足率**

| 年份 | 2002 | | | 2007 | | |
|---|---|---|---|---|---|---|
| 项目 | 社会需求（亿元） | 生产供给（亿元） | 满足率（%） | 社会需求（亿元） | 生产供给（亿元） | 满足率（%） |
| 资源型工业 | 796.43 | 634.32 | 79 | 2394.58 | 2608.38 | 109 |
| 采选业 | 184.13 | 121.34 | 66 | 882.42 | 299.65 | 34 |
| 冶炼加工业 | 612.3 | 512.98 | 84 | 1512.16 | 2308.73 | 154 |
| 金属工业 | 270.33 | 310.25 | 115 | 1187.44 | 1811.54 | 152 |
| 非金属工业 | 526.11 | 324.07 | 62 | 1207.14 | 796.84 | 66 |

资料来源：云南省投入产出表2002、2007（42部门）。

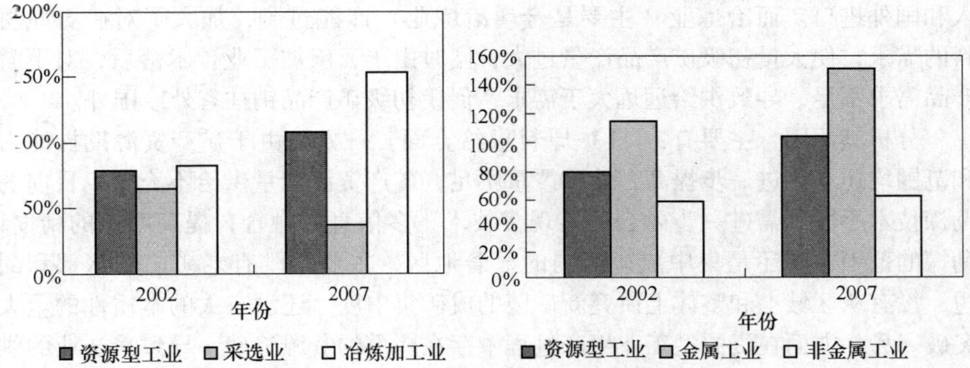


图 2-1 云南资源型工业产业水平满足率

2002 年，云南资源型工业产业水平满足率是 79%，其中采选业和冶炼加工业的产业水平满足率分别是 66% 和 84%。云南资源型工业社会需求大于生产供给，呈现供不应求的状况，其中采选业的社会需求远大于社会供给。2007 年，资源型工业供需状况发生了转变，资源产业水平满足率为 109%，整体上供给略大于需求。但其中采选业与冶炼加工业的供求关系与 2002 年相比更加失衡，采选业供给严重不足而冶炼加工业需求严重不足，采选业的产业水平满足率很低，只有 34%，而冶炼加工业的产业水平满足率很高，达到 154%。

从金属、非金属工业来看，2002 年金属工业产业水平满足率是 115%，供大于求；非金属工业产业水平满足率是 62%，供小于求。2007 年，金属工业社会水平满足率是 152%，严重供大于求；非金属工业社会水平满足率是 66%，供小于求。2007 年与 2002 年相比，金属工业供求不平衡更加明显，非金属工业供求不平衡趋势有所缓解。

云南铜业（集团）有限公司（云铜集团）虽然整合了省内的大部分铜矿山，省外在四川和西藏等地还有矿山，但是资源自给率还很低（约为 30% 左右），远远不能满足铜冶炼部门的需求，需要大量从国外进口，主要是从必和必拓（BHP）和自由港（FCX）进口。国内铜行业资源自给率一般不到 30% 的水平，相较之下，云铜的资源自给率相对较高。云冶的资源自给率较高，达到了 70%。云南煤炭产业基本上是自给自足，少量从贵州调入，但云南旱季水电供应不足，需要煤电来提供部分支持，否则会影响云南经济的正常运行。云天化集团下属的昆阳磷矿的磷矿资源消耗量并不高，尚未面临开采资源枯竭的问题。在矿山规划里面很重要的一部分内容就是资源的勘探，寻找新的矿产资源，同时通过不断并购周围的矿来保证资源的稳定供应。

总的来看，云南省资源型工业供需不平衡趋势有所缓解，由 2002 年供给明显小于需求变为 2007 年供给略大于需求。但采选业、冶炼加工业供需不平衡趋势显著增长。云南矿石原材料满足不了云南采选业自身的需求，主要依靠省外购入和国外进口。而冶炼业（主要是金属冶炼业）产能过剩，加大了对矿石原材料的需求，使大量初级矿产品产量过大；同时由于云南加工业技术落后，对下游产品需求不足，导致供给远远大于需求，促使初级矿产品销往省外或国外。

分析其原因，主要有：（1）原料供给方面。一方面由于矿产资源勘探能力和范围均还有待进一步提高，储量严重不足，矿产资源储量供给不充分。目前的勘探技术手段急需进一步融合，实现多技术、多信息的融合，提高勘探的精度；勘探的范围主要还是集中成矿区内的显著地区，主要是既有老矿山的深部和周边，没有从区域上和整体上研究新矿区的成矿集中度，还没有大的本质性的重大突破。另一方面在资源型工业生产过程中存在严重的资源浪费，导致采选业的供给不足，难以满足冶炼业需求。采矿过程中普遍存在“采富弃贫”、边角部开采不足、留矿过多、配矿不合理等现象，使许多宝贵的矿产资源，尤其是那些接近工业品位的大量矿石被搁置填埋。（2）冶炼方面。一方面云南资源型工业中冶炼能力的增加，导致对精选矿需求的增加，也导致了冶炼加工业的过量供给。冶炼的盲目投资和迅速扩张，增加了对矿石的需求；冶炼技术进步缓慢导致不能冶炼接近工业入选品位的中低品位矿石，使大量资源被闲置和废弃，加剧了矿产资源供给的不足。另一方面云南资源型工业中加工业能力不足和后续产业的乏力，也导致了冶炼加工业的需求不足。云南资源型工业的加工能力弱，加工的种类和技术水平低，大部分只能加工一些利润低的初级产品，对冶炼产品的需求相对较少。（3）国际方面。国际矿产品市场价格的大幅变动，尤其是金属和能源价格的剧烈波动，导致部分矿产资源需求和投资的大幅变动，从而导致资源型工业的个别环节和行业供求关系变动和失衡。（4）市场方面。社会经济发展对某些特定生产要素（如电力、铜等）的需求持续增加，导致对某些矿产资源（如煤炭等）的需求持续上升，从而导致云南资源型工业的供需和投资变动和失衡。（5）政策方面。国家战略、政策（如限制性开采、节约能源、准入条件等）的变化也导致云南矿产资源工业内部各部门和行业的产业水平满足率发生变化，供需关系失衡。

B 云南资源型工业国内满足程度

如表2-2所示，从全国来看，全国资源型工业的产业水平满足率均大于90%，供给略小于需求，只有采选业的产业水平满足率为75.19%，供给不足以满足需求。云南的资源型工业的产业水平满足率与全国相比严重失衡，虽然在整体上也比较合理，为108.70%，但资源型工业内部的采选业、冶炼加工业、金属工业、非金属工业供求均严重失衡。与江西、湖南、陕西相比，云南资源型工业的产业水平满足率也比较差，供需失衡严重；其突出特点是采选业严重短缺而冶炼业严重过剩，金属工业过剩严重。这一方面说明云南的资源型工业在很大程度上是初级冶炼加工产品（尤其是金属冶炼加工产品）向省外或国外输出，为全国做出了贡献；另一方面也说明本省的后续制造业对初级冶炼加工产品的需求不足，需要大力发展云南的制造业。

**表 2-2 2007 年全国及相关省份资源型工业产业水平满足率** （%）

| 部　门 | 全国 | 云南 | 江西 | 湖南 | 陕西 |
|---|---|---|---|---|---|
| 资源型工业 | 92.59 | 108.70 | 101.42 | 98.91 | 125.94 |
| 采选业 | 75.19 | 34.01 | 75.59 | 47.76 | 155.04 |
| 冶炼加工业 | 97.09 | 153.85 | 108.58 | 123.15 | 109.65 |
| 金属工业 | 94.34 | 151.52 | 106.27 | 124.22 | 93.72 |
| 非金属工业 | 91.74 | 66.23 | 100.60 | 104.82 | 126.58 |

资料来源：全国投入产出表 2007，江西投入产出表 2007，湖南投入产出表 2007，云南投入产出表 2007，陕西投入产出表 2007（42 部门）。

如表 2-3 所示，从矿产品来看，2009 年云南的生铁产量占全国需求量的比例与江西、湖南、广西接近，略低于江西、湖南，稍高于广西，而远高于甘肃、陕西、青海。铝产量所占比例虽然远低于广西，但远高于甘肃、陕西、青海，与江西、湖南相近。铅锌产量比例虽然低于湖南，但高于广西、陕西，并远高于江西、甘肃、青海。锡产量比例一直很高，2010 年与湖南的产量相近，远远高于其他省份。煤产量比例远低于陕西，与湖南接近，远高于广西、江西、甘肃、青海。铜产量比例远低于江西，与甘肃接近，而远高于其他省份。磷产量比例远高于其他省份，在全国具有绝对优势。

**表 2-3 云南及相关省份部分矿产品对全国需求的满足率** （%）

| 年份 | 省份 | 生铁 | 铝 | 铅 | 锌 | 锡 | 煤 | 精铜 | 磷 |
|---|---|---|---|---|---|---|---|---|---|
| 2009 | 云南 | 2.27 | 1.46 | 8.51 | 15.47 | 46.15 | 1.71 | | 23.22 |
| | 广西 | 1.71 | 2.12 | 3.69 | 7.52 | 15.34 | 0.16 | | |
| | 湖南 | 2.44 | 1.89 | 18.49 | 20.80 | 13.92 | 2.02 | | 0.13 |
| | 江西 | 2.56 | 1.82 | 2.01 | 0.35 | 7.04 | 0.92 | | 0.01 |
| | 甘肃 | 0.98 | 0.56 | 0.81 | 3.96 | | 1.19 | | |
| | 陕西 | 0.53 | 0.32 | 1.95 | 7.57 | | 9.1 | | 0.08 |
| | 青海 | 0.16 | 1.38 | 0.15 | 2.56 | | 0.39 | | |
| 2010 | 云南 | 1.61 | 1.51 | 9.15 | 16.02 | 18.93 | | 4.56 | 26.56 |
| | 广西 | 1.35 | 3.75 | 3.59 | 9.21 | 5.06 | | | |
| | 湖南 | 2.06 | 3.54 | 20.85 | 22.22 | 18.38 | | 0.72 | 0.12 |
| | 江西 | 2.03 | 2.22 | 2.78 | 0.60 | 2.87 | | 12.53 | 0.01 |
| | 甘肃 | 0.76 | 0.69 | 0.65 | 4.33 | | | 6.40 | |
| | 陕西 | 0.62 | 0.53 | 2.16 | 10.04 | | | 0.01 | 0.08 |
| | 青海 | 0.14 | 0.86 | 0.81 | 1.73 | | | | |

资料来源：中国工业经济统计年鉴 2010，中国产业信息网（www.chyxx.com），中商情报网（http://www.askci.com）。

总的来看，云南资源型工业的国内满足程度无论从结构上，还是产品上，均与湖南类似；云南资源型工业的产业水平满足率虽然整体上合理，但其中的采选业和冶炼加工业严重失衡，尤其是金属工业存在严重的矿石供给不足和冶炼过剩；从矿产品上来看，锡、铅锌、磷等产品在全国占有重要地位。云南资源型工业向省外或国外输出大量初级冶炼加工产品（尤其是金属冶炼加工产品），为全国做出了贡献；但也说明云南的后续制造业发展严重不足，造成对冶炼加工初级产品的需求不足。

C 云南矿产资源未来需求分析

发达国家已有的经验表明，随着经济的不断发展，矿产资源需求会呈S形轨迹。随着工业化进程的不断推进，矿产资源需求逐渐达到顶点，然后趋于稳定或呈下降趋势。而中国正处于快速工业化阶段，对矿产资源的需求还在进一步增加。

从全国的经济社会发展规划和矿产资源规划来看，未来对矿产资源的需求还会继续增加，重要矿产资源（如煤、铁、铜、铝、铅锌、钾）的满足程度还会进一步紧张。煤炭需求主要受到电力、钢铁、建材和化工四大行业用煤的影响，而这四大行业在我国可见未来的经济社会发展阶段，还需要大力发展，对煤的需求也将进一步增加。磷化工需求强劲的原因主要是农业生产对磷肥的需求持续增加。铁矿石的供需主要是由于铁矿石定价机制和运输市场的不完善，导致铁矿石价格变动大，供需失衡。有色金属供需影响因素主要是市场价格的波动和经济增长的变动。

从云南省内的情况来看，未来对各主要矿产资源的需求均很紧迫。从钢铁行业来看，云南人均钢材消费位列全国倒数第3位，仅为全国平均水平的65%，同时区域内钢铁生产能力不足，钢材自给率仅为74%，发展空间很大；根据市场需求和钢铁竞争力情况，云南钢铁行业市场定位应以西南四省一市市场为主，同时积极开拓周边国家市场；铁合金除满足云南市场需求外，应以四川攀枝花、西昌，中南，华东等为目标市场。从煤炭行业来看，随着云南进入工业化中期，以化工、有色、冶金等为代表的工业步入快速发展轨道，云南煤炭产业基本上自给自足，有少量从贵州调入，特别是在旱季须由煤电弥补水电供应的不足。从有色金属行业来看，云南有色金属行业呈现冶炼规模大、原料自给率低的特点，2008年云南已形成铜65万吨、电解铝70万吨、铅70万吨、锌100万吨、锡10万吨的生产能力，铜、铅、锡矿原料自给率分别为35%、40%、63%，氧化铝则完全依赖外购。

综合来看，我国正处于快速工业化阶段，对矿产资源的需求还在进一步增大，重要矿产资源（如煤、铁、铜、铝、铅锌、钾）的满足程度还会进一步紧张，矿产资源的需求主要受到相关行业、定价机制、运输市场等因素的影响。

### 2.1.1.2 部门均衡程度

资源型工业各部门的均衡程度是指采选业、冶炼业、加工业三个部门以及其他更细（小）部门规模之间的相互比例关系，以及各部门之间相互满足的程度，即采选业的生产能力能够适应冶炼业的需求，冶炼业的生产能力能够适应加工业的需求，加工业的生产能力能够满足下游生产部门的需求。只有各部门的需求、供给相互满足，才可以使资源型工业协调发展，实现资源的优化配置。

云南资源型工业各部门的满足程度借用产业水平满足率的计算方法，用某产业的社会供给量与该产业的社会需求量之比来衡量各部门的满足程度。产业水平满足率大于100%，说明该产业供给大于需求；越接近100%，说明该产业上下游产业供需越能相互满足；越小于100%，说明该产业需求大于供给。

从表2-4可以看出，云南资源型工业各部门均衡程度严重失衡，其中采选业、冶炼业、加工业的产业水平满足率均远远偏离100%，供需极不平衡。采选业的产业水平满足率只有34.2%，供给远远不能满足需求，严重失衡；冶炼业的产业水平满足率达到了484.8%，供给严重过剩，远远大于需求；加工业的产业水平满足率为123.68%，供给大于需求，但没有冶炼业那么严重。

**表2-4 2007年云南资源型工业部门产业水平满足率**

| 部　门 | 需求（亿元） | 供给（亿元） | 产业水平满足率（%） |
|---|---|---|---|
| 采选业 | 876.2 | 299.7 | 34.20 |
| 冶炼业 | 280.5 | 1359.7 | 484.80 |
| 加工业 | 595.1 | 736.0 | 123.68 |
| 其中：煤炭开采和洗选业 | 206.5 | 118.3 | 57.30 |
| 黑色金属矿采选业 | 74.7 | 43.2 | 57.90 |
| 有色金属矿采选业 | 536.2 | 108.2 | 20.18 |
| 非金属矿及其他矿采选业 | 58.9 | 29.9 | 50.74 |
| 炼焦业 | 90.3 | 110.5 | 122.36 |
| 炼铁业 | 48.7 | 89.7 | 184.19 |
| 炼钢业 | 32.1 | 46.1 | 143.66 |
| 铁合金冶炼业 | 5.1 | 40.4 | 799.67 |
| 有色金属冶炼及合金制造业 | 104.3 | 1073.0 | 1028.55 |
| 基础化学原料制造业 | 74.2 | 128.5 | 173.25 |
| 肥料制造业 | 134.5 | 196.7 | 146.25 |
| 钢压延加工业 | 362.4 | 293.9 | 81.10 |
| 有色金属压延加工业 | 24.0 | 116.9 | 486.96 |

资料来源：云南省投入产出表2007（144部门）。

具体来看，采选业中的煤炭、黑色金属、非金属的产业水平满足率在50%~60%之间，供给不能满足需求，供需严重失衡；而有色金属采选业的产业水平满足率只有20.18%，严重不能满足需求，这也是造成整个采选业供需严重失衡的主要因素。冶炼业中的煤、磷、铁冶炼行业的产业水平满足率均在120%以上，供给大于需求；尤其是铁合金冶炼业和有色金属冶炼及合金制造业的产业水平满足率达到了799.67%和1028.55%，供给远远大于需求，这也是造成整个冶炼业供给大于需求的主要因素。加工业中的钢压延加工业的产业水平满足率为81.1%，虽然不能完全满足社会需要，但较合理；而有色金属压延加工业的产业水平满足率达到了486.96%，供给远远大于需求，也是造成整个加工业供求失衡的主要因素。

总体来说云南资源型工业的采选业（尤其是有色金属矿采选业）远远满足不了冶炼业的需要，大量资源需要从国内外购入；冶炼业供给过多，可以满足下游加工业的需求，尤其是其中的铁合金冶炼和有色金属冶炼及合金产出过多；加工业略大于下游深加工的需求，但其中的钢压延加工业不能满足需求，而有色金属压延加工产品产出过多。

云南具有先进的冶炼技术、冶炼成本低等优势，更倾向于发展冶炼业，相反加工业的技术含量不高，产品种类少、产量低。据调研，在云铜所具有的铜产业价值链中，以铜金属储量为平衡单位，铜产业价值链的平衡关系式为：

矿山探矿新增铜地质储量:开采矿量:铜矿石选矿量:铜冶炼量:铜产品深加工量=0.92:1:1.74:1.51:0.012

由此可以看出铜各产业价值链极不平衡，价值主要集中在铜选冶环节上，深加工严重不足，附加值极低，这也是云南矿产资源企业普遍存在的问题。云南资源型工业的利润主要集中在上游采矿业，冶炼业只赚取一定的粗炼和精炼费用，但由于云南有丰富的矿产资源，有区位优势、资源优势，并且冶炼技术先进，具有成本优势，因此云南资源型工业大力发展冶炼业仍能具有较好的利润。虽然下游加工业产品种类多，利润丰厚，但是云南资源型工业加工业技术含量低、成本高，并且下游制造产业需求相对较少，致使成本高利润低，阻碍了加工业的发展。据调研，云铜在深加工方面没有太多竞争优势，其管理人员也表示由于下游加工利润过低，有时还会导致亏损，因此云铜的加工产业规模甚至还会缩小，冶炼规模反而会增大。

云铜锌业股份有限公司（简称云铜锌业）生产锌锭其实是亏本的，盈利主要靠综合回收杂金属附加产品（由于加工成本高，冶炼锌产品本身是亏损的，综合回收收益占利润的一半以上），比如铜和铟。在锌冶炼过程中，只有铟、镉可以提炼，而其他的铜、钛、铅、金等只能用作中间原材料销售，将杂质富集起来提高品位，再销售出去。

世界钛资源主要集中在中国，据对云南钛产业的调研，云南武定和禄丰钛矿资源都比较丰富；云南冶金集团下属新立有色金属有限公司（武定、禄丰和昆明）主要生产钛白粉、海绵钛、高钛渣等初级产品，正在筹备10000吨钛材加工的项目；云南钛业（禄丰）主要生产钛材，虽然公司本身没有矿山，并且也不生产上游的冶炼产品，但是就情况而看，原材料（海绵钛）是充足的，并且产业链都在相近地区，具有很好的区位优势。

2.1.1.3 行业均衡程度

云南资源型工业各行业的均衡程度是指其中的黑色金属工业、有色金属工业、煤工业、磷盐工业在整个资源型工业中所占的规模比例，以及其间的相互协调程度。资源型工业中所占比重大的行业，在云南资源型工业中的地位高，是主要发展行业，另一方面，从各行业的比例关系可以看出云南资源型工业行业构成情况，若产业多元化，则可避免过分依靠单一产业而带来的风险。各行业的地位用该行业产值占资源型工业总产值的比重来衡量。由于资源型工业内部部门（采矿、选矿、冶炼、加工）各自的特点，决定各产业部门产值差距大，因此不具有可比性，在此处不予比较。

从云南资源型工业构成来看（图2-2），2001年有色金属工业、黑色金属工业、磷盐工业、煤工业占资源型工业的比例分别为44%、22%、29%、5%，金属资源工业和磷盐工业占了很高的比例，尤其是有色金属工业所占比例达到了44%，各工业之间比例关系极不平衡，煤工业没有得到充分的发展。2001~2010年，煤工业发展迅速，规模扩张最大；有色金属工业所占比例整体呈下降趋势，但一直是云南资源型工业的主体，所占比例一直高于其他资源型工业，同时表现出很大的波动性，随着国际有色金属价格的快速上扬，2005~2008年所占比例出现了大幅的上升，一度达到了云南资源型工业的55%；黑色金属工业总产值所占比例也呈上升趋势，但是上升缓慢，基本维持在20%~30%；磷盐工业总产

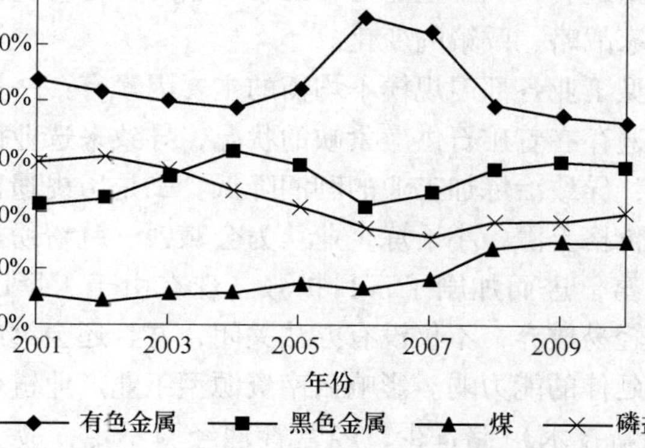


图2-2 云南资源型工业构成

值所占比例逐步下降，由30%下降到20%。从整体上看，云南资源型工业的增长和发展主要依靠有色金属工业和煤工业发展。到2010年云南资源型工业总产值中的有色金属工业、黑色金属工业、磷盐工业、煤工业所占的比例分别为36%、29%、20%、15%，各个工业之间的梯度关系比较明显，基本相差5～10个百分点，煤工业逐步发展，在资源型工业总产值中的比重逐年上升，达到了15%。

从2001～2010年的发展来看，云南资源型工业中各行业的比例关系逐步协调，呈现较好的梯度分布，行业均衡程度协调，主要行业突出。有色金属工业在云南资源型工业中的地位突出，与黑色金属工业、磷盐工业、煤工业之间的协调程度较好，呈梯度关系分布。

从云南资源型工业的规模比例来看，(1) 总体上供需关系趋于合理，与湖南类似，但采选业、冶炼加工业供需不平衡趋势显著增长：一方面，自身矿石原材料满足不了采选业的需求，主要依靠省外购入和国外进口；另一方面，冶炼业(主要是金属冶炼业) 产能过剩。(2) 具体来看，金属工业存在矿石资源不足；冶炼产品，尤其是铁合金冶炼和有色金属冶炼及合金产出过多；加工业略大于下游深加工的需求，但其中的钢压延加工业不能满足需求，而有色金属压延加工产出过多。从产品来看，主要是锡、铅锌、磷等产品在全国具有重要地位。(3) 云南资源型工业的主导行业（主要是有色金属和黑色金属行业）突出且变化稳定，与非金属工业之间的比例关系协调，呈阶梯式结构，具有较好的比例差距。(4) 从云南省内的情况来看，云南资源型工业在未来对各主要矿产资源的需求均很紧迫。

云南资源型工业整体上产业化程度低、深加工化不足，大多数只是进行简单粗加工就销售出去，造成资源浪费、利润低，这是云南资源型工业普遍面临的一个严峻的问题。究其原因，主要是冶炼能力（尤其是金属冶炼能力）与既有矿产资源储量相比严重过剩；加工业能力不足和后续产业乏力；国际矿产品市场价格变动幅度大；国家战略、政策的变化。

导致云南资源型工业各部门规模不均衡的主要因素有：一是各生产部门的利润不均衡。现在普遍存在着矿石供应紧缺的状况，导致采选业的利润高；另外由于国家政策的限制，导致冶炼加工业的利润降低。二是历史遗留问题。过去冶炼加工费用高，金属价格上涨，小冶炼企业认为会赚钱，就纷纷进行投资建厂，加上云南矿产资源丰富，进而加剧了盲目扩张。现在由于工厂已经建成，投资很大，前期投资不能轻易放弃，不仅没有办法关闭，并且还会继续冶炼，问题愈演愈烈。三是产业链延伸的能力弱。影响云南资源型工业产业链延伸的因素主要是技术（特别是高端新技术）储备少，经营管理经验不足，应变能力欠缺，并且新的产业链延伸需要更多人才和管理者，需要大量的资金建厂房、买设备，而这些投入很可能得不到预期的收益。

兼并整合是云南资源型工业进行规模比例调整的重要途径。以前小冶炼厂多，能耗高，产能低，2009年国家政策变动提高了产业门槛，限制规模、能耗，冶炼行业不断整合，并且随着市场竞争加大，加工费用不断下降，小企业关闭、转让，或者好的小企业被兼并，通过几个大企业的整合，节约了资源、保护了环境，使得冶炼行业竞争力进一步提高。不仅是冶炼行业急需整合，采选业也存在着同样的问题，由于云南中小型矿多、大矿少，有很多私人小企业进入到采选行业，如煤炭被私人企业控制的比例较高。

据调研，企业希望政府借着建设“桥头堡”的契机，加强云南资源整合力度，并出台可行措施；对西部实行差别化政策，降低产业门槛，同时保护环境，并且优先保证有实力的国有企业发展。有的小加工企业也表示经营遇到了困难，希望有合适的机会被大企业收购，以更好地发展。

现在国家实行资源整合，整装勘查，通过引进资金和技术强大的企业来控制大面积的探矿权，从找矿、勘查、采矿、选矿、冶炼、加工等环节“一条龙”地对矿产资源进行开发利用，既节约了资源，也能实现更好地利用；同时也可以避免大量小块的探矿权分属不同的私人所有，不许别人勘探的问题；有利于全面了解地质体的天然连接性，有利于地质调查工作的有效开展。

### 2.1.2 关联程度

产业关联是产业之间在投入和产出方面的相互联系和影响，是指产业与产业之间投入产出，即相互之间产品供给与需求的关系，每一个产业与其他产业的投入产出关系。1958年，美国经济学家赫尔希曼提出这一概念，并认为国民经济各产业部门存在相互依存的关系，其中某个产业的发展必定会影响或带动其他产业的发展。例如，如果甲产业的产品是乙产业的投入品，而乙产业的产品又构成丙产业的投入品，则乙产业的扩张将同时诱发甲产业和丙产业的扩张。这是两种相反方向的诱导机制，通常称为前向关联和后向关联。当钢铁工业与采矿业和制造业发生产业关联时，钢铁工业的后向关联是采矿业，而前向关联是机械制造业。因此，前向关联刺激产出量的利用，后向关联引起对原料供给的需求。产业关联是连续的，形成产业链条，各个产业部门相互依存，相互影响，共同发展。可以用产业的关联度来衡量关联效应。前向关联度指一个产业向其他产业提供投入品的比重；后向关联度指一个产业利用其他产业的产品占该产业总产出的比重。如果某一产业的关联度较大，则往往可以成为产业结构成长中的关键产业或主导产业，政府制定产业政策时往往以此作为重要依据。

区域内某产业调整和升级的目的就是要在全国或世界上具有一定的竞争力，其离不开区域内相关产业的支持。故产业间的技术经济联系或产业间的关联程度，在区域工业产业竞争力强弱的考察中，是必须要考虑的内容。

影响力系数和感应度系数是用来衡量关联强度的两个指标。资源型工业的感应度系数反映资源型工业受其他产业影响的程度。资源型工业的影响力系数也展现出了资源型工业对其他产业的影响程度，较大的影响力系数说明资源型工业可以对其他产业施加压力，促使它们加速发展，从而起到带动作用。

资源型工业是云南的主导产业之一，某一部门对资源型工业的需求以及它对各个部门的需求都比较高时，优先发展这一部门可以为其他部门的发展创造条件，或是促进其他部门加速发展。因此，像矿业这种关联强度大的产业优先发展时，必然要影响到与其有关产业的发展。受到影响的产业又进一步影响到与它有关的更多产业的发展，一环套一环，产生连锁反应，从而推动和促进地区产业的共同发展。

以下计算云南资源型工业、采选业和冶炼加工业、金属资源工业和非金属资源工业在2002年、2007年的感应度系数和影响力系数，据此分析云南资源型工业的关联程度。

2.1.2.1 *感应度系数*

感应度系数又称前向联系系数，是衡量某产业前向联系的广度和深度的指标，反映国民经济各部门均增加一个单位最终使用时，某一个部门由此而受到的需求感应程度。也就是该行业为其他各行业（包括本行业）增加一个单位的最终使用，所需要提供的产出量。感应度系数 $E_i$ 计算公式为：

$$E_i = \sum_{j=1}^{n} \bar{b}_{ij} / \frac{1}{n}\left[\sum_{i=1}^{n}\sum_{j=1}^{n}\bar{b}_{ij}\right] \qquad (i = 1,2,\cdots,n)$$

式中 $\sum_{j=1}^{n}\bar{b}_{ij}$——列昂惕夫逆矩阵的第 $i$ 行之和，反映当国民经济各部门均增加一个单位最终使用时，对 $i$ 部门的产品完全需求；

$\frac{1}{n}\left[\sum_{i=1}^{n}\sum_{j=1}^{n}\bar{b}_{ij}\right]$——列昂惕夫逆矩阵的行和的平均值，反映当国民经济各部门均增加一个单位最终使用时，对全体经济部门产品的完全需求的均值。

当 $E_i > 1$ 时，表示第 $i$ 部门受到的感应程度高于社会平均感应度水平（即各部门所受到的感应程度的平均值）；当 $E_i = 1$ 时，表示第 $i$ 部门受到的感应程度等于社会平均感应度水平；当 $E_i < 1$ 时，表示第 $i$ 部门受到的感应程度低于社会平均感应度水平。感应度系数越高，国民经济发展对该行业的拉动作用就越大，或者说该行业对经济增长起着越明显的制约作用，越具有基础产业或瓶颈产业的特征。

如表2-5所示，2007年感应度系数大于1的有资源型工业、制造业和除交通运输业以外的第三产业，说明这三个部门是云南经济发展的基础部门，经济发展对这三个部门依赖比较强。其中资源型工业的感应度系数为2.27，远远大于制造业的1.17，说明云南经济的发展对资源型工业的需求很大；资源型工业的感应度系数比2002年增加0.26，说明云南经济的发展对资源型工业的需求增强了；制造业的感应度系数减小0.22，说明经济发展对制造业的需求相对减少了；同时值得注意的是云南其他产业的感应度系数基本没有变化，说明经济发展对这些产业的需求基本没有大的影响。

**表2-5 云南资源型工业及其他产业的感应度（$E_i$）和影响力系数（$F_j$）**

| 系 数 | $E_i$ | | $F_j$ | |
|---|---|---|---|---|
| 年 份 | 2007 | 2002 | 2007 | 2002 |
| 资源型工业 | 2.27 | 2.01 | 1.21 | 1.26 |
| 食品制造及烟草加工业 | 0.48 | 0.5 | 0.74 | 0.77 |
| 制造业 | 1.17 | 1.39 | 1.19 | 1.2 |
| 电气热水生产与供应 | 0.86 | 0.87 | 1.11 | 0.9 |
| 建筑业 | 0.43 | 0.41 | 1.25 | 1.25 |
| 交通运输及仓储业 | 0.73 | 0.74 | 0.97 | 1.03 |
| 其他第三产业 | 1.38 | 1.42 | 0.81 | 0.85 |
| 第一产业 | 0.68 | 0.66 | 0.72 | 0.74 |

资料来源：云南省投入产出表2002、2007（42部门）。

从采选冶炼加工行业来看（表2-6），2007年云南资源型工业的采选业和冶炼加工业的感应度系数均大于1，其中冶炼加工业的感应度系数为1.53，略高于制造业、交通运输及仓储业以外的第三产业，高于采选业的感应度系数1.18，说明云南经济的发展对冶炼加工业的需求高于采选业。其中2007年冶炼加工业的感应度系数比2002年减少了0.14，采选业增加了0.24，制造业减少了0.13，其他产业的感应度系数基本没有变动，说明云南经济的发展对采选业的需求增加了，对冶炼加工和制造的需求相对减少了，而对其他产业的需求则基本没有变化。

**表2-6 云南资源型工业采选业、冶炼加工业及其他产业的感应度（$E_i$）和影响力系数（$F_j$）**

| 系 数 | $E_i$ | | $F_j$ | |
|---|---|---|---|---|
| 年 份 | 2007 | 2002 | 2007 | 2002 |
| 采选业 | 1.18 | 0.94 | 1.10 | 1.20 |
| 冶炼加工业 | 1.53 | 1.67 | 1.19 | 1.23 |
| 食品制造及烟草加工业 | 0.49 | 0.49 | 0.73 | 0.75 |

续表 2-6

| 系　数 | $E_i$ | | $F_j$ | |
|---|---|---|---|---|
| 年　份 | 2007 | 2002 | 2007 | 2002 |
| 制造业 | 1.40 | 1.53 | 1.18 | 1.17 |
| 电气热水生产与供应 | 0.90 | 0.93 | 1.09 | 0.87 |
| 建筑业 | 0.43 | 0.40 | 1.23 | 1.22 |
| 交通运输及仓储业 | 0.82 | 0.83 | 0.97 | 1.01 |
| 其他第三产业 | 1.52 | 1.55 | 0.80 | 0.83 |
| 第一产业 | 0.73 | 0.67 | 0.72 | 0.73 |

资料来源：云南省投入产出表 2002、2007（42 部门）。

从金属非金属资源产业来看（表 2-7），2007 年云南金属资源工业、非金属资源工业、制造业、交通运输及仓储业以外的其他第三产业的感应度系数均大于 1，说明这四个部门是云南经济发展的主要需求部门。其中以非金属工业的感应度系数 1.7 为最大，说明云南经济的发展对非金属工业的需求超过其他产业，也超过金属工业。2007 年金属工业的感应度系数比 2002 年增加了 0.18，非金属工业增加了 0.08，制造业减少了 0.19，其他部门的感应度系数基本没有变化，说明云南经济的发展对制造业的需求减少了，而对资源型工业，尤其是采选业的需求增加了。

**表 2-7　云南资源型工业金属工业、非金属工业及其他产业的感应度（$E_i$）和影响力系数（$F_j$）**

| 系　数 | $E_i$ | | $F_j$ | |
|---|---|---|---|---|
| 年　份 | 2007 | 2002 | 2007 | 2002 |
| 金属工业 | 1.21 | 1.03 | 1.18 | 1.28 |
| 非金属工业 | 1.7 | 1.62 | 1.31 | 1.17 |
| 食品制造及烟草加工业 | 0.45 | 0.5 | 0.69 | 0.74 |
| 制造业 | 1.3 | 1.49 | 1.15 | 1.18 |
| 电气热水生产与供应 | 0.89 | 0.94 | 1.07 | 0.87 |
| 建筑业 | 0.4 | 0.4 | 1.2 | 1.22 |
| 交通运输及仓储业 | 0.8 | 0.79 | 0.96 | 0.99 |
| 其他第三产业 | 1.55 | 1.54 | 0.76 | 0.83 |
| 第一产业 | 0.69 | 0.69 | 0.69 | 0.72 |

资料来源：云南省投入产出表 2002、2007（42 部门）。

总的来看，云南资源型工业的前向关联效应很大，特别是其中的冶炼加工业的前向关联效应比较大，主要是非金属工业（$E_i > 1.6$）。云南经济的发展对资源型工业的需求远远超过其他行业。

根据以上分析，可见云南资源型工业在云南经济发展中具有重要的作用，应充分关注资源型工业作为云南经济发展的瓶颈和制约作用。

2.1.2.2 影响力系数

影响力系数又称后向联系系数，是衡量某产业后向联系的广度和深度的指标，反映国民经济某一部门增加一个单位最终使用时，对国民经济各部门所产生的生产需求波及程度。影响力系数 $F_j$ 的计算公式为：

$$F_j = \sum_{i=1}^{n} \bar{b}_{ij} / \frac{1}{n}\left[\sum_{i=1}^{n}\sum_{j=1}^{n} \bar{b}_{ij}\right] \qquad (j = 1,2,\cdots,n)$$

式中 $\sum_{i=1}^{n} \bar{b}_{ij}$ ——列昂惕夫逆矩阵的第 $j$ 列之和，表示 $j$ 部门增加一个单位最终产品，对国民经济各部门的完全需要量；

$\frac{1}{n}\left[\sum_{i=1}^{n}\sum_{j=1}^{n} \bar{b}_{ij}\right]$ ——列昂惕夫逆矩阵的列和的平均值。

当 $F_j > 1$ 时，表示第 $j$ 部门的生产对其他部门所产生的波及影响程度超过社会平均影响力水平（即各部门所产生的波及影响的平均值）；当 $F_j = 1$ 时，表示第 $j$ 部门的生产对其他部门所产生的波及影响程度等于社会平均影响力水平；当 $F_j < 1$ 时，表示第 $j$ 部门的生产对其他部门所产生的波及影响程度低于社会平均影响力水平。显然，影响力系数 $F_j$ 越大，表示第 $j$ 部门对其他部门的拉动作用越大；影响力系数越高，该行业对社会生产的辐射作用就越大。

如表 2-5 所示，2007 年影响力系数大于 1 的有资源型工业、制造业、电气热水生产与供应业和建筑业，说明这四个部门对云南经济发展的波及影响超过各部门产生的影响的平均值，这四个部门对云南经济的拉动作用比较大。其中建筑业的影响力系数 1.25 为最大，其次为资源型工业和制造业，分别为 1.21 和 1.19，说明建筑业对云南经济发展的拉动作用最大，其次是资源型工业和制造业。资源型工业的影响力系数比 2002 年的 1.26 减少了 0.05，说明资源型工业对云南经济发展的拉动作用减弱了；交通运输及仓储业的影响力系数从 2002 年的大于 1 减小到了 2007 年 0.97，说明交通运输及仓储业对云南经济发展的拉动作用逐渐低于社会平均水平；电气热水生产与供应业的影响力系数从 2002 年的 0.9 增加到了 1.11，说明电气热水生产与供应业对云南经济发展的拉动作用相对增强了。

从采选冶炼加工行业来看（表 2-6），2007 年云南资源型工业的采选业和冶炼加工业的影响力系数均大于 1，其中冶炼加工业的影响力系数为 1.19，高于采选业的1.10，但小于建筑业的1.23，说明冶炼加工业对云南经济发展的拉动作用高于采选业，但低于建筑业。与2002年相比，变化比较大的是电气热水生产、冶炼加工业、采选业、交通运输及仓储业。其中变化最大的是电气热水生产与供应业，其影响力系数比2002年的0.87增加了0.22，从小于1增加到了大于1；采选业的影响力系数减少了0.1，冶炼加工业的影响力系数减少了0.04，但均大于1；交通运输及仓储业的影响力系数比2002年的1.01减少了0.04，从略大于1减少到了小于1，说明电气热水生产和加工业对云南经济发展的拉动作用变化最大，是其后的采选业的2倍，其他产业对云南经济发展的拉动作用变化较小。

从金属非金属资源产业来看（表2-7），2007年云南金属资源工业、非金属资源工业、制造业、建筑业、电气热水生产与供应业的影响力系数均大于1，说明这五个部门对云南经济发展的拉动作用高于社会平均水平。其中以非金属工业的影响力系数1.31为最大，说明非金属资源工业对云南经济发展的拉动作用最大，超过了其他产业，也超过金属工业。其次是金属资源工业、制造业、建筑业，均在1.2左右，最小的是电气热水生产与供应业。从变动幅度来看，对云南经济发展拉动变化最大的是电气热水生产与供应业，增加了0.2；金属资源工业对云南经济发展的拉动作用比2002年减少了0.1，而非金属资源工业则增加了0.14，表现出相反的趋势；其他产业的拉动作用变化不大。

总的来看，云南资源型工业的影响力系数大。云南资源型工业尤其是资源型工业中的非金属工业（$F_j > 1.2$）的后向关系效应大，但仍小于建筑业。云南资源型工业的发展对云南经济发展的拉动超过其他行业。

综合来看，对云南资源型工业来说，影响力系数和感应度系数都大于1，产品主要集中在中间生产过程，对云南的经济增长有很强的辐射力和制约能力。资源型工业感应度系数达到2.27，可以看出云南国民经济的发展与资源型工业的发展具有密切关系，经济发展在很大程度上促进了对资源型工业的需求，即表明资源型工业作为基础产业是云南经济快速稳定增长的关键因素，其在云南经济发展中的重要地位是不言而喻的。

资源型工业是产业链发展的前端，在各个方面都对其他产业的发展产生影响，主要表现为就业以及成品、半成品所需新型材料的生产。有色金属是国民经济、国防工业及科技发展必不可少的基础材料和重要的战略物资，被广泛应用于机械、电力、建筑、电子、汽车、国防和高科技等重要领域。铜与电力电气行业、建筑行业、通信设备、计算机及其他电子设备制造业、交通运输设备制造业以及国防工业等关联度强；锡与电子电器、包装、化工建材、机械汽车、航天军工等行业关联度非常强；铅与汽车、化工、军事等关联密切；锌与钢铁、冶金、机械、电器、化工、轻工、军事、医药、电力、交通运输业以及基础建设等领域关联度强；铝与建筑业、交通运输业及电力行业关联度强；钢铁与房地产、机械、汽车等行业关联度密切；磷与农业，盐与工业、农业、建筑、交通运输、电力通信和包装日用等领域关系密切；煤与电力、钢铁、化工关系密切；钛与航天、生物医药关系密切。云南虽然尚未生产钛材，但是已有公司表示了购买意向，用钛材制造加工品用于建设中石油海底输油管道，以替代不锈钢管道，避免由于海水腐蚀需要频繁更换的麻烦。不锈钢约半年就需要更换，而改用钛材则可以三年不用换。

资源型工业的影响很大，因为短期内就需要大量的劳动力、资金和矿石的投入，波及整个经济的储备。资源型工业的影响包括直接和间接影响，同时也会对经济产生不利的影响，比如环境及社会文化方面。

直接影响是由资源型工业生产直接引起的，主要包括收入和利润、外汇、就业、地区发展和基本设施的建设等，对资源型工业的开发决策至关重要。资源型工业常常还具有社会目标，即通过企业产生的直接影响来实现国家发展目标。在大多数经济不发达的国家或地区，面临着严重的资金不足，矿业的税收很重要。如果资源型工业是国有企业，政府可以使用费和税收的方式取得利益；同时，国有企业常常会考虑远离市场标准的非经济性目的。国有企业常常是劳动密集型的，相对于私营矿山劳动力需求要多得多，矿山往往都在欠发达地区，为了开采就必须对该地区进行开发并建设很多基础设施。

间接影响是通过整个经济中各部门间的联系引起的，常以所涉及项目的附属因素被考虑到或计划到，但并不总是这样。政府经常通过与资源型企业联手对这类影响进行控制，这种控制的程度相对于这类影响表现为乘数法则。各国的就业乘数大约为2.5，即资源型工业中单位就业人数将使其他行业由此增加2.5个就业人数，包括前期产业也包括后续产业；经济乘数约为1.5，即整个经济中矿业的单位收入，将给其他行业带来1.5元的收入。

间接影响也有不利的一面，如对环境、社会文化、风俗、经济等的不利影响。废气、粉尘和化学污染以及开采对地面造成的自然损害、矿坑缺乏复原等。不好的社会文化影响也会出现在资源型工业城市和地区，如卖淫、吸毒和其他犯罪等。最严重的不利影响可能是对经济的影响，即区域经济增长过分依赖于某一产业，当该产业衰退时可能导致地区经济的全面衰退。

### 2.1.3 协调能力

协调能力是指各产业之间的相互转换能力，及在生产、分配、交换、消费各个环节之间的和谐运动。这种协调是相对的，是在一定生产力水平和资源条件下的协调。产业之间的协调既是一种事物的状态，也是一个逐步形成的过程。产业结构协调有静态和动态之分，在静态上是指各产业之间和产业内部各部门之间的内在联系和比例关系，以及区域间产业发展上的合理分工；在动态上是指产业内部增长与发展的速度相协调。只有合理的产业结构，才能在产业发展进程中相互创造条件，形成良性的经济互补关系，相互促进，共同发展，而不是消极的相互制约。另外协调发展并不是平均发展，经济发展速度快也并不一定意味着产业结构的协调。

总的来看，产业结构的协调，应该符合经济发展的内在规律要求，提高资源配置效率，实现经济增长速度与质量的统一，各个部门和行业之间、每个部门和行业内部各环节之间、同类产品生产的各部门和行业之间、区域之间的内在联系和比例关系是相协调的。产业结构协调指标反映了产业结构优化升级后各子系统能否相互融合、相互协调，提高产业结构优化升级的进度。产业结构协调发展既意味着产业结构本身的协调和优化，也意味着区域之间在产业发展上合理的分工。

产业结构协调中的比例关系可以通过细分的投入产出表得到各年各产业比例关系，与经验分析相结合确立一个静态标准，并在此基础上通过各产业发展或衰退的速率之间协调的比例关系得到动态标准。

本书从产业空间区位状况的角度，用区位商、区域尼基系数、区域产业结构趋同化三个指标来分析云南资源型工业地区内及地区间的区域协调能力。区位商反映产业专业化程度，区位基尼系数反映产业空间分布的聚集程度，趋同化系数反映区域内产业结构的差异程度。

#### 2.1.3.1 区位商

区位商（$L_Q$）也是生产的地区集中度指标，是产业的效率与效益分析的定量工具，是一种较为普遍的集群识别方法，是用来衡量某一产业的某一方面在某一特定区域的相对集中程度，用于衡量地域分工深度或地区专门化程度的指标。区位商通过各产业部门在各地区的相对专业化程度，反映区域间的技术经济联系和各地区的产业部门间的比较优势，可以用产值、产量、就业人数、固定资产等来计算。区位商的计算公式如下：

$$L_Q = \frac{\dfrac{\text{某地区某产业的产值}}{\text{该地区总产值}}}{\dfrac{\text{全国该产业产值}}{\text{全国国内生产总值}}}$$

$L_Q > 1$ 表明该产业在某地区的专业化程度超过全国，其产品自给有余，属于区域专业化行业；$L_Q=1$ 表明该产业在某地区中的专业化程度与全国一致，其产品自给自足；$L_Q<1$ 表明该产业在某地区的专业化程度低于全国，其产品需要从区外输入。

区位商值越大，表明其专业化程度越高。一般来讲，如果产业区位商大于1.5，则该产业在当地就具有明显的比较优势；区位商值大于2，则该产业主要为区外服务。从时间上看，区位商的变动方向可以表示产业结构协调能力的大小。

本书使用工业总产值计算云南资源型工业及其内部各部门2001～2010年在全国的区位商，同时也计算了云南各州（市）在云南省内的区位商。

从表2-8中可以看出，2001～2010年来云南资源型工业的区位商在逐渐增大，由2001年的0.66提高到了2010年的0.85。其中在2007年达到了最大的1.03，达到了全国的平均水平，之后又缓慢下降，但总体上来看云南资源型工业的区位商均小于1。说明云南资源型工业的专业化程度虽然在逐渐提高，但是还是略低于全国平均水平，资源型工业的集中程度还有待进一步提升。

**表2-8 2001～2010年云南资源型工业总产值在全国的区位商**

| 年份 | 资源型工业 | 采选业 | 冶炼加工业 | 煤工业 | 磷盐工业 | 黑色金属工业 | 有色金属工业 | 锡矿 | 磷矿 |
|---|---|---|---|---|---|---|---|---|---|
| 2001 | 0.66 | 0.44 | 0.72 | 0.13 | 0.83 | 0.54 | 2.32 | 27.08 | 22.8 |
| 2002 | 0.71 | 0.44 | 0.78 | 0.1 | 0.87 | 0.60 | 2.41 | 40.12 | 28.4 |
| 2003 | 0.69 | 0.38 | 0.77 | 0.14 | 0.82 | 0.62 | 2.32 | 36.13 | 25.68 |
| 2004 | 0.75 | 0.47 | 0.81 | 0.18 | 0.82 | 0.71 | 2.30 | 28.46 | 27.05 |
| 2005 | 0.83 | 0.49 | 0.91 | 0.24 | 0.84 | 0.75 | 2.70 | 29.68 | 18.71 |
| 2006 | 0.97 | 0.67 | 1.04 | 0.25 | 0.82 | 0.69 | 3.28 | 30.93 | 19.68 |
| 2007 | 1.03 | 0.71 | 1.11 | 0.37 | 0.78 | 0.79 | 3.10 | 30.59 | 18.25 |
| 2008 | 0.96 | 0.74 | 1.01 | 0.54 | 0.88 | 0.83 | 2.4 | 31.48 | 20.48 |
| 2009 | 0.86 | 0.72 | 0.89 | 0.49 | 0.74 | 0.80 | 2.02 | 30.36 | 19.56 |
| 2010 | 0.85 | 0.69 | 0.89 | 0.49 | 0.68 | 0.85 | 1.95 | 25.23 | 17.63 |

资料来源：云南工业经济信息资料2001～2009，云南统计年鉴2011，中国统计年鉴2002～2011，中国工业经济统计年鉴2002～2011，中商情报网 www.askci.com。

从云南资源型工业内部部门来看，采选业和冶炼加工业在全国的区位商均表现出增大的趋势，采选业和冶炼加工业分别由2001年的0.44和0.72增加到了2010年的0.69和0.89，向全国平均水平靠拢。

云南有色金属工业区位商除2010年略低于2，其他年份区位商均高于2，在全国具有重要地位，2006年受国际有色金属价格高涨影响，云南区位商达到3.28。由此可见，云南有色金属行业主要为区外服务，云南有色金属工业具有较高的区位商，专业化程度高，是云南地区经济发展的主导产业。其中，云南锡产业在全国甚至全世界中具有重要地位，锡矿产量在全国的区位商均在25以上，尤其在2002年区位商达到40.12，具有绝对的资源优势。另外，云南磷矿资源丰富，专业化程度高，也远远超出了国家水平，磷矿的区位商在20左右，最高在2002年达到了28.4。磷矿、锡矿省内自给有余，是云南省外输出主要产品，可以更好地满足国内的需求。其余黑色金属工业、煤工业、磷盐工业专业化程度低于全国水平，竞争力弱；但黑色金属工业和煤工业的区位商逐渐增大，向更专业化的方向发展。

从省内情况来看（表2-9），2001年资源型工业区位商大于1的为红河、昆明、曲靖、怒江，分布较为分散；2007年，区位商大于1的为红河、怒江、昆明、玉溪、曲靖，2003~2006年楚雄区位商也曾出现大于1的情况；区位商大于1的地区集中连片分布在滇中、滇西两个地区，区域协调能力明显增强。红河、怒江州的资源型工业区位商较高，怒江区位商有大于2的情况，说明这个地区的资源型工业主要为区外服务，红河州区位商较大是因为资源丰富，怒江相对其他省份较大是由于GDP值过小。红河州的各种矿产资源比较丰富、资源型工业发达，在云南资源型工业中占有重要地位。

2007年采选业区位商出现大于1的主要有曲靖、玉溪、昭通、楚雄、文山、丽江、迪庆，其中玉溪、昭通、文山、迪庆区位商增大（表2-9），由于近年对羊拉铜矿进行投产建设，使迪庆采矿区位商增长明显，曲靖的煤矿资源，文山的汞、锑、锡、锌、铜等有色金属，昭通的煤矿、重晶石、石膏等矿产，玉溪的铜矿、铁矿及非金属矿产也使各地区的采矿业得到很好的发展，发挥了地区的资源优势。虽然红河有丰富的锡矿资源，怒江有全国最大的铅锌矿，但长期的开采已使资源耗费巨大，红河、怒江区位商下降，为了节约资源，使其能够长期可持续的发展，需要对其进行合理利用，以科学有效的方法来控制开采的速度。

2007年冶炼加工业区位商出现大于1的主要有昆明、曲靖、玉溪、红河、怒江（表2-9），昆明有较高的科技水平和生产技术，冶炼加工程度高。玉溪、曲靖临近昆明，有区位优势和资源优势，易获得发展。红河有资源优势，应发展其相关产业。怒江主要是由于其经济总量低，造成冶炼加工业的区位商高。

2007年黑色金属工业中区位商大于1的有玉溪、楚雄、昆明，其中昆明和玉溪有区位商大于2的情况（表2-9），优势地区集中在滇中地区。截至2008年为止，玉溪市铁矿储量居全省首位，其次为昆明、楚雄，资源与区位优势的协调能力强。

2007年有色金属工业区位商大于1的有红河、怒江、昆明，且红河、怒江的区位商大于2（表2-9）。其中，红河钨矿、锡矿、铋矿、银矿、铌钽矿等资源储量居全省首位，铅锌矿、锶矿资源储量怒江居全省首位。资源与区位优势的协调能力强。

2007年煤工业区位商大于1的有曲靖、丽江、红河、楚雄、昭通，其中曲靖、丽江区位商均大于2（表2-9）。曲靖是云南煤矿储量最丰富的地区，其次为红河。资源与区位优势的协调能力强。

磷盐工业区位商大于1的有昆明、曲靖、玉溪、昭通、红河（表2-9）。云南磷矿资源储量大，主要分布在昆明、玉溪、曲靖；盐矿资源主要分布在昆明、普洱和西双版纳。资源与区位优势的协调能力较好。

云南资源型工业各行业区位商分布如图2-3、图2-4所示。

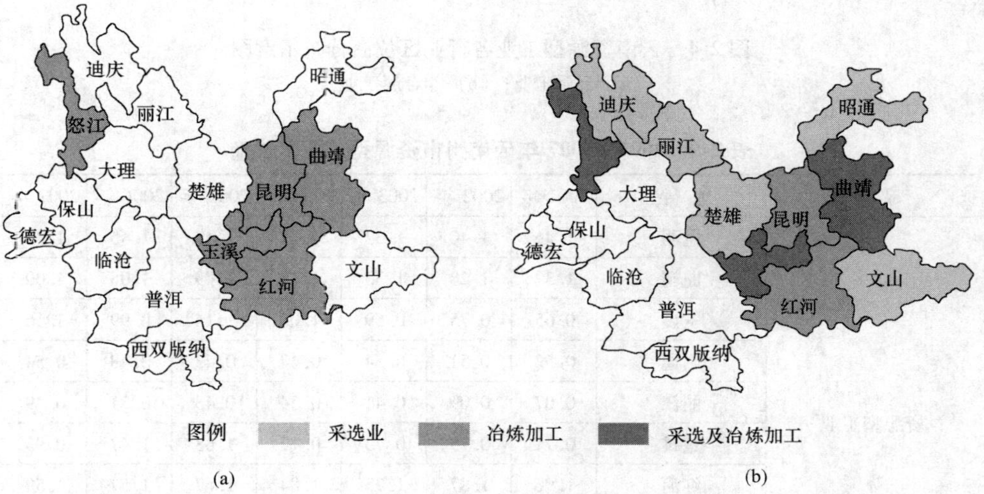


图2-3 云南资源型工业区位商分布示意图

（a）资源型工业；（b）各部门

云南资源型工业的区位商在全国的区位商逐渐增大，逐渐接近全国平均水平，同时部分行业（有色金属）和产品（锡、磷）具有绝对优势。从省内来看，区位商突出的地区连片集中在滇中的昆明、玉溪、曲靖、红河、楚雄地区和滇西的怒江、大理地区（表2-9），同时与资源优势分布协调较好，表明云南资源型工业的优势主要源于资源优势。因此整体上云南资源型工业需要加大措施促进技术提高，使资源优势能够得到更好的发挥。

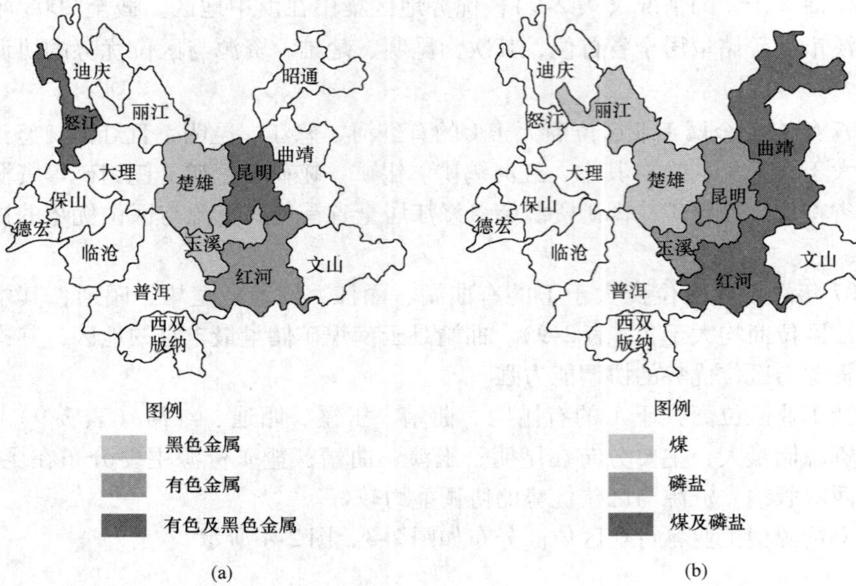


图 2-4 云南资源型工业各行业区位商分布示意图
（a）金属工业；（b）非金属工业

**表 2-9 2001～2007 年云南州市资源型工业区位商**

| 部 门 | 地 区 | 2001 年 | 2002 年 | 2003 年 | 2004 年 | 2005 年 | 2006 年 | 2007 年 |
|---|---|---|---|---|---|---|---|---|
| 资源型工业 | 昆明 | 1.46 | 1.40 | 1.32 | 1.37 | 1.43 | 1.45 | 1.35 |
| | 曲靖 | 1.32 | 1.28 | 1.33 | 1.18 | 1.09 | 1.08 | 1.09 |
| | 玉溪 | 0.65 | 0.75 | 0.89 | 1.08 | 1.14 | 0.99 | 1.16 |
| | 昭通 | 0.52 | 0.51 | 0.54 | 0.47 | 0.43 | 0.48 | 0.54 |
| | 丽江 | 0.07 | 0.09 | 0.41 | 0.54 | 0.43 | 0.31 | 0.29 |
| | 楚雄 | 0.71 | 0.75 | 0.73 | 0.77 | 1.63 | 1.47 | 0.93 |
| | 红河 | 1.96 | 1.87 | 1.75 | 1.84 | 1.67 | 1.57 | 1.59 |
| | 文山 | 0.41 | 0.43 | 0.38 | 0.60 | 0.50 | 0.55 | 0.68 |
| | 大理 | 0.19 | 0.22 | 0.27 | 0.26 | 1.00 | 0.32 | 0.36 |
| | 怒江 | 1.91 | 2.45 | 2.40 | 1.31 | 1.34 | 2.00 | 1.55 |
| 采选业 | 昆明 | 0.57 | 0.59 | 0.56 | 0.97 | 0.72 | 0.71 | 0.70 |
| | 曲靖 | 1.25 | 1.28 | 1.58 | 1.33 | 1.44 | 0.99 | 1.02 |
| | 玉溪 | 0.79 | 1.04 | 0.65 | 0.96 | 1.32 | 1.22 | 1.63 |
| | 保山 | 0.13 | 0.19 | 0.38 | 0.53 | 0.63 | 0.67 | 0.67 |
| | 昭通 | 0.33 | 0.42 | 0.49 | 0.42 | 0.78 | 1.33 | 1.83 |

续表 2-9

| 部门 | 地区 | 2001年 | 2002年 | 2003年 | 2004年 | 2005年 | 2006年 | 2007年 |
|---|---|---|---|---|---|---|---|---|
| 采选业 | 楚雄 | 1.64 | 1.24 | 1.51 | 1.54 | 1.36 | 1.33 | 1.59 |
| | 红河 | 2.56 | 2.61 | 2.49 | 1.34 | 1.15 | 0.72 | 0.71 |
| | 文山 | 1.58 | 1.54 | 1.40 | 1.77 | 1.39 | 1.45 | 2.15 |
| | 普洱 | 1.92 | 0.48 | 0.21 | 0.32 | 0.37 | 0.38 | 0.74 |
| | 西双版纳 | 0.02 | 0.07 | 0.08 | 0.24 | 0.70 | 1.04 | 0.85 |
| | 大理 | 0.46 | 0.46 | 0.28 | 0.35 | 0.26 | 0.20 | 0.31 |
| | 丽江 | 1.21 | 1.39 | 1.61 | 1.48 | 1.77 | 1.18 | 1.26 |
| | 怒江 | 13.04 | 15.29 | 17.89 | 8.46 | 9.64 | 13.19 | 0.19 |
| | 迪庆 | 0.00 | 0.00 | 1.60 | 0.39 | 1.16 | 1.44 | 2.48 |
| 冶炼加工业 | 昆明 | 1.61 | 1.53 | 1.42 | 1.42 | 1.53 | 1.57 | 1.45 |
| | 曲靖 | 1.34 | 1.28 | 1.30 | 1.16 | 1.04 | 1.09 | 1.10 |
| | 玉溪 | 0.62 | 0.70 | 0.92 | 1.09 | 1.11 | 0.95 | 1.09 |
| | 昭通 | 0.55 | 0.53 | 0.55 | 0.48 | 0.39 | 0.34 | 0.34 |
| | 楚雄 | 0.55 | 0.68 | 0.64 | 0.66 | 0.83 | 0.76 | 0.83 |
| | 红河 | 1.85 | 1.75 | 1.66 | 1.91 | 1.74 | 1.72 | 1.73 |
| | 普洱 | 0.43 | 0.58 | 0.42 | 0.27 | 0.28 | 0.22 | 0.16 |
| | 大理 | 0.15 | 0.18 | 0.27 | 0.25 | 0.26 | 0.34 | 0.36 |
| | 怒江 | 0.00 | 0.46 | 0.49 | 0.33 | 0.21 | 0.14 | 1.76 |
| 黑色金属 | 昆明 | 2.42 | 2.16 | 1.78 | 1.64 | 1.61 | 1.50 | 1.28 |
| | 曲靖 | 0.42 | 0.44 | 0.51 | 0.68 | 0.62 | 0.49 | 0.47 |
| | 玉溪 | 0.48 | 0.75 | 1.62 | 1.94 | 2.26 | 2.55 | 3.07 |
| | 丽江 | 0.00 | 0.30 | 0.51 | 0.89 | 0.27 | 0.13 | 0.07 |
| | 楚雄 | 0.99 | 1.46 | 1.39 | 1.23 | 1.52 | 1.58 | 1.58 |
| | 红河 | 0.19 | 0.16 | 0.19 | 0.23 | 0.41 | 0.52 | 0.67 |
| | 文山 | 0.52 | 0.64 | 0.86 | 1.11 | 0.66 | 0.79 | 0.87 |
| | 西双版纳 | 0.07 | 0.11 | 0.23 | 0.48 | 0.40 | 0.73 | 0.54 |
| | 大理 | 0.10 | 0.14 | 0.11 | 0.15 | 0.16 | 0.28 | 0.32 |
| | 迪庆 | 0.00 | 0.00 | 0.28 | 0.78 | 0.67 | 0.28 | 0.79 |

续表 2-9

| 部门 | 地区 | 2001年 | 2002年 | 2003年 | 2004年 | 2005年 | 2006年 | 2007年 |
|---|---|---|---|---|---|---|---|---|
| 有色金属工业 | 昆明 | 1.42 | 1.33 | 1.24 | 1.35 | 1.52 | 1.53 | 1.42 |
| | 曲靖 | 1.08 | 1.01 | 1.22 | 0.71 | 0.57 | 0.84 | 0.84 |
| | 玉溪 | 0.39 | 0.47 | 0.36 | 0.43 | 0.53 | 0.44 | 0.51 |
| | 保山 | 0.28 | 0.39 | 0.39 | 0.47 | 0.50 | 0.47 | 0.51 |
| | 普洱 | 0.54 | 0.50 | 0.37 | 0.31 | 0.35 | 0.25 | 0.37 |
| | 楚雄 | 0.65 | 0.64 | 0.49 | 0.60 | 0.55 | 0.58 | 0.72 |
| | 红河 | 2.65 | 2.61 | 2.66 | 3.32 | 2.69 | 2.16 | 2.28 |
| | 文山 | 0.58 | 0.53 | 0.62 | 0.55 | 0.62 | 0.60 | 0.72 |
| | 大理 | 0.40 | 0.45 | 0.59 | 0.53 | 0.48 | 0.45 | 0.53 |
| | 德宏 | 0.69 | 0.93 | 0.98 | 0.74 | 0.53 | 0.35 | 0.39 |
| | 怒江 | 4.65 | 6.23 | 6.27 | 3.49 | 3.29 | 3.74 | 3.04 |
| 煤工业 | 昆明 | 0.23 | 0.20 | 0.20 | 0.26 | 0.24 | 0.22 | 0.51 |
| | 曲靖 | 3.50 | 3.57 | 4.11 | 4.85 | 4.57 | 4.40 | 4.07 |
| | 昭通 | 0.14 | 0.18 | 0.08 | 0.06 | 0.12 | 0.44 | 1.08 |
| | 楚雄 | 1.55 | 1.36 | 1.14 | 1.02 | 1.99 | 1.82 | 1.33 |
| | 红河 | 3.88 | 3.60 | 3.38 | 2.13 | 1.31 | 1.42 | 1.05 |
| | 文山 | 0.43 | 0.76 | 0.67 | 0.51 | 0.36 | 0.41 | 0.33 |
| | 丽江 | 4.10 | 4.46 | 3.54 | 4.41 | 3.76 | 3.26 | 2.45 |
| 磷盐工业 | 昆明 | 1.10 | 1.16 | 1.23 | 1.32 | 1.42 | 1.55 | 1.63 |
| | 曲靖 | 1.85 | 1.82 | 1.68 | 1.63 | 1.47 | 1.30 | 1.28 |
| | 玉溪 | 1.09 | 1.12 | 1.07 | 1.23 | 1.13 | 1.13 | 1.06 |
| | 昭通 | 1.33 | 1.28 | 1.55 | 1.51 | 1.37 | 1.38 | 1.39 |
| | 楚雄 | 0.52 | 0.38 | 0.44 | 0.43 | 0.43 | 0.49 | 0.51 |
| | 红河 | 1.92 | 1.87 | 1.65 | 1.51 | 1.52 | 1.14 | 1.04 |
| | 普洱 | 1.08 | 0.93 | 0.76 | 0.50 | 0.53 | 0.49 | 0.23 |

资料来源：云南统计年鉴 2002 ~ 2008。

#### 2.1.3.2 区位基尼系数

基尼系数最初被用来衡量收入不均等程度，后来国外学者将其应用于对产业空间分布问题的研究。与收入基尼系数反映收入分配的不均等程度类似，产业区位基尼系数则刻画产业空间分布不均匀程度。它的值越大，表明产业在空间的分布越不均匀。换言之，产业的区位基尼系数越大，产业的空间集聚程度越高。区位基尼系数与区位商指数的性质一样，但是研究角度不一样，区位基尼系数是从行业角度来分析，而区位商是从地区角度来分析。

从静态考虑时，区位基尼系数反映了产业总值在各区域之间分配的不平等程度。因此，系数值越大，产业产值就越不平等，对于一个区域来说，这就是自己的特色优势产业，表示优势产业得到了充分的发挥；反之，系数值越小，则表示产业产值越是趋于平均，就没有优势产业可言，未能形成具有自己特色的优势产业。从动态来考察，基尼系数的变动幅度反映了产业发展的一种战略模式。当基尼系数变动幅度等于零时，表明各区域产业采取的是一种平衡发展战略模式；当基尼系数变动幅度不等于零时，表明各区域产业采取的是非平衡发展战略模式。若区位基尼系数的变动幅度大于零，则表明区域产业正朝着有利于发挥区域优势的方向发展，同时也表明优势产业正在逐步形成；若基尼系数的变动幅度小于零，则表明区域产业的这种发展模式不利于区域优势产业的发挥，起了一种削弱优势产业的作用，区域产业产值分布正趋于平均。

区位基尼系数定义为单位正方形中洛伦兹曲线与45°线之间区域的面积（图2-5）。其基本思想如下：假设全国（省）有$N$个地区，$S$个产业，$r$地区$s$产业的规模（一般以就业人数、产值或增加值表示）为$x_r^s$。$r$地区$s$产业的规模占全国该产业规模的比重为$\lambda_r^s = x_r^s / x^s$，其中$x^s = \sum_r x_r^s$表示$s$产业的全国（省）总规模。将$\lambda_r^s$从低到高排列，然后画出其累加曲线（对应的横轴坐标为$1/N$的累加值），则该曲线就是洛伦兹曲线，该曲线与45°线之间区域的面积就是区位基尼系数。为了分析的方便，一般将该数值乘以2，从而使区位基尼系数的取值范围在［0，1］之间。区位基尼系数的值越大，则产业在各地区的分布越不平均，也就是说产业集聚程度越高。有一个简单的公式可以方便地计算区位基尼系数（Wen，2004）：

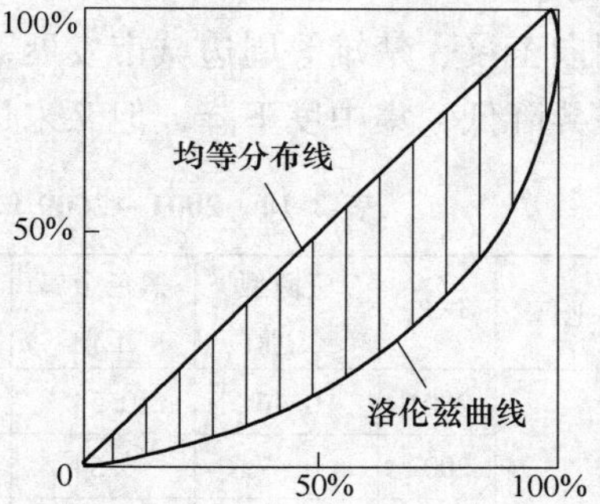

图2-5 基尼系数计算示意图

$$\text{Gini}^s = \frac{1}{2(N-1)} \sum_{i=1}^{N} \sum_{j=1}^{N} |\lambda_i^s - \lambda_j^s|$$

式中 $\lambda_i^s$，$\lambda_j^s$——分别表示地区$i$和$j$的$s$产业在全国（省）所占的比重，可以证明$\text{Gini}^s \in [0,1]$。

按照国际惯例，基尼系数在0.2以下，表示收入分配“绝对平均”；在0.2～0.3之间表示“相对平均”；在0.3～0.4之间表示“比较合理”；在0.4～0.5之间表示“差异偏大”；在0.5以上表示“高度不平均”。

本书利用工业总产值计算了全国和云南的资源型工业的区位基尼系数（表

2-10)，全国资源型工业的区位基尼系数在0.4～0.5之间，产业空间分布不均匀，差异偏大，行业存在一定程度上的垄断。其中黑色金属工业、煤工业、磷盐工业基尼系数历年均大于0.5，有色金属工业基尼系数由0.4～0.5提高到0.5以上，产业发展高度不均衡，国内垄断程度增高。采选业凭借其天然的资源优势，基尼系数在0.5以上，各地区的采矿业分布差异大；冶炼加工业基尼系数由大于0.4变为大于0.5，集中程度在增加。

我国，尤其是云南的经济发展还处于转型阶段，同时由于资源型工业强烈依赖的矿产资源具有天然的时空不均匀性，决定了对于资源型工业只能采取产业差异化集中发展。云南资源型工业的基尼系数整体上在0.7以上（表2-10），各地区产业空间分布不均匀，差异偏大，行业存在较高的区域垄断，但从2001～2007年基尼系数数值变化来看，有所降低，各地更趋向平衡发展，一定程度上降低了地区的垄断程度，削弱了各地区的产业优势。其中，黑色金属工业2001年基尼系数为0.92，主要在昆明发展，专业化程度很高，经过几年的发展变化，已从昆明向玉溪、楚雄等周边城市发展，2007年基尼系数降低到0.8，区域间产业发展差异降低，集中度下降，但又未过度分散，区域间协调能力增强。2001年有色金

**表2-10 2001～2009年全国和云南资源型工业产值的基尼系数**

| 地区 | 年份 | 资源型工业 | 黑色金属工业 | 有色金属工业 | 煤工业 | 磷盐工业 | 采选业 | 冶炼加工业 |
|---|---|---|---|---|---|---|---|---|
| 全国 | 2001 | 0.46 | 0.54 | 0.44 | 0.54 | 0.57 | 0.61 | 0.48 |
| | 2002 | 0.47 | 0.54 | 0.44 | 0.53 | 0.58 | 0.60 | 0.49 |
| | 2003 | 0.47 | 0.56 | 0.46 | 0.54 | 0.59 | 0.61 | 0.50 |
| | 2005 | 0.48 | 0.57 | 0.50 | 0.53 | 0.60 | 0.58 | 0.51 |
| | 2006 | 0.48 | 0.57 | 0.50 | 0.52 | 0.61 | 0.56 | 0.50 |
| | 2007 | 0.47 | 0.56 | 0.52 | 0.51 | 0.60 | 0.56 | 0.50 |
| | 2008 | 0.46 | 0.56 | 0.54 | 0.50 | 0.60 | 0.53 | 0.50 |
| | 2009 | 0.48 | 0.57 | 0.55 | 0.50 | 0.62 | 0.53 | 0.51 |
| 云南 | 2001 | 0.78 | 0.92 | 0.78 | 0.80 | 0.78 | 0.58 | 0.83 |
| | 2002 | 0.77 | 0.89 | 0.76 | 0.80 | 0.79 | 0.62 | 0.80 |
| | 2003 | 0.76 | 0.87 | 0.75 | 0.84 | 0.80 | 0.62 | 0.78 |
| | 2004 | 0.76 | 0.83 | 0.78 | 0.86 | 0.81 | 0.64 | 0.78 |
| | 2005 | 0.76 | 0.83 | 0.77 | 0.85 | 0.81 | 0.57 | 0.79 |
| | 2006 | 0.74 | 0.82 | 0.76 | 0.85 | 0.81 | 0.53 | 0.80 |
| | 2007 | 0.73 | 0.80 | 0.73 | 0.84 | 0.81 | 0.55 | 0.77 |

资料来源：中国统计年鉴2002～2010，云南统计年鉴2002～2008。

属工业基尼系数为0.78，2007年系数下降到0.73，有色金属工业发展区域主要是昆明、红河。昆明是省会城市，有较高的科研水平、生产技术工艺和很强的经济实力，能够很好地发展下游的冶炼加工工业，红河具有丰富的锡矿资源，可充分发挥其天然的资源优势，基尼系数虽然有所下降，但仍可以充分发挥其区域优势。煤工业和磷盐工业基尼系数都有一定程度的增长，2007年煤工业基尼系数为0.84，地区发展更集中，由原来具有优势的曲靖、红河、丽江地区逐渐变为以发展曲靖为主。由于电力、建材等行业发展的需要，加大了对煤工业的需要，增大的基尼系数表明煤工业更集中，对于这种急需的能源能够更好地控制其使用，使其发展更协调。磷盐工业基尼系数上升到0.81，主要分布在昆明、曲靖、玉溪、昭通、红河，基尼系数虽然变大，但各区域发展变化不大。

采选业和冶炼加工业基尼系数都有所降低，采选业主要依靠资源本身所在地的自然条件发展，冶炼加工业主要依靠技术和资金。采选业基尼系数下降，意味着更多的地区勘探出了新资源，或者在原有技术条件未被利用的资源获得了重新利用，提高了资源利用率，同时又避免了过度采挖同一地区的矿产资源，造成资源枯竭，较低的基尼系数也表明区域间的发展更趋于平衡。冶炼加工业基尼系数下降，产业分布分散，但由于该产业需要大量的资金、技术，过度分散的小厂会使资源得不到充分的利用，造成资源的浪费，区域发展协调能力变差。

综合来看，云南资源型工业的区位基尼系数很大，高于全国水平，各年份均在0.7以上；黑色、有色、煤、磷盐工业的区位基尼系数均很高；有色金属由于其资源分布的分散型，导致其区位基尼系数相对较低；同时冶炼加工业的区位基尼系数很高（在0.77以上），采选的区位基尼系数相对较低（在0.55左右），较好地突出了采选分散、冶炼集中的生产布局。但是冶炼加工业，尤其是加工业还可以进一步区域集中，以便充分利用资源，研发先进产品，提高竞争力。

#### 2.1.3.3 产业结构趋同化

产业趋同化是指地区间的产业发展出现趋同的现象。包括地区之间产业雷同、结构重复、规模相似以及同时存在隔离的情况，是产业结构不合理的现象。产业趋同化是由于过分强调各地区的自给自足，追求产业的门类齐全、自成体系，而不考虑专业化协作的结果。产业同构化造成了生产规模小、产品成本高、质量低劣等后果，并且使地区经济封锁，也破坏了有效的产品竞争，使资源得不到合理的配置。

产业趋同化指标属于负指标，不同地区间的产业结构会有很大差异，也会有相似。产业结构趋同化反映地区间产业结构的差异性大小。这种差异性越大，表明地域分工水平越高，地区经济互补性就越强，区际联系越密切；相反，地区产业结构越相似，地域分工水平就越低，区域经济互补性就越弱，区际联系就越少。差异性越大则表明地区间分工水平和经济互补性越强，技术经济联系也就越密切。该指标也反映了地区的比较优势。

判断产业结构趋同与否的方法，除了用霍夫曼的工业系数之外，还可以采用相似系数来测定，计算公式如下：

$$S_{ij}=\frac{\sum x_{ik}x_{jk}}{\sqrt{\sum x_{ik}^2\sum x_{jk}^2}}$$

式中 $i$，$j$——表示两个区域；

$x_{ik}$，$x_{jk}$——分别表示部门（产业或行业）$k$ 在区域 $i$ 和区域 $j$ 的产值比重；

$S_{ij}$——两区域间产业结构相似系数，其阈值为 $0\leqslant S_{ij}\leqslant 1$。

当 $S_{ij}=1$ 时，表明两区域产业结构完全相同；当 $S_{ij}=0$ 时，说明两区域产业结构完全不同。换句话说，$S_{ij}$越接近于 1，区域间产业结构的差异性越小，同构化程度越高，竞争越激烈，地区间的产业互补性越低；反之，$S_{ij}$越接近于 0，则区域间产业结构差异性越大，同构化程度越低，地区间的产业互补性越强。

根据黑色金属、有色金属、煤、磷盐四个行业的产值计算了云南 16 个地州的资源型工业相似系数，见表 2-11。整体上看，2001 年丽江、西双版纳、昭通与其他州市的相似系数低，多在 0.55 以下，资源型工业的互补性强，联系紧密；2005 年丽江、西双版纳、玉溪、昭通与其他州市的相似系数低，资源型工业的互补性强，联系紧密；2007 年丽江、西双版纳与其他州市的相似系数低，资源型工业的互补性强，联系紧密。丽江、西双版纳的资源型工业与其他州市的互补性很强，联系紧密，而玉溪和昭通则随着资源型工业的发展，逐渐与其他州市趋同发展。

云南各州（市）大多数区域之间的相似系数均较大，在 0.7 以上，表明这些区域的资源型工业具有很大同构性和竞争性，不利于云南资源型工业的发展。这主要是由于技术的落后，云南资源型工业的发展主要依赖于矿产资源本身，而矿产资源本身的空间分布分散性导致资源型工业布局的分散性。

从已建设的与资源型工业相关的园区分布来看（图 2-6、表 2-11、表 2-12），有色金属、煤、磷盐的工业园区均比较分散，尤其是有色金属工业园区的分布很分散，只有黑色金属工业园区的分布比较集中。资源型工业园区的分布与矿产资源的分布一致，说明云南资源型工业主要还是依靠资源而不是技术。应该说的工业园区建设考虑了城市布局、资源优势、区位优势，但体现的是区域综合性和特色性，表现出产业杂乱选择、企业简单聚集的特点，产业选择缺乏主体性和关联性，难以发挥园区促进产业融合的优势，仅在基础设施的集中利用方面发挥了园区的作用。

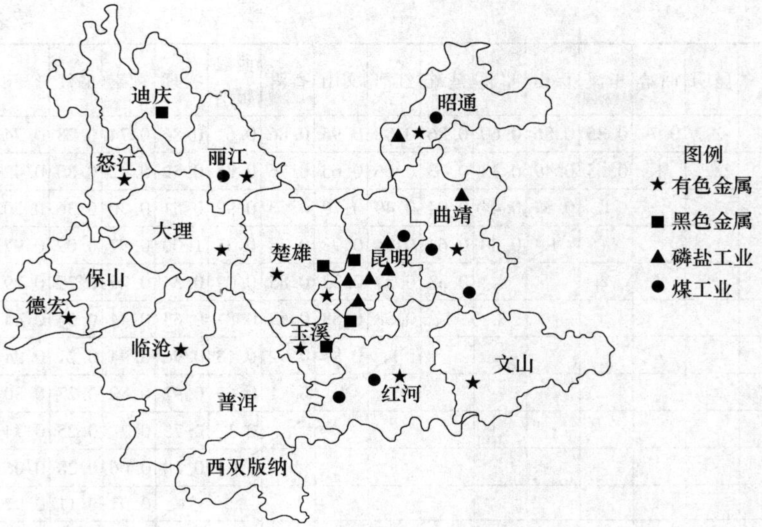


图 2-6 云南资源型工业相关园区分布

**表 2-11 云南各地区资源型工业相似系数**

| 2007 年 | 昆明 | 曲靖 | 玉溪 | 保山 | 昭通 | 楚雄 | 红河 | 文山 | 普洱 | 西双版纳 | 大理 | 德宏 | 丽江 | 怒江 | 迪庆 | 临沧 |
|---|---|---|---|---|---|---|---|---|---|---|---|---|---|---|---|---|
| 昆明 | 1 | 0.85 | 0.70 | 0.92 | 0.80 | 0.90 | 0.95 | 0.98 | 0.93 | 0.44 | 0.94 | 0.87 | 0.21 | 0.87 | 0.91 | 0.94 |
| 曲靖 | | 1 | 0.50 | 0.75 | 0.87 | 0.79 | 0.82 | 0.81 | 0.80 | 0.26 | 0.76 | 0.72 | 0.67 | 0.72 | 0.69 | 0.78 |
| 玉溪 | | | 1 | 0.50 | 0.40 | 0.89 | 0.48 | 0.76 | 0.39 | 0.95 | 0.57 | 0.33 | 0.17 | 0.33 | 0.80 | 0.47 |
| 保山 | | | | 1 | 0.61 | 0.80 | 0.99 | 0.94 | 0.97 | 0.26 | 1.00 | 0.98 | 0.05 | 0.98 | 0.91 | 0.99 |
| 昭通 | | | | | 1 | 0.60 | 0.73 | 0.68 | 0.75 | 0.10 | 0.62 | 0.60 | 0.51 | 0.60 | 0.50 | 0.68 |
| 楚雄 | | | | | | 1 | 0.80 | 0.95 | 0.72 | 0.74 | 0.85 | 0.69 | 0.31 | 0.69 | 0.95 | 0.78 |
| 红河 | | | | | | | 1 | 0.94 | 0.99 | 0.21 | 0.98 | 0.98 | 0.15 | 0.98 | 0.87 | 1.00 |
| 文山 | | | | | | | | 1 | 0.89 | 0.54 | 0.96 | 0.86 | 0.18 | 0.86 | 0.97 | 0.93 |
| 普洱 | | | | | | | | | 1 | 0.10 | 0.96 | 0.98 | 0.12 | 0.98 | 0.80 | 0.99 |
| 西双版纳 | | | | | | | | | | 1 | 0.34 | 0.08 | 0.10 | 0.08 | 0.64 | 0.21 |
| 大理 | | | | | | | | | | | 1 | 0.96 | 0.06 | 0.96 | 0.94 | 0.99 |
| 德宏 | | | | | | | | | | | | 1 | 0.02 | 1.00 | 0.82 | 0.99 |
| 丽江 | | | | | | | | | | | | | 1 | 0.02 | 0.07 | 0.08 |
| 怒江 | | | | | | | | | | | | | | 1 | 0.82 | 0.99 |
| 迪庆 | | | | | | | | | | | | | | | 1 | 0.88 |
| 临沧 | | | | | | | | | | | | | | | | 1 |

续表 2-11

| 2005 年 | 昆明 | 曲靖 | 玉溪 | 保山 | 昭通 | 楚雄 | 红河 | 文山 | 普洱 | 西双版纳 | 大理 | 德宏 | 丽江 | 怒江 | 迪庆 | 临沧 |
|---|---|---|---|---|---|---|---|---|---|---|---|---|---|---|---|---|
| 昆明 | 1 | 0.74 | 0.85 | 0.86 | 0.60 | 0.86 | 0.88 | 0.95 | 0.86 | 0.61 | 0.86 | 0.74 | 0.28 | 0.74 | 0.88 | 0.87 |
| 曲靖 | | 1 | 0.65 | 0.49 | 0.73 | 0.73 | 0.66 | 0.63 | 0.76 | 0.38 | 0.52 | 0.42 | 0.80 | 0.42 | 0.50 | 0.53 |
| 玉溪 | | | 1 | 0.52 | 0.44 | 0.94 | 0.49 | 0.79 | 0.53 | 0.92 | 0.51 | 0.30 | 0.36 | 0.30 | 0.88 | 0.54 |
| 保山 | | | | 1 | 0.30 | 0.64 | 0.94 | 0.93 | 0.75 | 0.31 | 1.00 | 0.97 | 0.09 | 0.97 | 0.80 | 1.00 |
| 昭通 | | | | | 1 | 0.33 | 0.57 | 0.33 | 0.85 | 0.09 | 0.34 | 0.29 | 0.29 | 0.29 | 0.18 | 0.32 |
| 楚雄 | | | | | | 1 | 0.58 | 0.88 | 0.53 | 0.87 | 0.63 | 0.44 | 0.54 | 0.44 | 0.92 | 0.66 |
| 红河 | | | | | | | 1 | 0.85 | 0.92 | 0.18 | 0.96 | 0.94 | 0.21 | 0.94 | 0.66 | 0.95 |
| 文山 | | | | | | | | 1 | 0.71 | 0.63 | 0.92 | 0.80 | 0.27 | 0.80 | 0.95 | 0.93 |
| 普洱 | | | | | | | | | 1 | 0.17 | 0.78 | 0.74 | 0.25 | 0.74 | 0.51 | 0.76 |
| 西双版纳 | | | | | | | | | | 1 | 0.28 | 0.06 | 0.28 | 0.06 | 0.82 | 0.32 |
| 大理 | | | | | | | | | | | 1 | 0.97 | 0.11 | 0.97 | 0.78 | 1.00 |
| 德宏 | | | | | | | | | | | | 1 | 0.02 | 1.00 | 0.62 | 0.96 |
| 丽江 | | | | | | | | | | | | | 1 | 0.02 | 0.21 | 0.13 |
| 怒江 | | | | | | | | | | | | | | 1 | 0.62 | 0.96 |
| 迪庆 | | | | | | | | | | | | | | | 1 | 0.80 |
| 临沧 | | | | | | | | | | | | | | | | 1 |
| 2001 年 | 昆明 | 曲靖 | 玉溪 | 保山 | 昭通 | 楚雄 | 红河 | 文山 | 普洱 | 西双版纳 | 大理 | 德宏 | 丽江 | 怒江 | 迪庆 | 临沧 |
| 昆明 | 1 | 0.80 | 0.80 | 0.89 | 0.52 | 0.99 | 0.83 | 0.93 | 0.77 | 0.64 | 0.77 | 0.68 | 0.16 | 0.68 | — | 0.75 |
| 曲靖 | | 1 | 0.96 | 0.72 | 0.86 | 0.85 | 0.91 | 0.71 | 0.99 | 0.19 | 0.61 | 0.55 | 0.39 | 0.55 | — | 0.68 |
| 玉溪 | | | 1 | 0.61 | 0.93 | 0.81 | 0.80 | 0.61 | 0.98 | 0.27 | 0.45 | 0.38 | 0.24 | 0.38 | — | 0.52 |
| 保山 | | | | 1 | 0.32 | 0.89 | 0.91 | 0.99 | 0.68 | 0.36 | 0.97 | 0.94 | 0.12 | 0.94 | — | 0.96 |
| 昭通 | | | | | 1 | 0.54 | 0.61 | 0.29 | 0.91 | 0.01 | 0.16 | 0.10 | 0.22 | 0.11 | — | 0.26 |
| 楚雄 | | | | | | 1 | 0.87 | 0.93 | 0.79 | 0.61 | 0.78 | 0.69 | 0.32 | 0.69 | — | 0.76 |
| 红河 | | | | | | | 1 | 0.88 | 0.88 | 0.14 | 0.87 | 0.84 | 0.30 | 0.84 | — | 0.92 |
| 文山 | | | | | | | | 1 | 0.64 | 0.50 | 0.95 | 0.90 | 0.18 | 0.90 | — | 0.92 |
| 普洱 | | | | | | | | | 1 | 0.12 | 0.55 | 0.50 | 0.26 | 0.51 | — | 0.64 |
| 西双版纳 | | | | | | | | | | 1 | 0.23 | 0.12 | 0.13 | 0.11 | — | 0.11 |
| 大理 | | | | | | | | | | | 1 | 0.99 | 0.10 | 0.99 | — | 0.99 |
| 德宏 | | | | | | | | | | | | 1 | 0.11 | 1.00 | — | 0.99 |
| 丽江 | | | | | | | | | | | | | 1 | 0.08 | — | 0.14 |
| 怒江 | | | | | | | | | | | | | | 1 | — | 0.99 |
| 迪庆 | | | | | | | | | | | | | | | | |
| 临沧 | | | | | | | | | | | | | | | | 1 |

资料来源：云南统计年鉴 2002 ~ 2008。

表2-12 云南省资源型工业园区概况

| 序号 | 类型 | 名称 | 所在地 | 简介 |
|---|---|---|---|---|
| 1 | 有色 | 曲靖经济技术开发区 | 麒麟区 | 发展有色金属、光伏电子、汽车及装备制造、轻工和生物五大产业 |
| 2 | 黑色 | 研和工业园区 | 红塔区 | 培育钢铁及压延加工、装备制造、新能源、现代服务业、特色中小企业创业基地五大产业集群 |
| 3 | 有色、煤 | 红河工业园区 | 蒙自市、个旧市、开远市 | 按一园五区（即冶金材料加工区、生物资源加工区、化学工业区、高新技术开发区、出口加工区）和三片一体（蒙自片区、个旧大屯—蒙自雨过铺片区、开远片区）进行架构 |
| 4 | 磷盐 | 安宁工业园区 | 安宁市 | 以发展新型重工业为主导，建成西南地区重要的磷化工和钢铁生产基地 |
| 5 | 黑色 | 禄丰工业园区 | 禄丰县 | 园区规划定位为以冶金、建材产业为主体，配套发展化工、机电、新材料及高新技术等产业的现代化工业聚集区 |
| 6 | 其他 | 保山工业园区 | 隆阳区 | 大小堡子工贸片区、板桥轻工片区、瓦窑矿电片区 |
| 7 | 煤 | 昭阳工业园区 | 昭阳区 | 形成农特产品加工、生物制药、建筑建材、褐煤化工、矿冶加工、轻纺工业等主导产业 |
| 8 | 有色 | 临沧工业园区 | 临翔区 | 以锗为主的矿产业集群、林浆纸一体化产业集群、电力能源产业集群、纺织服装为主的制造产业集群、优质农产品深加工产业集群、新型建材产业集群、畜禽产品深加工产业集群、生物制药产业集群和生产性服务产业集群 |
| 9 | 有色 | 楚雄经济开发区 | 楚雄市 | 形成以天然制药业、冶金建材化工业、机电制造加工业、绿色食品加工业和商贸旅游服务业为主的五大产业体系 |
| 10 | 黑色 | 香格里拉工业园区 | 香格里拉 | 形成生物、水电、矿业三大支柱产业 |
| 11 | 磷盐 | 云南宣威经济技术开发区 | 宣威市 | 以化工、能源、建材、冶金、食品加工为主的五大支柱产业 |
| 12 | 煤 | 弥勒工业园区 | 弥勒县 | 重点发展烟草及其配套产业、装备制造及机械加工、煤及煤化工产品开发利用等 |
| 13 | 有色 | 芒市工业园区 | 芒市 | 风平帕底片区以生物资源加工、绿色农特产品加工、出口加工业、创新产业和矿冶为主；遮放片区以机电加工、冶金建材、化工、物流产业为主；龙江片区以林产品、食品工业及旅游产品加工产业为主 |
| 14 | 磷盐 | 昆明海口工业园区 | 西山区 | 发展磷化工、光机电一体化、新材料、节能环保等产业 |
| 15 | 煤、磷盐 | 寻甸特色产业园区 | 寻甸县 | 重点发展煤磷化工、新能源、装备制造，培育煤化工产业集群，打造煤化工新型工业化产业示范基地 |

续表 2-12

| 序号 | 类型 | 名称 | 所在地 | 简介 |
| --- | --- | --- | --- | --- |
| 16 | 磷盐 | 晋宁工业园区 | 晋宁县 | 发展精细磷化工、城市轨道交通及汽车零配件、新型建材和农产食品工业等产业 |
| 17 | 黑色、磷盐 | 富民工业园区 | 富民县 | 重点发展钛盐化工、机械制造、新型建材、清洁能源、环保科技、食品加工等产业，全力打造昆明特色的景观生态工业园 |
| 18 | 煤 | 曲靖煤化工工业园区 | 沾益县 | 以发展煤化工及其延伸产业、冶金、能源为主，以发展新型建材、机械制造安装、生物资源加工为辅，物流业协同配套发展 |
| 19 | 煤 | 师宗县工业园区 | 师宗县 | 紧紧围绕煤化工、冶金、建材三个主导产业，通过改造提升冶金和煤化工产业，发展壮大能源产业，做精做深农特产品加工业，加快发展新兴产业，建成云南省重要的循环经济示范园区 |
| 20 | 其他 | 陆良工业园区 | 陆良县 | 纺织轻工、新型建材、硅化工三个主导产业 |
| 21 | 有色 | 易门工业园区 | 易门县 | 围绕矿冶、陶瓷建材、食品加工三个主导产业 |
| 22 | 黑色、有色 | 新平工业园区 | 新平县 | 以矿山采掘、钢铁、有色金属深加工及制造，农产品加工为主导产业 |
| 23 | 有色、磷盐 | 鲁甸工业园区 | 鲁甸县 | 现已形成"五大重点产业"，即能源、矿冶、化工、建材和农特产品加工业 |
| 24 | 煤、有色 | 丽江永胜工业园区 | 永胜县 | 中心片区以农特产品加工为主，仁和工业片区以煤化工、有色金属加工、建材加工为主，程海流域经济试验区·云南绿A生物产业园区以微藻养殖及精深加工为主，南部片区以建材、农特产品加工为主，北部园区以新能源、有色金属加工为主 |
| 25 | 煤 | 泸西工业园区 | 泸西县 | 集煤化工、冶金、建材、生物资源开发、农特产品加工等产业为主，多种产业并举的新型工业化园区 |
| 26 | 有色 | 文山马塘工业园区 | 文山市 | 形成以铝工业为主导的产业集群 |
| 27 | 有色 | 祥云财富工业园区 | 祥云县 | 形成了以矿冶、化工、制造加工及农副产品为主导的发展格局 |
| 28 | 有色 | 兰坪工业园区 | 兰坪县 | 以发展锌业及其相关产业，强化提升建材、化工等配套产业 |

资料来源：云南网 http：//www. yunnan. cn。

云南资源型工业的区位商在全国的区位商逐渐增大，逐渐接近全国平均水平，同时部分行业（有色金属）和产品（锡、磷）具有绝对优势；省内区位商突出的地区连片集中在滇中的昆明、玉溪、曲靖、红河、楚雄地区和滇西的怒江、大理地区，同时与资源优势分布协调较好，表明云南资源型工业的优势主要源于资源优势。云南资源型工业的区位基尼系数很大，高于全国水平；同时冶炼加工业的区位基尼系数很高（在0.77以上），而采选的区位基尼系数则相对较低（在0.55左右），较好地突出了采选分散、冶炼集中的生产布局。云南大多数区域之间的相似系数均较大，在0.7以上，具有很大同构性和竞争性，不利于云南资源型工业的发展；只有丽江、西双版纳的资源型工业与其他州市的互补性很强，联系紧密。

云南资源型工业的发展主要依赖于矿产资源本身而不是技术，空间上的协调较好，产业部门之间、企业之间的联系不够紧密，对产业融合、企业联合的促进措施还不够到位，没有形成良好的关系，造成部分产业（如钛产业）出现一方面省内加工企业原材料不足，另一方面省内原材料却大量卖出。

## 2.2 结构高级化

产业结构高级化，又称产业结构高度化，指产业结构从较低级的形式向较高级形式的转换过程，是区域经济的产业结构由以劳动密集型产业为主的低级结构，向以知识、技术密集型产业为主的高级结构调整和转变的过程及趋势，体现在生产要素从生产率低的产业向生产率高的产业转移的过程。具体表现为：新技术广泛渗入各产业，低端产业产值和就业比重下降，工业向重型化和高加工度化发展，新兴产业和高科技产业迅速成长，传统产业发展速度减缓，劳动密集型产业向资本密集型和技术密集型产业过渡，各产业部门产出能力大幅度提高。

产业结构高级化有三层含义：一是产业的高附加值化和高技术化，即在产业中普遍应用高新技术（包括新技术与传统技术复合），增加产品的附加值，产品价值中所含剩余价值比例大，具有较高的绝对剩余价值率和超额利润，是企业技术密集程度不断提高的过程；二是产业高度集约化，即产业组织合理化，有较高的规模经济效益；三是产业高加工度化，即加工深度大大提高，有较高的劳动生产率。

高级化的产业结构有一些明显的特征：一是技术水平较高，不仅是单一产业技术水平提高，而是整个产业结构内的技术水平都比较高，作为资源转换器的产业结构的转换能力很强；二是竞争高级化，产业普遍实现了规模经济效益，竞争从分散的小规模竞争转化为企业集团间的竞争，而且企业多元化经营范围越来越广，形成产业间纵横交错的竞争格局，服务性竞争等“软竞争”成为竞争的主要手段；三是信息产业在产业结构中的比重日益增大，信息资源成为整个经济活动的基本资源，信息产业逐渐成为经济结构的基础产业和产业结构的重心产业；四是结构开放度较高，国内市场容量和需求层次都有大幅提升，可以充分利用国外先进技术提高本国产业结构技术水平，资源的国际流动顺畅，通过技术进步和加工层次的深化实现稀缺资源的节约；五是产业结构“软化”，服务业所占比重不断增加，逐渐形成服务经济为主的产业结构，经济发展对人才，特别是高新技术人才和高级管理人才的依赖大大增强。

产业结构高级化发展可以通过提升产业的高技术水平来实现产业的高度集约，进而在具有高附加值的加工产品中体现出来，因此云南资源型工业产业结构可以通过提高技术、加强集约程度、提高加工程度来提升其结构的高级化。

### 2.2.1 高技术化

高技术产业又叫知识密集产业，是指用当代尖端技术生产高技术产品的产业。不同国家对高技术产业的理解不尽相同。

美国商务部提出的判定高新技术产业的主要指标有两个：一是研发与开发强度，即研究与开发费用在销售收入中所占比重；二是研发人员（包括科学家、工程师、技术工人）占总员工数的比重。且产品的主导技术必须属于所确定的高技术领域，而且必须包括高技术领域中处于技术前沿的工艺或技术突破。根据这一标准，高新技术产业主要包括信息技术、生物技术、新材料技术三大领域。加拿大认为高新技术产业的认定取决于由研发经费和劳动力技术素质反映的技术水平的高低。法国则认为只有当一种新产品使用标准生产线生产，具有高素质的劳动队伍，拥有一定的市场且已形成新分支产业时，才能称其为高新技术产业。澳大利亚则将新工艺的应用和新产品的制造作为判定的显著标志。

我国根据2008年科技部、财政部、国家税务总局对高新技术企业的认定，要求属于国家重点支持的高新技术领域（电子信息、生物与新医药、航空航天、新材料、新能源与节能、资源环境技术、高技术服务产业、高新技术改造传统产业）的企业（年销售收入在2亿元以上），其研究开发费用总额占销售收入总额的比例不低于3%；大学专科以上学历的科技人员占企业当年职工总数的30%以上，其中研发人员占企业当年职工总数的10%以上；拥有其主要产品（服务）核心技术的有自主知识产权；高新技术产品（服务）收入占企业当年总收入的60%以上。

高技术产业与传统产业的区别主要是依靠知识，强调研究开发工作，广泛采用的科学技术成果，具有科研费用“高”、职工水平“高”、产品附加值“高”等特点。本书从科研费用、职工水平、产品附加值3个方面来分析云南资源型工业的高技术化。

#### 2.2.1.1 科研费用高

由于云南资源型工业的科研费用的直接数据难以获得，本书利用云南工业经济信息资料及云南经济普查资料，从行业和企业两个层次，对云南资源型工业的科研经费进行分析。

根据云南经济普查年鉴（2004、2008)(表2-13)，云南资源型工业总体的科技活动经费筹集有了极大的增加，从2004年的7.2亿元增加到了2008年的27.5亿元，增长了3倍。分行业来看，增加幅度较大的是有色金属、磷盐、煤工业，而黑色金属工业的科技活动经费的筹集反而下降了35%左右。分部门来看，冶炼业和加工业的科技活动经费增加迅速，而采选业的科技活动经费增加的幅度相对较低。

表2-13 云南省资源型工业分行业工业企业科技活动经费筹集情况

| 年份 | 行业 | 经费总额（亿元） | 比例（%） | | | | |
|---|---|---|---|---|---|---|---|
| | | | 企业资金 | 金融贷款 | 政府资金 | 国外资金 | 其他资金 |
| 2004 | 资源型工业 | 7.17 | 80.21 | 14.86 | 4.83 | | 0.10 |
| | 黑色金属工业 | 3.85 | 77.27 | 21.71 | 1.02 | | 0.00 |
| | 有色金属工业 | 2.28 | 81.82 | 7.47 | 10.61 | | 0.10 |
| | 煤工业 | 0.01 | 100.00 | | | | |
| | 磷盐工业 | 1.03 | 87.37 | 5.81 | 6.34 | | 0.48 |
| | 采选业 | 1.44 | 39.98 | 55.46 | 4.41 | | 0.16 |
| | 冶炼业 | 2.06 | 81.36 | 9.98 | 8.66 | | 0.00 |
| | 加工业 | 3.67 | 95.39 | 1.64 | 2.84 | | 0.14 |
| 2008 | 资源型工业 | 27.50 | 89.47 | 6.70 | 3.47 | | 0.35 |
| | 黑色金属工业 | 2.53 | 91.32 | 5.93 | 0.76 | | 1.98 |
| | 有色金属工业 | 12.70 | 88.87 | 5.08 | 5.79 | | 0.26 |
| | 煤工业 | 0.25 | 74.31 | 18.29 | 1.30 | | 6.10 |
| | 磷盐工业 | 12.03 | 89.88 | 8.44 | 1.68 | | 0.00 |
| | 采选业 | 2.40 | 84.65 | 7.53 | 5.31 | | 2.51 |
| | 冶炼业 | 12.27 | 88.91 | 5.26 | 5.55 | | 0.27 |
| | 加工业 | 12.84 | 90.98 | 7.92 | 1.10 | | |

资料来源：云南经济普查年鉴2004、2008。

同时企业的科技活动投入积极性提高，在科技活动经费中所占的比例有了较大的提高，2008年企业自有资金所占比例由2004年的80.21%增长到了89.41%；而金融贷款资金和政府资金在科研经费总额中的比例都存在不同程度的下降，其主要原因是由于企业自有资金投入的增长速度过快，使得其他来源的科技活动经费所占的比例相对降低。具体来看，黑色金属工业和采选行业的企业自有资金比例增加的幅度较大，其他行业和部门也均有不同程度的增加。

从科技经费支出情况来看（表2-14），云南资源型工业的科技活动经费支出由2004年的7.95亿元增加到了2008年的29.52亿元，增长约3.7倍。各行业和部门的科技经费支出均有不同程度增加，其中科技经费支出总额增加较大的为有色、磷盐、冶炼，分别增加了5、8、6倍。从科技活动经费占主营业务收入比例来看，云南资源型工业上升幅度较小，从2004年的1.04%上升到了2008年的

1.15%，虽然除黑色金属工业和采选业外，其余各行业和部门科技经费支出比例均呈上升态势，特别是磷盐工业，上升了1.59%，但总体看，科技经费支出占主营业务收入比重仍很低，仅在1%上下波动。从内部经费支出占科技活动经费支出的比例来看，企业内部经费支出占绝大多数，多在90%以上，科技活动经费支出以企业内部形式为主。

**表2-14 云南部分行业科技经费支出情况**

| 年份 | 行业 | 主营业务收入总额（亿元） | 科技活动经费支出 | | 内部经费支出 | |
|---|---|---|---|---|---|---|
| | | | 总额（亿元） | 占主营业务收入比例（%） | 总额（亿元） | 占科技活动经费支出比例（%） |
| 2004 | 资源型工业 | 765.27 | 7.95 | 1.04 | 7.68 | 96.64 |
| | 黑色金属工业 | 244.40 | 3.9 | 1.6 | 3.9 | 99.39 |
| | 有色金属工业 | 293.58 | 2.57 | 0.88 | 2.39 | 92.79 |
| | 煤工业 | 42.68 | 0.02 | 0.05 | 0.02 | 82.30 |
| | 磷盐工业 | 182.82 | 1.27 | 0.69 | 1.21 | 95.78 |
| | 采选业 | 102.27 | 1.69 | 1.65 | 1.65 | 97.72 |
| | 冶炼业 | 343.20 | 2.27 | 0.66 | 2.12 | 93.21 |
| | 加工业 | 317.57 | 3.99 | 1.26 | 3.91 | 98.15 |
| 2008 | 资源型工业 | 2557.45 | 29.52 | 1.15 | 28.67 | 97.13 |
| | 黑色金属工业 | 750.97 | 4.61 | 0.61 | 4.44 | 95.32 |
| | 有色金属工业 | 978.41 | 13.71 | 1.40 | 14.42 | 97.85 |
| | 煤工业 | 356.44 | 0.28 | 0.08 | 0.26 | 91.01 |
| | 磷盐工业 | 469.34 | 10.72 | 2.28 | 10.41 | 97.11 |
| | 采选业 | 469.24 | 3.97 | 0.85 | 3.57 | 89.71 |
| | 冶炼业 | 1231.55 | 13.92 | 1.13 | 13.66 | 98.11 |
| | 加工业 | 855.61 | 11.62 | 1.36 | 11.44 | 98.49 |

资料来源：云南经济普查年鉴2004、2008；云南工业经济信息资料2004、2008。

云南资源型工业的科技经费筹集和支出虽然均有了很大的增加，但占其主营业务收入的比例却迅速下降，科技经费投入的增长速度远落后于企业主营业务收入的增长。

从企业的具体情况来看。根据2010年中国企业500强研发费用占销售收入比例，云南锡业集团（控股）有限责任公司位居第43位，研发费用占销售收入的比例为3.63%；云南煤化工集团有限公司位居第52位，研发费用占销售收入的比例为3.41%；武汉钢铁（集团）公司排在第32位，研发费用占销售收入的比例为4.04%；紫金矿业集团股份有限公司排在第34位，研发费用占销售收入的比例为4.02%；铜陵有色金属集团控股有限公司排在第49位，研发费用占销售收入的比例为3.47%。

云铜冶炼总厂是高新技术企业，包括购买设备、原材料和技术在内，其科研经费占销售收入的3%~5%。云铜锌业股份有限公司是高新技术企业，研发费用占销售收入的3%以上，2009年为3%，2010年为3.1%，2011年为3.2%，年均投入2000万~3000万元。云南驰宏锌锗股份有限公司（简称驰宏锌锗）“十一五”期间研究开发费用投入总额占总销售收入的3.17%。云南浩鑫铝箔有限公司是高新技术企业，按照云南省高新技术示范企业的标准规定技术投入为当年销售额的3%。贵研铂业股份有限公司（简称贵研铂业）是高新技术产业，按照要求，每年研发费用投入至少占公司销售收入的2%~3%。云南钛业股份有限公司（简称云南钛业）研发投入按照国家的规定和昆钢的规定，占了销售收入一定的比例，投入比较大。

根据企业的年度报告，云南盐化股份有限公司（简称云南盐化）2009年研究与开发费用占营业收入的0.02%；2010年研究与开发费用占营业收入的0.01%；2011年研究与开发费用占营业收入的0.03%。云南铝业股份有限公司（简称云南铝业）2010年研究开发项目支出总额占营业收入总额的比重为0.8%。2010年云南锗业开发支出总额占营业收入的比重为5.53%。需要说明的是，虽然年度报告中的财务科目有调整，导致科研费用金额有出入，但不影响总体上的趋势判断。

从云南资源型工业及其各行业、部门，以及各主要资源型工业企业的研究开发费用和支出情况看，科研费用占公司主营业务收入的比重很小，远达不到国家规定的3%。

2.2.1.2 职工水平高

反映云南资源型工业企业职工水平的直接资料很难获取，本书利用云南工业经济信息资料及云南经济普查资料，从行业和企业两个层次，选取云南主要资源型工业企业的从业人员的构成进行典型分析。

根据云南经济普查资料，2008年云南资源型工业企业的数量是2004年的1.8倍，而其中有科技活动的企业数是2004年的1.4倍，整体上资源型工业企业从事科技活动的比例有所下降（表2-15）。

**表2-15 云南资源型工业企业科技活动分布情况** （个）

| 年份 | 行业 | 企业数 | 有科技活动 | 有R&D活动 | 有新产品开发 | 有科技机构 |
|---|---|---|---|---|---|---|
| 2004 | 资源型工业 | 698 | 58 | 31 | 16 | 28 |
| | 黑色金属工业 | 191 | 9 | 1 | 3 | 2 |
| | 有色金属工业 | 203 | 23 | 17 | 6 | 11 |
| | 煤工业 | 104 | 5 | 2 | 0 | 2 |
| | 磷盐工业 | 191 | 20 | 11 | 7 | 12 |

续表 2-15

| 年份 | 行业 | 企业数 | 有科技活动 | 有 R&D 活动 | 有新产品开发 | 有科技机构 |
|---|---|---|---|---|---|---|
| 2004 | 采选业 | 198 | 16 | 7 | 2 | 8 |
| | 冶炼业 | 280 | 16 | 11 | 3 | 8 |
| | 加工业 | 220 | 26 | 13 | 11 | 12 |
| 2008 | 资源型工业 | 1221 | 81 | 47 | 35 | 33 |
| | 黑色金属工业 | 201 | 16 | 10 | 7 | 2 |
| | 有色金属工业 | 320 | 38 | 27 | 18 | 18 |
| | 煤工业 | 498 | 7 | 4 | 2 | 4 |
| | 磷盐工业 | 237 | 20 | 7 | 7 | 8 |
| | 采选业 | 662 | 23 | 14 | 8 | 14 |
| | 冶炼业 | 336 | 30 | 23 | 13 | 9 |
| | 加工业 | 268 | 29 | 11 | 14 | 10 |

资料来源：云南经济普查年鉴 2004、2008。

从科技活动的构成来看，2008 年有 R&D 活动、新产品开发、科技机构的企业数分别是 2004 年的 1.5、2.2、1.2 倍，可见企业的科技活动重点放在了新产品的开发上，减少了 R&D 活动和科技机构的设置，说明企业的科技活动重点更加贴近生产、更加追求研究成果的实际应用和市场效益，同时减少了具有高风险的研发活动。因此需要注意加强与专门从事 R&D 活动的科研机构的联系，使企业的产品开发活动能够有强大的研发基础支持，避免新产品开发的后劲不足，从而能迅速应对市场的变化，顺应市场的需求。

从行业和部门的情况来看，科技活动企业比例较高的为有色金属工业、冶炼业、加工业。与 2004 年相比，2008 年有科技活动企业的比例增加较大的为冶炼业和黑色金属工业，分别达到 9% 和 8%；有 R&D 活动企业数的比例有较大增加的为黑金属工业和冶炼业，分别达到 5% 和 7%；有新产品开发企业数的比例有较大增加的为有色金属和冶炼业，分别达到 6% 和 4%。可见黑色金属工业企业比例在 R&D 方面增加较大，有色金属工业企业比例在新产品开发方面增加较大，冶炼业则在 R&D 和新产品开发方面均有较大的增加。而有科技机构的企业比例则均存在不同程度的减少。

根据云南经济普查资料，云南资源型工业科技人员占年均从业人员的比例为 2.14%，比例较低。行业上有色金属工业科技人员比例相对较高，为 3.93%；煤工业科技人员比例相对较低，为 0.17%；黑色金属和磷盐工业的科技人员比例与资源型工业科技人员的比例接近。部门上，冶炼业科技人员比例相对最高，为 3.29%；加工业次之，为 1.68%；采选业最低，为 1.11%（表 2-16）。

表 2-16 云南资源型工业企业科技活动人员情况

| 年份 | 行 业 | 年均从业人员数（人） | 科技人员 |  | 科学家和工程师（人） | 高中级技术职称人员 |  | R&D 人员 |  |
|---|---|---|---|---|---|---|---|---|---|
|  |  |  | 合计（人） | 占年均从业人员比例（%） |  | 合计（人） | 占科技人员比例（%） | 合计（人） | 占科技人员比例（%） |
| 2004 | 资源型工业 | 268057 | 5738 | 2.14 | 4633 | 1105 | 19.26 | 3501 | 61.01 |
|  | 黑色金属工业 | 65860 | 843 | 1.28 | 689 | 154 | 18.27 | 354 | 41.99 |
|  | 有色金属工业 | 98325 | 3869 | 3.93 | 3095 | 774 | 20.01 | 2580 | 66.68 |
|  | 煤工业 | 39283 | 67 | 0.17 | 55 | 12 | 17.91 | 5 | 7.46 |
|  | 磷盐工业 | 59401 | 921 | 1.55 | 794 | 127 | 13.79 | 524 | 56.89 |
|  | 采选业 | 83226 | 924 | 1.11 | 816 | 108 | 11.69 | 636 | 68.83 |
|  | 冶炼业 | 105872 | 3485 | 3.29 | 2740 | 745 | 21.38 | 2272 | 65.19 |
|  | 加工业 | 78959 | 1329 | 1.68 | 1077 | 252 | 18.96 | 593 | 44.62 |
| 2008 | 资源型工业 | — | 10409 | — | 8363 | 1825 | 17.53 | 4467 | 42.91 |
|  | 黑色金属工业 | — | 1686 | — | 1415 | 261 | 15.48 | 500 | 29.66 |
|  | 有色金属工业 | — | 6255 | — | 4963 | 1116 | 17.84 | 3608 | 57.68 |
|  | 煤工业 | — | 234 | — | 167 | 37 | 15.81 | 110 | 47.01 |
|  | 磷盐工业 | — | 2113 | — | 1732 | 376 | 17.79 | 249 | 11.78 |
|  | 采选业 | — | 1842 | — | 1537 | 243 | 13.19 | 675 | 36.64 |
|  | 冶炼业 | — | 5289 | — | 4165 | 980 | 19.26 | 3061 | 57.87 |
|  | 加工业 | — | 3278 | — | 2661 | 602 | 18.27 | 731 | 22.30 |

资料来源：云南经济普查年鉴 2004、2008。

科学家和工程师的人数以有色金属工业为最高，煤工业最少，黑色金属与磷盐工业居中；冶炼业最多，采选业最少，加工业居中。2008 年科学家和工程师的人数在各行业和部门均有较大增加，但位次没有变化。

2008 年云南资源型工业的高中级技术职称人员占科技人员比例为 17.53%，比 2004 年略有下降。行业上变化不大，在 15.48%～17.84% 之间。部门上，冶炼业和加工业比较接近，分别为 19.26% 和 18.27%；采选业较低，为 13.19%。

2004 年 R&D 人员占科技人员比例为 61.01%，比例较高，其中各行业和部门的比例变化不大，均在 40%～70% 之间，煤工业较低，只有 7.46%。

通过以上关于云南资源型工业企业和人员在科技活动方面的情况分析可知：云南资源型工业职工水平总体较低，有色金属工业、冶炼业科技人员比例、科学家和工程师的人数相对较高，煤工业、采选业相对较低。企业从事科技活动的比例有所下降，重点在新产品的开发上，企业的科技活动重点更加贴近生产、更加追求研究成果的实际应用和市场效益，并减少了具有高风险的研发活动。具体来看，黑色金属工业企业比例在 R&D 方面增加较大，有色金属工业企业比例在新产品开发方面增加较大，冶炼业则在 R&D 和新产品开发方面均有较大的增加。这与各行业、部门终端产成品的科技含量特点、分布相一致。

从各主要资源型工业企业的具体情况来看（表 2-17），2010 年末云铜并表企业全部劳动关系人员为 26251 人，其中在岗职工有 21828 人，其他从业人员为 607 人，离开本单位仍保留劳动关系职工为 356 人，劳务派遣用工为 3460 人。具有专业技术职务资格的有 4658 人，占在岗职工的 21.34%。其中：高级职称有 421 人，占专业技术人员的 9.04%；中级职称有 1359 人，占专业技术人员的 29.17%；初级职称有 2878 人，占专业技术人员的 61.78%。研究生及以上学历人员有 245 人，占总人数的 1.12%，本科学历有 2499 人，占总人数的 11.45%，专科学历有 3912 人，占总人数的 17.92%，中专学历有 1917 人，占总人数的 8.78%，高中技校学历有 5375 人，占 24.62%，初中及以下有 7880 人，占 36.1%。专科及以上学历比例为 30.49%，研发人员大于 10%，云铜的高水平职工人数达到国家规定的 30% 和 10%。

**表 2-17 云南主要资源型工业企业职工受教育程度人数及比例**

| 公司名称 | 职工总人数（人） | 大专以上 | | 大专 | | 大专以下 | | 技术 | |
|---|---|---|---|---|---|---|---|---|---|
| | | 人数（人） | 比例（%） | 人数（人） | 比例（%） | 人数（人） | 比例（%） | 人数（人） | 比例（%） |
| 云南铜业（集团）有限公司 | 21828 | 2744 | 12.57 | 3912 | 17.92 | 15172 | 69.51 | 4568 | 21.34 |
| 云南铜业股份有限公司 | 12236 | 1454 | 11.88 | 2416 | 19.75 | 8366 | 68.37 | 1411 | 11.53 |
| 云南盐化股份有限公司 | 3899 | 310 | 7.95 | 710 | 18.21 | 2879 | 73.84 | 845 | 21.67 |
| 云南鑫圆锗业股份有限公司 | 704 | 71 | 10.09 | 124 | 17.61 | 509 | 72.30 | 65 | 9.23 |
| 云南锡业股份有限公司 | 15297 | 860 | 5.62 | 2001 | 13.08 | 12436 | 81.30 | 1313 | 8.58 |
| 云南冶金集团股份有限公司 | 26767 | 6301 | 23.54 | 5381 | 20.10 | 15085 | 56.36 | 17333 | 64.76 |
| 云南云天化股份有限公司 | 10499 | 1276 | 12.15 | 2125 | 20.24 | 7098 | 67.61 | 821 | 7.82 |
| 云南铝业股份有限公司 | 3920 | 659 | 16.81 | 1029 | 26.25 | 2232 | 56.94 | 270 | 6.89 |
| 云南煤化工集团有限公司 | 31885 | — | — | — | — | — | — | 5524 | 17.32 |

续表 2-17

| 公司名称 | 职工总人数（人） | 大专以上 | | 大专 | | 大专以下 | | 技术 | |
|---|---|---|---|---|---|---|---|---|---|
| | | 人数（人） | 比例（%） | 人数（人） | 比例（%） | 人数（人） | 比例（%） | 人数（人） | 比例（%） |
| 湖南有色金属控股集团有限公司 | 46150 | 17048 | 36.94 | 16245 | 35.20 | 12857 | 27.86 | 7984 | 17.3 |
| 江西铜业集团公司 | 27562 | 3397 | 12.32 | 4590 | 16.65 | 19575 | 71.02 | 1487 | 5.4 |
| 西部矿业股份有限公司 | 10953 | 1274 | 11.63 | 1250 | 11.41 | 8429 | 76.96 | — | — |
| 神华集团有限责任公司 | 163745 | 23969 | 14.64 | 33405 | 20.40 | 106371 | 64.96 | — | — |
| 广西华锡集团股份有限公司 | 11000 | — | — | — | — | — | — | 3224 | 29.31 |
| 铜陵有色金属集团股份有限公司 | 15498 | — | — | — | — | — | — | 1558 | 10.05 |

资料来源：云南铜业 2010 年年度报告，云南盐化 2011 年年度报告，云南锗业 2011 年年度报告，锡业股份 2010 年年度报告，云天化 2010 年年度报告，云南铝业 2010 年度报告，云南铜业（集团）有限公司 2011 年度第一期短期融资券募集说明书，云南煤化工集团有限公司 2010 年度第一期短期融资券募集说明书，云南冶金集团股份有限公司 2010 年度第一期短期融资券募集说明书，湖南有色金属控股集团有限公司 2009 年第一期中期票据募集说明书，神华集团有限责任公司 2011 年度第一期短期融券募集说明书，江西铜业集团 2012 年第一期中期票据募集说明书，西部矿业集团有限公司 2012 年度第一期短期融资券募集说明书，广西华锡集团股份有限公司 www.china-tin.com，铜陵有色 2010 年年度报告。

云南铜业股份有限公司（简称云铜股份）2010 年共有职工 12065 人，其中生产人员有 8278 人，销售人员有 356 人，财务人员有 407 人，技术人员有 1411 人，行政人员有 1416 人。按学历分大学及以上人员有 1454 人，大专学历有 2416 人，中专学历有 1057 人，高中（技校）以下有 7138 人。技术人员占职工总人数的 12%，大学及以上学历占全部职工总人数的 12%，大中专学历占 29%，高中（技校）以下占 59%。总体看来专科及其以上比例为 41%，根据技术人员比例可知其研发人员比例接近 10%，云铜股份的高水平职工人数基本达到国家规定的 30% 和 10%。

云铜冶炼总厂是高新技术企业，职工总数为 2700 人，其中大专以上有 1000 人，占 37.04%；从事研发的有 300 人，占 11.11%。云铜锌业是高新技术企业，职工总数为 1037 人，其中大专以上研发人员为 146 人，有博士 1 人，硕士 14 人，占职工总人数的 14.08%。高水平职工人数超过国家规定的 30% 和 10%。

云南锡业股份有限公司（简称云锡）2010 年共有员工 15297 人。其中，生产人员为 11043 人，销售人员为 121 人，技术人员为 1313 人，财务人员为 132

人，行政人员为1243人，其他人员为1445人。研究生及以上学历有35人，占0.23%；大学本科学历为825人，占5.39%；大学专科学历有2001人，占13.08%；中专学历有572人，占3.74%；高中（含职高）有4701人，占30.73%；初中及以下有7163人，占46.83%。专科以上比例为22.44%，根据技术人员比例可知其研发人员比例少于10%，但比较接近标准。

贵研铂业集中了我国贵金属冶金、材料、化学、化工、加工、分析检测和经营管理等多学科各类专才，拥有一支以中国工程院院士为首的稳定的科研生产队伍，公司现有员工330人，其中高级工程师以上的技术人员占公司总人数30%以上，大专以上学历者占80.37%。高水平职工人数远远超过国家规定，从其贵金属研究所的历史性质来看，研发机构特点突出。

云南冶金集团有“国突、国贴”专家13人，“省突、省贴”专家75人，省委联系专家7人，省级创新团队3个。至2010年末，云南冶金集团有职工人数超过2.6万人，其中各类技术专业人员有1.7万多人，其中正高（教授）职称有102人，副高级职称有734人；高级技师有61人，技师有1691人，高级工有4859人。有1个国家级技术中心、1个国家级国际合作基地、1个国家甲级大型综合设计研究院、1个博士后科研工作站，8家国家高新技术企业、1家国家创新型试点企业、3家省级创新型企业、2家省级创新型试点企业、5个省级工程技术研究中心。根据技术人员可知其研发人员比例高于10%，中专以上学历职工比例不详。

云南煤化及下属企业2010年从业人员共有31885人，其中在岗职工人数为29943人，非在岗为882人，其他从业人员为1060人。本部及其下属企业共有专业技术人员5524人，占全部从业人员总数的17.32%，其中，正高级职称有2人，副高级职称有147人，中级职称有1225人，初级职称有3716人，未聘任的其他专业技术人员有434人。本部及其下属企业共有技术工人23257人。按技术级别分：技师以上职称有877人，占技术工人总数的3.8%，有高级工5595人，占技术工人总数的24%，有中级工7833人，占技术工人总数的33.7%，有初级工8952人，占技术工人总数的38.5%；云南煤化集团中专及以上职工比例的高水平职工人数未达到国家高新技术企业的规定。

云南祥云飞龙有色金属股份有限公司（简称祥云飞龙）2010年有员工8000人，其中教授、高级工程师有33人，占0.4%；中、初级各类专业工程技术人员有800多人，占10%。祥云飞龙的高水平职工人远未达到国家高新技术企业的规定30%和10%。

云天化股份有限公司2010年末有职工10499人，按教育程度分，硕士学位有52人，大学学历有1224人，大专学历有2125人，中专以下学历有7098人，中高级技术职称有449人。大专及以上比例为32.39%，研发人员未超过10%，总体未到达国家规定。

2011年末，云南盐化共有员工3899人，其中在岗员工为3617人，内退及离岗休息人员有282人。在全部员工中，有本科以上学历310人，占7.95%；有大专人数710人，占18.21%；中专学历有392人，占10.05%；高中及以下有2487人，占63.79%。云南盐化专业技术人员有845人，占员工总数的21.67%，其中高级以上职称有32人，占员工总数的0.82%；中级以上职称有229人，占5.87%；初级职称有584人，占14.98%。专科及以上学历员工占比为36.21%，达到国家30%要求。

2010年末，云南铝业股份有限公司（简称云铝）共有员工3920人，其中生产人员有3038人，销售人员有52人，技术人员有270人，财务人员有34人，行政人员有526人。全部员工中，有本科及以上员工659人，专科有1029人，中专有541人，中专以下有1691人。专科及以上比例为56.86%，技术人员比例为7%。

云南鑫圆锗业股份有限公司（简称云南锗业）2011年在职员工人数为704人，其中生产人员为427人，行政人员有54人，技术人员有65人，研发人员有113人，销售人员有27人，财务人员有18人。按教育程度看，本科以上71人，占10.09%；大专124人，占17.61%；中专及以下509人，占72.3%。专科人数超过30%。

云南钛业人员构成以大中专毕业生为主，经过半个月的培训期就能上岗，研发人员是自主培养，学历层次偏低，以大专为主。

从省外情况来看，湖南有色的职工受教育程度远高于云南各主要企业，江西铜业、西部矿业、神化集团、华锡集团、铜陵有色等相似省份的主要资源型工业企业职工受教育程度与云南主要资源型工业企业比较接近。

总的来看，云南省各大企业职工中有部分高学历人才，有很多技术人员，也有些高端的技术人才，但所占比重均不太大，总体上基本接近或达到国家高新技术企业的技术及研发人员比例标准。

2.2.1.3 产品附加值高

云南2010年和2011年共认定高新技术企业244家，其中资源型工业相关企业27家。整体上的云南资源型工业的高新技术产品产值资料难以获取，本书从云南主要资源型工业企业入手进行典型的定性分析。

（1）云冶。在铝产业上，通过不断的产品研发，云铝公司自主开发了A356铸造铝合金、合金圆铝杆、中高强度宽幅铝板材等产品，创新发明铸轧坯料生产5754铝合金板关键技术，0.05毫米以下超薄铝箔技术。在铅锌产业上，在“十一五”期间开发出热镀锌合金、铋针、锗单晶、光纤级四氯化锗等七种产品。在钛产业上，建设了钛矿-高钛渣-钛白粉/海绵钛-钛材等区域内最完整的产业链，打造了我国重要的高端钛产品生产基地；在硅产业上，建设了硅矿-金属硅-多晶硅-硅片等较为完整的产业链，打造了我国重要的高端硅材料产业基地。

（2）云铜。云铜集团有色金属深加工产业在发展中壮大，形成具有特色的制造技术和产品，主要生产铜线杆、高速电气化铁路用铜银、铜锡合金导线、特种电磁线、稀贵金属系列产品、硒系列产品、锂系列产品等。云南铜业自主研发了高附加值、高科技前沿铸铜转子产品，自主开发的高速电气化铁路用铜合金导线产品应用于国内多条电气化铁路。云南铜业股份“铁峰牌”高纯阴极铜曾先后获得两次部优、三次省优产品称号。

（3）云锡。云南锡业集团（控股）有限责任公司已成为世界最大的锡生产、加工基地和世界最大的锡化工中心，世界最大的锡材加工中心，世界最大的砷化工中心，以及世界级的稀贵金属研发中心。开发焊接清洗剂，生产焊膏、焊丝、有机锡、锡箔及无机锡化合物、有机锡及锡化工产品等锡深加工系列产品，形成四大系列，40 个以上的品种。如氧化亚锡 SnO、BGA 系列，有机锡化工产品（YT 云锡牌硫醇甲基锡；二丁基二氯化锡；四丁基锡）等。

（4）云天化。云天化集团下属 CPIC（重庆国际复合材料有限公司）生产出的玻璃纤维直径 5 微米，拉丝运转率高于 92%，原丝满筒率达 95%，达到国际先进水平。云天化生产的高浓度化肥非常畅销，还有云天化牌甲酸钠、云天化共聚甲醛、季戊四醇等有机产品。

（5）云煤。云南煤化拥有的 5.5 米侧装捣固焦炉技术、焦炉气制甲醇技术、褐煤液化（煤制油）技术、碎煤熔渣气化技术等一批技术处于国际国内领先地位。高附加值产品比重不断增加。聚甲醛、聚氯乙烯、醋酸乙烯、甲胺、季戊四醇、锡基化工等新材料产能逐步扩大，高浓度化肥比重达到 85%，重质纯碱和离子膜烧碱比重达到 95%，全面取缔了高毒农药生产。

（6）钛白粉作为钛产业链中的重要一环，正在从普通钛白粉向食品级、医药级的高附加值深加工方向发展。以富民和武定为例，已从单纯的采矿发展到了钛白粉企业集群式发展，开发出化纤级钛白粉，水溶性涂料钛白粉，医药、食品级钛白粉。根据资料，1 吨钛矿约值 0.23 万元，2 ~ 3 吨钛矿才能生产出 1 吨钛白粉，售价约 2.3 万元，1 吨钛卷市场价格在 15 万元左右，从矿产资源到精深加工产品，1 吨钛的价值可以翻 10 倍以上，升值空间很大。

（7）昆明冶研新材料曲靖多晶硅厂生产的硅片发电是 100 兆瓦硅片，可用作光伏发电，实现分布式上网，家庭还可以将自发的电卖给国家，属于朝阳产业。

虽然各大企业有很多深加工产品，云南资源型工业产业结构调整方向也向着深加工产业的方向发展，但加工化程度还不高，主要是以原材料及初级加工产品为主，高附加值产品仍然很少，还远远达不到国家规定的标准。

总的来看，无论从科研费用、高水平职工，还是从产品附加值，云南资源型工业均未完全达到国家规定的标准，还需要进一步快速发展。

究其原因，从客观方面来看，首先是基础研究的缺乏导致后续研究的乏力，企业不注重技术的积累性的特点，单纯从生产效益角度出发进行科研活动，比较短视。具体表现为企业的科技活动经费投入比例减少，科技项目越来越倾向于解决具体实际问题，忽视项目科研的积累。危害就是科研基础的不稳固，导致后续高级研究无法开展。当然，基础研究不能完全依靠企业，考虑到基础研究的外部性，政府应该加大对基础研究的科研投入，同时要对企业的重大自主研究给予足够的、有效的支持。

其次是我国人口数量基数大、地区发展不平衡等基本国情，导致整体职工水平不高。国有企业的国有性质，决定了国企存在的目的不仅仅是为了经济效益，还需要考虑就业问题。同时由于区域发展不平衡，西部地区对高级人才的吸引力较弱，加剧了职工水平状况的恶化。从现实情况来看，企业要实现经济效益和稳定就业的目标往往是矛盾的，解决这个问题一方面需要决策者的智慧以把握好二者的度，另一方面是鼓励私人企业发展，发展劳动密集型产业和服务业，提高劳动力市场容量。对于高级人才来说，需要以行政或者经济手段来扭曲市场信号，创造良好的工作环境，吸引高级人才流入云南，比如给予高级人才来滇工作特殊照顾和支持等。

最后是工业消费市场的萎靡和区位优势的缺乏。云南省高附加值产品不多、附加值低，主要是市场需求不强，其一是自身产品缺乏竞争实力，其二是工业消费市场萎靡，尤其是本省范围内缺乏围绕资源型工业的配套产业。而区位优势的缺乏，主要是物流成本过高进一步导致产品缺乏竞争力，二者形成恶性循环。这需要政府以超前的意识，做好产业园区的合理规划，超前进行基础设施建设，同时政府在选择重点培养产业的时候，要考虑产业承接性和现实基础情况。

从主观方面来看，主要还是缺乏认识，体现在两个方面，对技术投入的重要性和连续性的认识不够。一方面是因为高技术开发本身难度大、风险高，实力差的企业持续投入能力弱；另一方面是因为缺乏战略眼光，过多追求眼前利益和职位。因此对于科研技术投入这种不能迅速为其核心利益目标服务的事情缺乏积极性，也缺乏企业家的冒险精神；同时技术的突变性决定了技术的发展不是线性的，需要不断的尝试和各种试错。

### 2.2.2 高度集约化

产业集约化是指产业的发展以资源优化配置和有效使用为原则，产业组织结构趋于优化，产业具有较强的国际竞争力，并能持续发展的动态过程。集约化发展的目标就是要实现资源的有效配置，提高产业规模和产业集中度，构建具有核心竞争力的专业化分工与协作的大中小企业共生网络，提高产业的国际竞争力，使产业与社会、资源环境协调发展。产业集约化不是以生产力要素量的扩展为手段，不是以生产力总量增长为目标，而是以提高生产力系统的技术度（技术进步度）与组织度（组织管理优化程度）为手段，以生产力素质的改善和生产力系统整体功能的提高为标志。

从产业集约化发展的角度看，集约化发展的理想状态应该是市场的主要供应者是达到和接近经济规模的企业。这表明该产业已经充分利用了规模经济效益，产业的长期平均成本达到最低，产业的资源配置和利用效率达到了最优状态。

产业集约化程度越高，产业结构高度化程度越高。产业集约化可以从产业规模集中度和规模效益两方面体现。集中度从外部市场份额来衡量企业集约程度，规模效益从内部要素配置及产出角度衡量生产集约程度。

2.2.2.1 规模集中度

规模集中度反映一个行业生产经营的集中程度，是用来测量产业竞争性和垄断性的最简单易行与最常用的指标。其影响因素主要有：（1）该行业内大企业的规模。某行业的市场容量既定，少数大企业的规模越大，集中度就越高。导致企业规模变化的主要因素有企业扩大规模的动机、技术进步、政府经济政策和法律的影响等。（2）市场容量。市场容量的扩大容易降低集中度，市场容量的缩小或不变，则容易提高集中度。

产业集中度一般以产业内规模最大的若干家厂商的有关指标值占整个市场或行业的份额来衡量。任何行业中的企业规模都是大小不同的，故各企业产量的市场份额也必然不同。显然，某行业中产量最大的少数企业的市场份额必然占有绝对优势。这种优势反映了生产集中度的高低及竞争力的强弱。其计算公式为：

$$CR_n = \sum_{i=1}^{n} X_i \Big/ \sum_{i=1}^{m} X_i$$

式中 $CR_n$——某产业 $m$ 家企业中，产值最大的 $n$ 个企业产值的市场份额；

$X_i$——每个企业的产值。

一般说来，集中度高就表明在特定行业中少数大企业拥有较大的经济支配能力，或者说具备了一定程度的垄断能力。根据 $CR_4$ 将集中类型分为六个等级，即极高寡占型（$CR_4 > 0.75$）、高集中寡占型（$0.65 < CR_4 \leqslant 0.75$）、中（上）集中寡占型（$0.50 < CR_4 \leqslant 0.65$）、中（下）集中寡占型（$0.35 < CR_4 \leqslant 0.50$）、低集中寡占型（$0.30 < CR_4 \leqslant 0.35$）、原子型（$CR_4 \leqslant 0.30$）。

我国实行的社会主义市场经济制度以及资源型工业自身的特点，决定了我国资源型工业市场结构的改进方向和目标也应是寡头垄断或接近寡头垄断型市场结构。

根据云南工业经济信息资料，利用主营业务收入计算了云南资源型工业的规模集中度 $CR_4$，如图 2-7 及表 2-18 所示。云南资源型工业的规模集中度从 2001 年开始逐渐下降，到 2004 年降到最低，然后集中度又逐渐提高。总体上云南资源型工业的规模集中度在 0.3 左右，属低集中寡占型。过低的规模集中度使得云南资源型工业的对外竞争优势不足。云南 2005 年、2009 年部分工业规模集中度及相关指标见表 2-19。

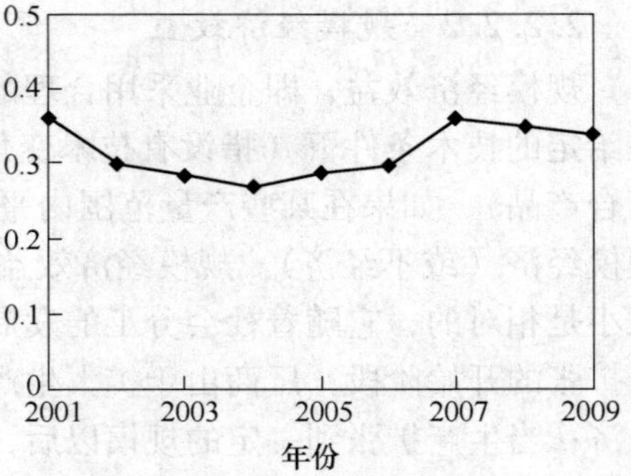


图 2-7 云南资源型工业规模集中度

**表 2-18 云南资源型工业规模集中度**

| 年份 | 企业数（个） | 主营业务收入（亿元） | 产值最大 4 家企业主营业务收入（亿元） | 产值最大 10 家企业主营业务收入（亿元） | $CR_4$ |
|---|---|---|---|---|---|
| 2001 | 436 | 286.18 | 103.17 | 137.47 | 0.36 |
| 2002 | 461 | 340.59 | 102.27 | 140.16 | 0.30 |
| 2003 | 527 | 451.41 | 128.72 | 176.05 | 0.29 |
| 2004 | 718 | 765.27 | 209.15 | 291.88 | 0.27 |
| 2005 | 764 | 1088.69 | 319.84 | 420.38 | 0.29 |
| 2006 | 857 | 1622.97 | 484.45 | 637.41 | 0.30 |
| 2007 | 959 | 2211.39 | 786.88 | 804.1 | 0.36 |
| 2008 | 1268 | 2557.45 | 631.93 | 758.23 | 0.25 |
| 2009 | 1231 | 2199.82 | 739.47 | | 0.34 |

资料来源：云南工业经济信息资料 2001 ~2009，2001 ~2003 年主营业务收入由销售收入代替。

**表 2-19 云南 2005 年、2009 年部分工业规模集中度及相关指标**

| 年份 | 行业分类 | 企业数（个） | 主营业务收入（亿元） | 产值最大 4 家企业主营业务收入（亿元） | 产值最大 10 家企业主营业务收入（亿元） | $CR_4$ | $CR_{10}$ |
|---|---|---|---|---|---|---|---|
| 2005 | 黑色金属工业 | 178 | 317.23 | 162.85 | 197.57 | 0.51 | 0.62 |
| | 有色金属工业 | 228 | 459.96 | 221.02 | 275.04 | 0.48 | 0.59 |
| | 磷盐工业 | 194 | 233.10 | 59.35 | 108.28 | 0.25 | 0.46 |
| | 煤工业 | 156 | 77.08 | 27.91 | 54.63 | 0.36 | 0.70 |
| 2009 | 黑色金属工业 | 188 | 680.46 | 419.26 | 529.11 | 0.61 | 0.77 |
| | 有色金属工业 | 312 | 797.06 | 197.51 | 301.67 | 0.24 | 0.38 |
| | 磷盐工业 | 226 | 392.62 | 85.97 | 176.07 | 0.21 | 0.45 |
| | 煤工业 | 490 | 326.90 | 86.78 | 145.03 | 0.26 | 0.44 |

资料来源：云南省工业经济信息年鉴 2005、2009。

### 2.2.2.2 规模经济效益

规模经济效益，即企业采用合理的生产或经营规模而获得的经济效益，是指在给定的技术条件下（指没有技术变化），对于某一产品（无论是单一产品还是复合产品），如果在某些产量范围内平均成本是下降或上升的话，就认为存在着规模经济（或不经济）。规模经济效益的提高并不是规模越大越好，经济规模的大小是相对的，它随着社会分工的发展、科学技术的进步而不断变化。在企业生产扩张的开始阶段，厂商由于扩大生产规模而使经济效益得到提高，这称为规模经济；当生产扩张到一定的规模以后，厂商继续扩大生产规模，就会使经济效益下降，这称为规模不经济。经济效益从其内涵与提高途径角度看，可分为潜在经济效益、资源配置经济效益、规模经济效益和技术进步经济效益及管理经济效益。规模经济效益是指适度的规模所产生的最佳经济效益，在微观经济学理论中它是指由于生产规模扩大而导致的长期平均成本下降的现象。

规模经济系数的计量与成本函数密切相关，它是通过计算产出-成本弹性系数得以实现的。产出-成本弹性系数计算公式是：

$$\eta = \frac{\mathrm{d}\ \ln C}{\mathrm{d}\ \ln Y}$$

式中 $C$——总生产成本；

$Y$——总产出。

令 $S = 1/\eta$，则称 $S$ 为规模经济系数。$S > 1$ 时具有规模经济，表明平均单位成本是一条逐渐降低的曲线；$S = 1$ 时规模经济不变；$S < 1$ 时则不具有规模经济效应。

本书计算了 2002 ~ 2009 年的云南资源型工业的规模经济系数，见表 2-20 及图 2-8。

**表 2-20 云南资源型工业规模经济系数**

| 年份 | 资源型工业 | 黑色金属工业 | 有色金属工业 | 煤工业 | 磷盐工业 | 采选业 | 冶炼业 | 加工业 |
|---|---|---|---|---|---|---|---|---|
| 2002 | 1.00 | 0.83 | 1.17 | 1.02 | 1.11 | 1.01 | 0.97 | 1.04 |
| 2003 | 1.03 | 1.04 | 1.00 | 1.13 | 1.00 | 2.11 | 0.68 | 1.09 |
| 2004 | 1.05 | 0.97 | 1.03 | 1.00 | 1.34 | 1.09 | 1.07 | 1.10 |
| 2005 | 0.90 | 0.76 | 0.98 | 0.94 | 0.88 | 1.15 | 0.88 | 0.79 |
| 2006 | 1.02 | 1.07 | 1.05 | 1.04 | 0.79 | 1.11 | 1.05 | 0.85 |
| 2007 | 0.99 | 1.05 | 0.95 | 1.00 | 1.00 | 0.83 | 1.02 | 1.01 |
| 2008 | 0.94 | 0.98 | 1.50 | 1.10 | 1.07 | 1.01 | 2.42 | 0.96 |
| 2009 | 0.98 | 1.08 | 0.79 | 1.70 | 1.54 | 1.17 | 0.93 | 1.09 |
| 平均 | 0.99 | 0.97 | 1.06 | 1.12 | 1.09 | 1.18 | 1.13 | 0.99 |

资料来源：云南工业经济信息资料 2001 ~ 2009。

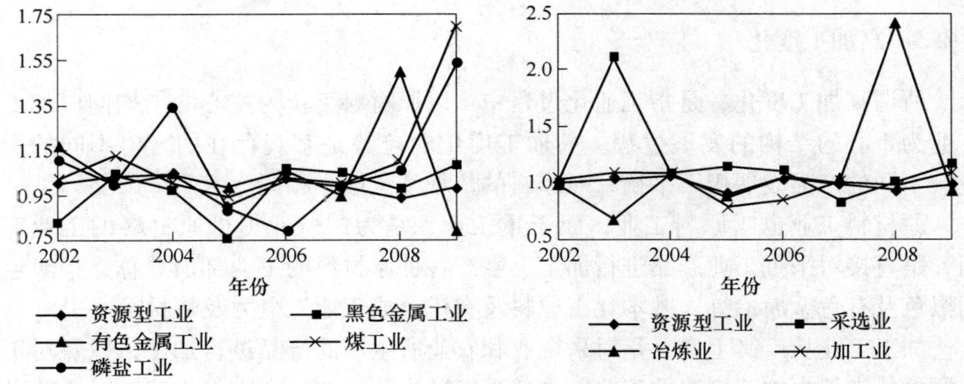


图 2-8 云南资源型工业规模经济系数

2002 ~2009 年云南资源型工业规模经济系数平均值为 0.99，约为 1，规模经济效益一般。其中，煤工业稍好，规模经济系数为 1.12，扩大生产规模，平均单位成本会带来较多的效益；黑色金属工业、有色金属工业、磷盐工业规模经济系数均在 1 附近，扩大生产带来的规模效益增加不明显。采选业、冶炼业规模经济系数大于 1，生产规模扩大，会为企业带来规模经济效益；加工业规模经济系数约为 1，规模经济效益的影响不大。

通过云南资源型工业规模经济系数分析可以看出：（1）整体上云南资源型工业具有较好的规模经济效益，但是这种规模经济效益还不够稳定，也不太明显。（2）黑色金属、有色金属、磷盐工业总体上在规模经济不变附近波动，具有提高规模经济效益的潜力，也有规模经济效益下滑的风险；煤工业总体上在规模经济不变水平以上波动，需要进一步提高规模经济效益。（3）采选业总体上在规模不变水平波动且波动幅度比较大；冶炼业总体上在规模不变水平以下波动，波动幅度相对较小；加工业总体上在规模不变水平以上波动，波动幅度大。（4）资源型工业的加工程度还很低，加工业发展还处于初级阶段，并且加工业生产高附加值产品会带来较大的经济效益。

在现代化大生产中，提高某一产业的规模经济效益主要有两种途径：一是通过新建或者资产重组，扩大企业规模，使之达到产品生产的最佳经济规模；二是在专业化分工的原则下，形成由众多关联企业集聚的产业集群。

总的来看，云南资源型工业的规模集中度属于低集中寡占型，集中度还比较低，对外竞争优势不足；整体上云南资源型工业具有较好的规模经济效益，但是这种规模经济效益还不够稳定，也不太明显；黑色金属、有色金属、磷盐工业总体上在规模经济不变左右波动，具有提高规模经济效益的潜力，也有规模经济效益下滑的风险；煤工业总体上在规模经济以上波动，需要进一步提高规模经济效益。

### 2.2.3 高加工度化

所谓高加工度化，是指工业化过程中从以原材料工业为重心的结构向以加工工业为重心的结构的发展过程。高加工度化的趋势是客观存在的，但不同的产业、不同的产品发展极不平衡，对原料的依赖度也极不相同。

原材料工业也叫原料工业，属于重工业，是为制造业提供原材料的工业部门，是直接对采掘工业产品进行加工、生产各种原材料的工业部门总称，一般包括黑色及有色金属冶炼、基本化工原料及有机合成工业、电力及建材等。

加工工业从广义上讲，是对采掘业和农业所生产的产品进行加工，以及对工业原材料进行再加工制造的工业，也就是以过去劳动的生产物作为劳动对象的各工业部门的总称，如冶金、机械、化学、食品、纺织、木材加工、皮革、电力等工业。狭义上讲，加工工业是相对于原材料工业而言的，专指对工业原材料进行再加工制造的工业，包括装备国民经济各部门的机械设备制造工业，金属结构、水泥制品等工业，以及为农业提供生产资料的化肥、农药等工业。狭义的加工工业是重工业的一个组成部分。发达国家的经验表明，由以原材料工业为重心向以加工、组装工业为重心转移的“高加工度化”，是工业结构高级化的一个重要方面。

通过产业的加工度高低来判断产业结构发展水平的高低，加工度越高的产业在产业结构中占的比重越大，产业结构的高度化程度越高。2007 年全国资源型工业的加工度按投入产出数据计算，为 51∶49 = 1.04，按产值算，为 48∶52 = 0.92。云南资源型工业的加工度按产值计算见表 2-21，总体来看，与全国资源型工业加工度水平相比，云南资源型工业的加工度较低，仅在 0.5 左右。

**表 2-21 云南原材料工业及加工工业产值**

| 年 份 | 原材料（亿元） | 加工工业（亿元） | 加工工业/原材料 |
|---|---|---|---|
| 2001 | 175.09 | 67.54 | 0.39 |
| 2002 | 202.08 | 86.11 | 0.43 |
| 2003 | 222.94 | 106.09 | 0.48 |
| 2004 | 419.97 | 252.25 | 0.6 |
| 2005 | 602.83 | 345.3 | 0.57 |
| 2006 | 956.78 | 408.21 | 0.43 |
| 2007 | 1357.42 | 502.82 | 0.37 |
| 2008 | 1466.33 | 697.3 | 0.48 |
| 2009 | 1255.48 | 603.3 | 0.48 |

资料来源：云南工业经济信息资料 2001 ~ 2009。

从资源型工业的不同部门来看（图 2-9），2001 年云南资源型工业总产值中采选业、冶炼业、加工业所占比例分别为16%、52%、32%，加工业远远落后于冶炼业。十年来，冶炼业和加工业都经历了大幅度的波动，冶炼业所占比例在2003年下降到了42%，然后逐渐上升到2007年的60%；加工业逐渐上升到2003年的46%，然后迅速下降到2007年的30%；采选业所占比例在2003年下降到了12%，然后逐渐上升到了2010年的18%。总的来看，虽然冶炼业和加工业一直是资源型工业的主体，但是冶炼加工业所占比例呈下降趋势，到2010年其所占比例已经下降到了82%，冶炼加工业有进一步提升的空间。从冶炼业和加工业的比例来看，加工业一直小于冶炼业的比例，仅在2003年略高于冶炼业，说明云南资源型工业中的加工业发展不充分，加工程度不高，加工业与冶炼业之比约为0.5。

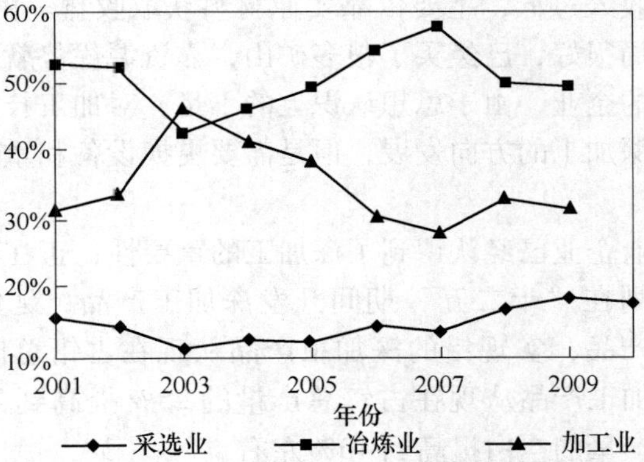


图2-9 云南资源型工业部门比例

从不同行业来看：2010年，云南黑色金属工业采掘业、原材料、加工工业比为39:42:19，与全国（34:40:26）相比，云南原材料所占比重与全国相比还较大，加工业的比重要有一定的差距，云南省资源型工业现仍以采矿、冶炼行业为主。2009年云南有色金属工业采选业工业总产值为96.2亿元，冶炼业总产值为725亿元，压延加工业为33.6亿元，采选业、冶炼业与加工业产值比为11:85:4，而全国有色金属采选业、冶炼业与加工业产值之比为16:48:36，远远低于全国的加工度水平。2010年云南化肥与磷盐采选业的比例约为0.9，基本达到全国水平。

从资源型工业企业来看，2010年云锡公司锡锭占主营业务收入的58.8%，锡材占主营业务收入的21.7%，锡化工占主营业务收入的11.6%，下游附加值高的锡材、锡化工产品比重增加。2010年云南铝业冶炼业与加工行业收入比例由2009年的59:41变为53:47，达到全国平均水平，冶炼加工行业结构正在不断向下游附加值高的产业方向发展。

总的来看，云南资源型工业的加工程度很低，低于全国的平均水平。

云南资源型工业的加工能力偏弱，一是因为缺少加工产品消费市场。如某有色金属企业，主要还是卖原材料，少数的锌合金加工产品市场很难开拓，以销定产，量不大，很被动。二是没有区位优势，产品市场所在地离生产地太远，运输、售后等都缺乏优势。据调研，云铜产业链衔接不够，在深加工生产能力方面没有竞争优势，并且离东南沿海消费地太远，造成运输成本太高。三是部分加工技术不先进，一些产品没有办法生产。如多晶硅，仅能生产出口 8 英寸硅片，但国外却可以生产 16 英寸硅片。四是由于产品需求差异大，生产企业不可能满足所有需求，并且成本高，因此只能销售原材料。由于针对不同的产品需求需要购进大量的设备和引进技术人员，这给企业带来了很大的风险，企业更倾向于做自己最熟悉、利润最大的产品。五是思想认识不够，缺乏忧患意识和竞争意识。云南省各大企业加工收入过低，主要依靠卖原材料获取收益。由于云南资源丰富，许多企业以前的布局很好，已经买了很多矿山，靠资源优势就可以获得盈利；而那些没有资源优势的企业，由于思想认识上的不足，对加工技术的投入不大，现在虽然认识到要向深加工的方向发展，但是需要更换设备和重新培养工人，需要很大的成本。

许多资源型工业企业已经认识到了深加工的重要性，正在朝深加工的方向发展。如驰宏锌锗计划在“十二五”期间开发深加工产品，延伸产业链，重点发展铅、锌、银合金产品；实现铅的深加工产品从现在占铅总产量的空白提高到 40% 左右；锌的深加工产品从现在占锌总产量的 25% 提高到 70% 左右；银的深加工产品从占银总产量的空白提高到 40% 左右。

云南资源型工业的整体加工度低，但是其中有一些高水平的加工产品，产量小，没有形成规模，从而不能在加工业比例上体现出来。加工产品附加值高，可以带来更多的利润，只要克服了资金、技术、运输的障碍，就可以发挥云南的资源优势，以生产附加值高的加工产品来逐渐代替初级加工产品和原材料。因此要调整产业结构，深化加工业的发展。

通过对云南资源型工业结构高度化的分析，可见云南资源型工业的高技术化还未达到国家标准，科研费用、职工水平、产品附加值均还不高；云南资源型工业整体上具有较好的规模经济效益，但规模集中度属于低集中寡占型，集中度还比较低，集约化程度还需要进一步提高；云南资源型工业的整体加工度低，虽然有一些高水平的加工产品，但是还没有形成规模。

# 3 云南资源型工业技术先进研究

技术先进代表一个历史时期较高水平的和对社会经济发展起着领先作用的技术状态。这是一个时代的相对的概念。在前一个时期被视为先进技术的东西，以后会被更先进的技术所淘汰，而成为落后技术。先进技术一般是指在世界范围内居于领先地位的技术，有时也指在一个企业、一个地区、一个国家范围内的生产中占领先地位的技术。

对于技术先进有不同的理解，有人把技术先进理解为技术的自动化、机械化水平较高，有人把技术先进理解为技术的高、精、尖化，也有人把技术先进理解为技术的“资金密集”、“技术密集”、“能量密集”等。

技术先进可以通过管理制度来体现公司企业内部管理人员水平及专业化程度以及高技术产品来衡量生产工艺的先进性。

## 3.1 管理制度合理

管理制度是对一定的管理机制、管理原则、管理方法以及管理机构设置的规范，也是企业管理的原则、体制和内部管理方法等规定的总称。它的核心是解决企业与主管部门，以及企业内部各管理层次之间责任、权力、利益三者相结合的问题。管理制度是根据企业的性质、规模、设备情况、管理水平、生产能力等因素制订的，反映了企业的性质及企业所有者的利益和要求。它是实施一定的管理行为的依据，是社会再生产过程顺利进行的保证，合理的管理制度可以简化管理过程，提高管理效率。

本书所指的管理制度合理分两个层次，第一个层次是产业政策，即主管部门与行业企业间的关系，第二个层次是企业内部的管理问题。本书管理制度合理的论述从这两个层面出发，围绕管理制度对技术进步的促进和阻碍作用，从行业或产业政策来阐述主管部门与行业企业间的关系，从机构设置、战略规划、财务管理、人力资源管理来阐述企业内部的管理问题。

### 3.1.1 产业政策合理

为履行政府的经济职能，克服市场失灵，客观上需要政府通过相应的政策对市场机制进行弥补。政府的经济政策手段多种多样，如防止垄断，保证市场竞争；提供失业和养老等社会保障；强制征收进出口关税；为避免通货膨胀和经济衰退实施财政与货币政策等。政府可以通过直接控制（如配给、计划、许可证），通过对公共事业、对价格和工资的管制等政策，来达到其目标。政府的经济政策概括来说主要有反垄断政策，解决外部效应的政策，进行资源配置、提供公共产品的政策，改变收入不均等的收入政策和保持经济稳定的宏观经济调控政策。

行业政策、产业政策是政府针对特定的产业或者某几个产业进行的调控措施，目的是为了促进产业的全面协调可持续发展，本书所分析的产业政策，主要是针对相关行业准入、高新技术促进的政策。

#### 3.1.1.1 行业准入

行业准入即进入该行业所要具备的最基本的条件，这些条件既体现在注册资本上也体现在经济效益和环境效益的指标上，随着人们对环保要求的提高，环保的法规标准会越来越严格。对于云南资源型工业来说，提高行业准入有利于进一步扩大行业的集中度，有利于减少资源的浪费，有利于促进企业技术水平的提高，有利于维护社会稳定。

通过对行业标准的修改及加强，可以阻止一批技术、环保等不达标的小企业进入矿业，有利于矿产资源的整合，有利于资源向技术先进、竞争力强的企业倾斜，有利于培育壮大云铜、云锡、昆钢、云天化、煤化工等一批大型矿业集团公司。

另外，云南全省各地通过提高矿业门槛，使矿业权数量不断削减，使得矿山企业“多、小、散”的局面初步改观，大矿小开、一矿多开的问题初步解决。大中型矿业企业的资源保障能力和资源利用率进一步提高，增强了大企业对矿产资源和原料的控制能力，提高了产业集中度，实现了大企业高效能与矿产资源整合的良性循环。

#### 3.1.1.2 高新技术促进政策

云南省在促进高新技术产业发展方面出台了许多相应政策和管理办法。主要是结合云南的省情，侧重于那些有利于云南优势资源的升值转化以及对传统产业升级有较大促进、有所创新及应用的技术。

《云南省科学技术进步条例》（2011 年）鼓励企业作为主体，与国内外企业、高等学校和科研院所合作建立企业研究开发机构，联合申报、承担国家和省科学技术计划项目，开展核心技术和主导产品的研究开发。要求国有资产监督管理机构应当建立和完善国家企业科学技术进步的考核制度，将创新投入、创新能力建设、创新绩效等情况纳入对国有资产出资人代表的考核范围。对从事高新技术产品开发、生产、服务的企业和研究开发机构，在税收、融资、用地、人才、贸易等方面享受国家和本省规定的优惠政策。鼓励利用社会资金建立科技型中小企业信用担保机构和专业科学技术担保机构，建立担保机构的资本金补充和多层次风险分担机制。要求企业建立完善高薪聘任、技术入股、股权出售、奖励股权、技术奖励或者分成等多种分配制度，企业应当依法对职务发明创造完成者支付报酬。

### 3.1.2 企业管理制度合理

企业内部管理制度实质上为企业内部控制制度，内部控制是一个经济实体的管理当局，为了保证其经营目标的实现，在该实体内部所采用的对生产经营活动和财务会计工作的各种控制手段之总称。企业管理制度合理有利于提高企业经营效率，降低资产损失风险；有助于保证财务报表的可靠性、企业经营活动的合法合规性；有利于管理层能够应对瞬息万变的经济和竞争环境、客户不断变换的需求和偏好，并进行重组以利于公司的未来发展。

本书所强调的内部控制，主要是针对作为母公司的集团总部对作为子公司的研发机构与子公司内部的研发机构的管理和控制；合理即是有助于研发机构为技术进步而进行的活动。

#### 3.1.2.1 组织机构设置合理

组织机构设置指根据工作需要和有关规程设立的工作机构或工作单位。企业技术进步最终要通过一定的组织结构来实现，创新的组织结构影响技术的效率与成败。一方面，企业的不同组织结构必然以不同的方式影响技术进步的各个权变因素；另一方面，技术的发明和创新需要对工作的重新设计和组织的重新构建。

组织机构是否合理主要是判断在企业的组织机构中是否有单独的研发部门，研发部门的地位是否有利于其开展工作。以下对云南主要资源型工业企业逐一分析。

云锡初步构建了具有云锡特色的科技创新体系。以国家级技术中心为核心，昆明贵金属研究所、云锡研究设计院为研发实体，云锡专家委员会为决策咨询机构，各二级单位为实施和应用主体，高等院校、科研院所为智力支持的开放式科技创新体系基本形成（表3-1）。云锡国家级技术中心省级考核排名一直居于前三名，2009年，在全国575家考核中排名第150名，拥有的发明专利排名第34名。总体说来，云锡集团的组织机构设置比较合理，但需要加强总工办、科技处、贵金属研究所之间的技术联系和交流。云锡与贵金属研究所之间需要进一步加强整合，尤其是在技术研究和原材料的生产供给上，需要加强融合和整合。

**表 3-1 云南锡业集团组织结构**

| | | 二级全资或控股子公司（控股比例） | 三级全资或控股子公司（控股比例） |
|---|---|---|---|
| 云南锡业集团（控股）有限责任公司 | 全资或控股子公司 | 云锡集团有限责任公司（60.55%） | 云南锡业股份公司（51.59%）、<br>云锡机械制造有限责任公司（100%）、<br>云锡建设集团有限公司（100%）、<br>红河砷业有限责任公司（100%）、<br>云锡建设监理公司（100%）、<br>个旧圣比和实业有限责任公司（49.5%）、<br>云锡集团马矿公司有限责任公司（79.53%）、<br>个旧有色冶化有限责任公司（33.33%）、<br>云锡集团供水有限公司（100%）、<br>云锡大酒店（100%）、<br>云锡昆明华榕大厦（100%）、<br>云锡集团广元实业有限责任公司（98.17%）、<br>云锡融资担保有限责任公司（100%）、<br>个旧锡都实业总公司（38.28%）、<br>个旧职业卫生评价中心（100%）、<br>云锡信息科技有限公司（50.73%）、<br>个旧市官家山化工厂（100%）、<br>云锡大屯耐磨设备厂（100%） |
| | | 云锡锌业有限责任公司（100%） | 个旧云锡光华金属制品有限公司（55%）、<br>个旧市红金再生资源有限公司（100%）、<br>个旧市鸡冶有色合金厂（100%） |
| | | 云锡通达工程有限责任公司（100%）、<br>云锡澳大利亚投资有限责任公司（100%）、<br>云锡绿春矿业开发投资有限责任公司（80%）、<br>云锡同乐太阳能光热光电有限公司（49%）、<br>云南云锡墙材有限责任公司（100%）、<br>云南云锡众友工贸有限公司（60%）、<br>云锡慧强金属制造有限责任公司（51%）、<br>个旧营通综合厂（100%）、<br>云锡房地产开发经营有限公司（100%）、<br>云锡新建矿业有限责任公司（100%） | |
| | | 贵研铂业股份公司（40.72%） | 昆明贵研催化剂有限责任公司（82%） |
| | | 昆明贵金属研究所（100%） | 昆明贵研屋业开发有限公司（49.11%） |
| | | 云锡资源开发有限公司（100%） | 云锡红河资源有限责任公司 |
| | | 云锡鑫润达投资有限责任公司（60%） | 云锡集团创源实业有限公司 |
| | 集团职能部门 | 建设处、党政办、劳资处、财务处、审计处、宣传部、生产管理处、技监环保处、法律事务室、纪委监察处、外事办公室、设备能源处、机关党委、组织部、物资处、科技处、安全监督处、规划发展处、团委青年工作处、保卫处武装部、总工程师办公室 | |

资料来源：云南锡业集团（控股）有限责任公司 2010 年度第二期中期票据募集说明书。

云铜集团已建立起以科技委员会为决策机构，以科技顾问和专家咨询委员会为咨询机构，以集团科技发展部和二级单位科技管理部门为管理机构，以云铜国家级企业技术中心（云铜科技发展股份有限公司）为研发机构和新技术产业化基地的云南铜业集团公司技术创新组织结构（表3-2）。

**表3-2　云南铜业集团组织结构**

| | 一级 | 二级 | 三级 |
|---|---|---|---|
| 集团公司总经理办公会 | 集团科学技术委员会 | | |
| | 集团科技顾问 | | |
| | 科技发展部 | 玉溪矿业公司科技部 | 玉溪矿业公司科研所 |
| | | 云铜股份公司技术部 | 云铜股份公司设计研究中心 |
| | | 金沙公司生产技术部 | 金沙公司科研所 |
| | | 楚雄矿冶公司生产部 | |
| | 技术中心（科技发展公司） | 办公室<br>财务部<br>综合分析中心<br>项目部<br>若干新技术集成中试生产线 | |

科学技术委员会：由集团公司领导和集团技术、生产、销售、财务等职能部门及主要二级单位总经理、总工程师组成集团公司科技委员会，负责研究集团技术创新发展方向、重点项目组织实施、经费预算等重大事项的决策，审定集团科技发展规划及年度科技项目计划。科学技术顾问：云铜集团聘请了中国工程院矿山、冶炼、加工等专业的6位院士及国内著名专家组成云铜集团科学技术顾问组，为云铜集团的科技发展战略、重大技术问题和技术创新项目提供决策咨询和指导意见。集团科技发展部：为集团科技管理职能部门，对集团技术创新进行宏观管理，制定集团科技发展规划、科技政策，评审和奖励科技成果，帮助二级单位进行政府科技项目立项。对二级单位更多地体现服务指导功能，而对二级单位科技创新没有约束和管理权力。各二级单位科技管理部门：与集团公司科技发展部相对应，是各二级单位的科技归口管理部门，承担技术创新管理职责。集团技术中心（科技发展股份有限公司）：技术中心是云铜集团的研究开发机构，负责集团科技研究开发，云铜科技公司和技术中心为两块牌子，一套人马。技术中心下设办公室、财务部、检测中心、项目部、若干中试生产线。

随着云铜集团的发展壮大，集团的二级单位数量增多、单位分布扩散、资产规模扩大、产品产量增加、销售收入大幅增长，现行的技术创新机制需要进一步整合和调配科技资源、理顺研发组织机构关系，加强技术中心对各二级单位的研发机构的管理、约束、控制职能，加强相互之间的交流，减少重复研究、重复投资。

昆明钢铁集团有限责任公司（简称昆钢集团）的企业组织结构见表3-3。技术中心负责组织实施公司科技发展战略、技术创新战略、知识产权战略，包括公司技术创新项目、科学技术研究项目、新产品研发试制、技术标准、对外科技合作、技术风险投资、技术贸易等科研和科技成果管理工作。

**表3-3 昆钢集团组织结构**

| | | |
|---|---|---|
| 昆明钢铁集团有限责任公司（董事会、监事会） | 管理部门 | 办公室、组织人事部、离退休职工管理部、资产财务部资金结算中心（内部银行）、技术中心、战略发展部、武装（保卫）部、审计部（监察室）、房产管理处、职工培训教育中心、物资部 |
| | 党群部门 | 纪委、机关党委、团委、公司工会、宣传部、老干部管理部 |
| | 分公司 | 动力能源分公司<br>铁路运输分公司<br>汽车运输分公司<br>粉末冶金科技厂 |
| | 生产经营单位 | 上厂铁矿<br>龙山冶金溶剂矿 |
| | 建设指挥部 | 大红山建设指挥建设部 |
| | 主要全资子公司 | 玉溪大红山矿业有限公司<br>云南昆钢集团电子信息工程有限公司<br>云南昆钢后勤事业有限公司<br>云南昆钢工程技术有限公司<br>红河罗次物流经贸有限公司 |
| | 主要控股公司 | 云南昆钢机械设备制造建安工程公司<br>云南昆钢铁合金股份有限公司<br>金平昆钢金河有限责任公司 |

资料来源：昆明钢铁集团有限责任公司2011年度第二期短期融资券募集说明书。

云天化集团科技管理部负责集团研发管理，同时负责投资和建设项目管理工作，主要职能包括组建编制集团研发战略/研发项目指南，并负责完成制定项目管理章程，制定项目合同；负责对集团研发战略/项目指南初稿进行初审并提出书面意见，提交技术委员会、战略发展部部长进行审核，或返回项目组修改；组织集团研发战略/项目指南的发布并提出研发分战略制订要求及项目指南发布意见；审核专利购买申请书、购买方案、专利转让方案等。总工室负责开展项目可行性及技术方案论证，主要职能包括对科技管理部要上报董事会审批的投资项目（包含新建项目、技改项目、科技攻关项目）提出论证意见；对上报集团技术委员会评审的科技成果提出鉴定意见；集团各产业的前瞻性技术课题、技术改进的咨询、建议、研究；对各企业在生产和建设过程中碰到的技术问题进行指导；集团技术委员会下设各专业（专家）委员会的相关工作等（表3-4）。

**表3-4 云天化集团组织结构**

| | | |
|---|---|---|
| 云天化集团（云南省人民政府国有资产监督管理委员会控股） | 经营层 | 资产财务部、战略发展部、科技管理部、安全生产部、营运协调部、办公室、资源部、投资管理部、人力资源部、法律事务部、监审部、总工室、信息中心 |
| | 主要全资及控股子公司 | |
| | 主要参股公司 | |

资料来源：云天化集团有限责任公司2011年度第二期中期票据募集说明书。

云南资源型工业企业总部都有专门的技术部门，但是由于集团公司总部的技术部门在一定程度上偏离一线实际，更多的是强调技术的管理职能，同时由于承担一线技术研发改进的主要是在生产部门与专门的研发中心，导致实际上的技术管理部门和科研院所、一线的技术部门脱节，容易造成指导管理和规划无法切合实际需求；同时由于部门企业设置了两个以上的技术管理负责部门，存在职能重合的情况，导致部门关系不顺、职责不清；一线生产的技术部门的技术实力偏弱，但却往往承担了最直接的技术改进和后勤保障等任务，集团公司缺乏合理支持和保障，和专业研发机构的合作脱节。以上组织结构存在的问题，导致资源型产业技术进步体系中，散、乱、弱的情况比较突出，而研发机构是主要的薄弱环节。没有能支撑国家级技术中心运作的核心研发机构及研发人才队伍和装备，已成为制约资源型工业技术创新能力提升的关键性因素。

#### 3.1.2.2 战略规划合理

战略规划指的是战略主体（国家、地区、部门、企业等）制定的自身发展全局性、长远性谋划和实施这一谋划的总体方案文本及其研究与决策过程的总和。战略规划是企业发展的思想灵魂和行动纲领，是企业发展的战术依据和理论指导，有利于企业应对组织外部越来越不确定和相互联系的因素。

本书对战略规划合理的分析主要是判断企业的战略中是否有技术进步的目标、技术进步目标的价值评价，以及该目标的重要性。

云天化集团产业发展的总体思路和战略定位是：通过实施以产业整合为重要手段的低成本扩张战略和以增产降耗为重点的技术创新战略，逐步形成以化肥为主，有机化工、玻纤新材料、盐及盐化工、磷矿采选和磷化工为重要发展方向的产业发展格局。在集团范围内实施统一的战略管理，明确母子公司在战略管理中的职责定位，在战略管理中的主要职责是：制定战略管理制度；组织制定和完善中长期集团发展目标和发展战略；组织制定实施集团发展战略的详细计划；建立集团发展战略执行的运营机制。各子公司须在集团总体经营发展战略的指导下，结合各自工作职责和经营范围，分别制定市场营销、技术创新、产业整合、人力资源开发、企业信息化和企业文化建设等分战略和子公司的经营发展战略，形成完善的集团战略体系。

云锡整合了省内锡资源，并储备了省外和国外的部分资源，对资源和市场的控制力显著增强，抵御市场风险的能力显著增强。为进一步强化新的资源战略的实施，成立了云锡资源开发公司，为资源战略的有效推进提供了组织保证。云锡公司加大了调整产品结构、优化产业结构的力度，从锡原料生产商向锡材、锡电子和锡化工产品等深加工产业渗透，延伸了锡加工产品产业链。以资源利用效益最大化为目标，成立了云锡技术研究院，积极推进锡深加工产品投资和科技研发力度，取得科技成果300多项，逐步改变了以锡原料生产销售为主的格局，成为全国最大的锡深加工基地。

云铜集团将自身发展的比较优势和行业发展机遇有机结合，确立了“做大资源，做强矿山，做优冶炼，发展精深加工”的发展思路，确保行业的领先优势。

昆钢集团的发展战略是“主业优强、相关多元”，坚持改革开放，完善运作模式和机制。力求通过加强资源战略的推进实施，发展资源型或自给率较高的产业；依靠科技创新、延伸主导产业链，发展深加工或高附加值产业；围绕资源综合利用、节能减排和环境保护工作的推进，大力发展循环经济。

总体上看，主要公司在战略规划中均提到了要实现技术进步，但是这个目标是在稳固资源控制之后，为降耗而实现的。战略规划目标总体上体现了务实，但缺乏高度。

#### 3.1.2.3 财务管理合理

财务管理指从事资金的筹集、使用和分配以及处理同有关方面经济关系的管理工作。本书所指的财务管理，主要是企业内部层面的管理，具体指向是集团企业对以子公司形式存在的研发机构的财务控制和拨款情况等。

云锡集团由财务处、总工办、生产处、人力资源部、物资处对控股公司生产经营进行全面预算，并对生产销售、原燃材料定额及非定额消耗、人员工资指标等进行全面预算，突出对成本费用的考核，并量化到各下属子公司及生产单位，在生产经营过程中由上述各管理处室（部门）进行跟踪考核，根据实际情况按季考评，进行成本还原，扣除价格上涨及下跌因素，同时大范围推行财务负责人委派制试点，对单位负责人进行预考核，在年末进行总考评。以发行人内部结算中心为主，除上市公司因专门规定不纳入集中管理外，对各子公司进行资金集中管理，按“收支两条线”的原则对各子公司及下属单位资金回笼及投放生产资金。对重大投资项目实行投资项目评价制度和对外投资业务流程规范管理。

云铜集团为适应现代企业制度，增强财务管理的控制功能，确保一定时期经营目标的实现，便于考核与评价业绩，公司全面预算实行全员参与、分级编制、逐级汇总和合并、上下对比、综合平衡、统筹安排的原则，并且将生产经营各个环节全部纳入预算管理范畴，推行全面预算管理。经营预算、财务预算、专项预算共同构成公司的全面预算，并根据三大类预算编制出预算期末预计的资产负债表。

云天化由公司统一财务预算管理，通过预算管理对本公司内各种财务和非财务资源进行分配、考核、控制，使子公司有效地组织生产经营活动，完成本公司确定的目标。子公司年度预算由本公司董事会审定，预算管理内容包括股权投资和重大建设项目投资预算；大宗原材料采购预算，固定资产购置预算，产品生产、销售指标预算，经营业务收入、利润等重要业务预算均由本公司审定和调控，同时本公司监督考核子公司预算的执行情况。为适应集团化管理模式的管理需要，云天化按照“一个核心、五个统一”的财务管理模式对子公司进行财务监管。“一个核心”是指以产权管理为核心；“五个统一”：一是会计政策统一，在国家会计制度、准则范围内统一集团会计政策，凡集团所属分公司、控股子公司均应执行集团公司的统一会计政策，进行会计核算；二是会计信息管理统一，确保会计信息质量满足公司内外管理的需要，保证会计信息内容完整、准确；三是统一重大项目融资，充分发挥本公司的规模效力和整体优势，子公司的重大融资项目统一由本公司对外协调筹划资金，以降低融资成本；四是会计人员管理统一，子公司中层以上会计人员的聘用或任免须经本公司资产财务部同意或由本公司经法定程序直接派入，从人员管理上控制财务风险；五是财务预算统一管理。

云南煤化对集团公司及下属公司实行全面预算管理体制，通过建立、健全公司内部约束机制，规范公司预算行为。年度财务预算经公司董事会审定后下达执行，各下属公司将财务预算作为预算期内组织、协调各项经营活动的基本依据，以分期预算控制确保各下属公司和集团公司年度财务预算目标的实现。各下属公司按时组织预算资金的收入，严格控制预算资金的支付，调节资金收付平衡，控制支付风险，强化现金流量的预算管理；严格执行销售或营业、生产和成本费用预算，努力完成利润指标；建立财务预算报告制度，定期（按季）报告财务预算的执行情况。财务预算的执行情况，由集团公司资产财务部利用财务报表监控，及时向集团公司报告。

云南资源型工业企业各个公司均有研究机构，部分还设置有下属教育机构，有些还有学校，这些机构一般是独立法人，因此受到子公司相关财务制度的约束，资金投入较少。企业研究技术中心受到过多的追求短期利润的压力，对技术进步，尤其是资金需求量大且面临失败风险的高新技术的研发，难以深入开展前期研究。在这种母子公司关系下，研发中心要实现技术进步和创新，困难重重。

#### 3.1.2.4 人力资源管理合理

人力资源管理就是对人的管理。是指将管理中人的因素视为最积极、最活跃的因素，并在此基础上，有效地激励组织成员的行为，合理配置人力资源，使之为实现组织目标而协同工作的过程。

本书中的人力资源，主要是从母公司对子公司高管人员的任命、管理和约束的角度来探讨其对子公司研发创新的影响。

云铜集团作为一个集团性公司，在母子公司管理模式上，按照相关法律法规及内部规章制度进行管理和运营，采取的是统分结合的管理模式，分别在各自的经营范围内实行自主经营、独立核算、自负盈亏，并依法独立承担民事责任。对下属各子公司的管理主要以产权关系为纽带，通过向子公司派驻董事长、总经理或财务总监等方法来实施，此外还通过每年对各子公司高管人员进行评比考核，以保证对各子公司的管理落到实处。要求各子公司的发展目标和经营活动纳入发行人的发展规划和经营计划，执行公司统一的战略决策。云铜主要实行岗位绩效工资制的薪酬体系，绩效部分所占比例一般不低于40%，中高层管理人员一般在50%~60%的水平，薪酬水平与企业经营业绩和个人工作绩效考核挂钩，各下属企业在公司的指导下可以制定适合自己的薪酬分配制度，分配时注重“限高、扩中、提低”，注重向一线职工、脏苦累险和关键岗位倾斜，促进了收入分配公平。

云天化通过公司股东会、董事会和监事会行使公司的出资人权利；通过《公司章程》和出资人协议委派、推荐高级管理人员；子公司高级管理人员的任免由本公司决定，同时通过日常工作业务指导等其他形式对子公司高管人员进行管理。通过董事会程序，年初由本公司向各子公司下达年度资产经营责任书，明确资产经营保值增值目标和经济效益指标，并与子公司经营者年薪和员工工资挂钩进行考评，年末经效绩评价后进行奖惩兑现，以确保资产安全及增值，监管高级管理人员的薪酬分配。

云南资源型工业企业各公司对高管人员的要求中并无任何技术指标，只有单纯的经济效益约束。子公司高管人员的任命偏重于集团高层管理人员，熟悉集团运作的人员，而非技术骨干。这一方面有利于提升子公司地位，加强其与集团高层的联系，稳定地按照集团战略发展；另一方面也导致技术创新不足，容易被原有的旧思维禁锢，不利于风险较大的技术进步项目的开展。

通过对云南资源型工业管理制度合理的分析，在产业政策上通过对行业标准的修改以及加强，阻止了一批技术、环保等不达标的小企业进入矿业，有利于提升云南资源型工业企业的规模和竞争力；促进高新技术发展的政策比较齐全，对企业技术进步的鼓励力度较大，但需要在产业发展中贯彻执行，并适当向主导产业、支柱产业倾斜，支持配套的人才、融资和税收等政策。

企业管理制度上，云南资源型工业企业总部都有专门的技术部门，有科研院所的支持，具有较好的技术发展制度；但也存在利润导向过强、部门关系不顺、职责不清、一线生产的技术部门的技术实力偏弱等问题，在资源型产业技术进步体系中，散、乱、弱的情况比较突出，缺乏能支撑国家级技术中心运作的核心研发机构及研发人才队伍和装备。云南资源型工业产业政策合理，企业管理制度较先进。

## 3.2 生产工艺先进

生产工艺是指利用生产工具和设备，对各种原料、材料、半成品进行加工或处理，最后使之成为成品的工作、方法和技术。它是在劳动中积累起来并经总结的操作技术经验，也是生产工人和有关工程技术人员应遵守的技术规程。好的生产工艺是生产低成本、高质量产品的前提和保证。任何一种生产工艺都具有一定的相对稳定性，不能任意改动；但它又不是一成不变的，而是随着技术进步和生产装备的更新而不断改进的。先进的生产工艺是企业综合实力的体现，有利于企业降低成本，在竞争中占据有利的地位；有利于企业实现合法的垄断，攫取更多的超额利润；有利于企业提高竞争力，在竞争中立于不败之地。除此之外，先进的生产工艺更是一个行业、地区、国家的综合实力的体现，是地区实现快速发展的保证。

衡量工艺技术先进性的具体指标主要有：产品质量性能、单位产品物耗能耗、生产能力、劳动生产率、自动化水平、装备水平、工厂占地面积、建厂速度、投资、产品成本等。

由于资料限制，本书主要从生产工艺技术、装备水平和生产能力、产品质量三个方面进行分析。

### 3.2.1 生产工艺技术

工艺技术是指工业产品的加工制造方法，包括从原料投入到产品包装全过程的原料配方、工艺路线、工艺流程、工艺步骤、工艺指标、操作要点、工艺控制等。它不包括该产品的设备技术和安装技术。本书按资源型工业的生产部门从采矿、选矿、冶炼、加工四个方面对生产工艺进行分析。

#### 3.2.1.1 采矿技术先进

云南矿产资源开采新技术不断突破，部分重要矿产采选技术达到或接近世界先进水平，矸石转换采煤技术等已实现工业化应用，陡帮式开采技术、无底柱分段崩落采矿技术、充填采矿技术等一大批新技术得以推广。例如云南新平大红山铁矿井下开采大量使用先进设备，如中深孔凿岩采用进口全液压深孔凿岩台车，全液压平巷掘进台车、深孔装药车6立方米大型电动铲运机、全液压移动式碎石机等。

云南资源型工业的主要采矿方法有以下几种：

(1) 垂直坑撤退（VCR）采矿法，具有生产能力和效率高、成本低、作业条件安全、切割工程量小等优点，在矿山开采中应用广泛。

（2）充填法，木利锑业采用上向进路与上向分层联合充填法实现了探采结合，强采强充，多回收矿石，减少尾矿排放量，提高出矿品位，提高选矿回收率。昆钢上厂铁矿采用留矿法来提高回采率、底部装矿效率，减少采切工程。驰宏锌锗公司实现了高浓度（79%~81%）、长距离（5188 米）膏体自流输送充填技术。

（3）崩落法，如镇沅金矿采用进路分层分条回采分层崩落法，获得较好的技术经济指标。昆钢大红山铁矿采用无底柱分段崩落法、角度空场后充填法地下开采及露天开采方法，实现了高分段、大间距、高端壁放矿。

从整体的采矿效果上来看，云南资源型工业的成绩也比较显著。国际产磷大国的回采率能达到95%~98%，云南晋宁磷矿的回采率能达到95%左右。一些重点大中型煤炭矿区回采率达到80%以上，金属矿山露天开采回采率达到85%，地下开采回采率达到80%以上。锡矿露采平均采矿回收率98%，坑采回收率91.79%，按露采矿石占生产总量的20%计算，平均采矿回收率应为93%。

有色金属矿采矿上，红河县炉坊铜矿露天采矿回采率为95.00%，贫化率为5.00%；地下采矿回采率为90%，贫化率为10%。永胜县米厘铜矿露天开采综合损失率为5%，贫化率为5%；地下开采综合损失率为9.4%；矿石贫化率为5%。大姚县秀水河矿回采率为90%，贫化率为8%。云锡卡房分矿综合采矿回采率为92%，矿石贫化率为12%。腾冲县小龙河锡矿采矿回采率为90%；矿石贫化率为10%。腾冲县百合山锡矿采矿回采率为90%，贫化率为10%。云锡梁河矿业矿井综合回采率为90%，矿石贫化率为8%。云锡个旧松树脚分矿矿石回采率达到92%以上。华联锌铟公司采矿回采率达95%、贫化率为5%。蒙自白牛厂银矿贫化率下降到7%以下，回采率达到80%以上。北衙金矿贫化率为8%，回采率为85%。镇沅金矿采矿损失率为5.01%，矿石贫化率为7.89%。

铁矿采矿上，安宁八街铁多金属矿露天开采损失率为3%、贫化率为3%；井下开采损失率为10%、贫化率为10%。新平大红山铁矿露天矿回采率为97.07%，贫化率为4.39%；地下矿回采率为76.2%，贫化率为19.8%。斗南锰业采矿回收率达到85%以上。

磷盐采矿上，昆阳磷矿自主研发了“露天长臂式”采矿方法，回采率大于97%，贫化率小于3%。昆明盐矿回采率达到30%以上，井下溶腔中盐回采率达到84%。东川猫猫石磷矿露天采矿回采率为95%，贫化率为5%；地下采矿回采率为88%，贫化率为12%。

云南资源型工业整体的“三率”水平比较高，在全国和国际上也较先进，有些矿种和矿山甚至代表世界水平。需要说明的是，矿山“三率”和售价、成本、技术等有很大的关系，很多品位较低的矿，因为售价低、技术等原因导致成本高，现在暂时堆存在一边，等将来售价提高后，再进行采选，就可以获得更好的效益。

存在的问题主要是：采矿的技术力量主要集中在设计院中，与实际生产操作脱节。采矿技术人员本身就缺乏，而且采矿条件艰苦，技术人员流失严重，导致采矿生产效率降低。现阶段，大中型矿山主要是国有的，国有矿山有自己的管理团队，采矿由技术人员指挥、施工人员承包开采，但施工人员缺乏采矿技术，安全隐患大、资源浪费严重。由于中小型矿多，民营、非矿业企业也投资到矿山开采，并且数量大，其本身就没有经验，技术和管理水平相对落后。

根据以上不完全资料的分析，可见云南资源型工业的采矿工艺和效果均比较好，基本达到了全国的水平，有些矿山和矿种的采矿水平甚至代表国际先进水平。但小型矿山的采矿工艺和水平还比较低。从大、中、小型资源型工业企业的采矿工艺、水平以及采矿效果的研究来看，云南资源型工业的采矿工艺技术总体上是先进的。

#### 3.2.1.2 选矿技术先进

我国铁矿选矿的先进技术主要有细磨—细筛—磁选、粗粒抛尾、细筛—磁选—反浮选等工艺，有色金属选矿主要有高效浮选新药剂、分支串流浮选、电化学控制浮选技术以及闪速浮选工艺等，铝土矿选矿主要有拜耳法，黄金选矿主要是堆浸技术。我国多数矿山铁矿选矿回收率达到85%左右，有色金属选矿回收率达到80%，磷、硫等达到60%。

云南铁矿选矿技术：使用反浮选—磁化还原焙烧—超细磨磁絮凝的选冶联合工艺，反浮选—磁化还原焙烧—弱磁选工艺，氯化离析—弱磁选新工艺，螺旋溜槽预选抛尾、摇床精选、摇床中矿再磨再选工艺，磁选—浮选等工艺，LCP降磷药剂及预选抛尾方法来提高铁矿的回收利用率。采用氯化离析工艺，使某高磷矿赤褐铁矿的铁品位为55.77%，铁回收率为85.48%。针对东川包子铺褐铁矿采用磁化焙烧—磁选工艺处理，有效提高铁精矿品位，铁精矿产率为55.27%，铁品位为59.47%，铁回收率为92.86%；采用氯化离析—弱磁选探索试验处理，可以得到铁精矿产率为36.26%，铁品位为77.24%，含磷为0.22%，铁回收率为80.20%。大红山铁矿选矿生产采用自磨—球磨—弱磁—强磁的选别工艺流程，两个选矿厂生产规模达到处理原矿450万吨，产品为含铁品位64%的铁精矿。

云南铜矿选矿技术：在提高铜精矿品位和回收率上，采用的药剂主要有丁基黄药和羟肟酸组合捕收剂、氧化铜矿活化剂D2、捕收剂YG-7、捕收剂YG-6等药剂；使用的工艺主要有优先浮选流程，硫酸浸出，“酸浸”工艺，硫化铜和氧化铜混合浮选工艺，原矿磨矿（细度为-200目（0.074mm）60%）—混选—粗精矿再磨（细度为-200目85.7%）分离工艺，铜钼混选—铜钼混合精矿再磨后铜钼分离选别工艺，“碳酸钠调整pH值结合丁黄药作捕收剂2号油作起泡剂，硫化钠分段添加，经过一次粗选两次扫选、粗精矿和扫选中矿合并为最终精矿”工艺，“铜钼混合精选—铜钼混精再磨后进行3次精选—铜钼分离—钼精矿3次精选—铜精矿1次扫选”等工艺。在提高综合回收利用率上，主要采用“酸浸—萃取—电积—渣浮选联合工艺”综合回收氧化铜矿中的有价元素，用“萃取—反萃法”分离酸浸液中的镁和磷，及“干式堆存”等方法。微生物浸出法在半个世纪以前就出现了，主要是澳大利亚在研究，在国内应用该方法的主要是江西铜业，此技术已经形成产业化，云南省内暂无公司大规模使用。

云南铅锌矿选矿技术：云南铅锌矿主要通过“石灰调浆、硫酸锌抑制锌矿物，混合捕收剂优先浮选铅，在低碱条件下，用新型活化剂X-41活化选铅尾矿，丁黄药选锌”；“氧化锌浮选作业采用加温及使用氧锌灵作辅助捕收剂的不脱泥流程”；“工艺矿物学研究基础上采用铅锌优先浮选流程”；“预先分级磨矿—混合浮选硫化铅和黄铁矿然后分离—混合浮选尾矿浮选硫化锌—硫化锌浮选尾矿磁选回收褐铁矿—磁选尾矿依次浮选氧化铅和氧化锌”；“酸浸—萃取—电积工艺”；“硫酸铝等作抑制剂、z-200号作捕收剂，并采用将精选1中矿经扫选后直接排尾的工艺”；“原矿直接氨浸—浸出渣选矿回收硫化矿的工艺”；“氧化锌矿直接浸出的工艺”；“工艺矿物学研究基础上采用铅锌优先浮选流程”等工艺流程提高铅锌精矿品位和回收率。驰宏锌锗会泽分公司采用“铅硫异步等可浮—混合精矿再磨—铅硫分离—氧化矿不脱泥硫化浮选”工艺，实现了选矿工艺技术指标的提升，硫精矿含铅下降到1.50%，尾矿含铅下降到0.93%，铅精矿含锌下降到3.91%，各产品中金属损失下降明显；铅回收率提高1.16%，锌回收率提高1.04%。祥云飞龙开发了氧化锌矿的湿法处理技术。

云南锡矿选矿技术：云锡作为云南锡产业的龙头企业，具有系统的综合利用技术优势，成功开发了一大批诸如砂矿水采水运、锡矿泥重选等具有世界先进水平的锡采、选、冶工艺技术，并成功研制出一大批具有国际先进水平的锡采选冶装备，有41种先进技术、相关设备及产品（其中设备13种）出口到英国、荷兰、马来西亚、泰国、巴西、玻利维亚、秘鲁等主要产锡国。

云南磷矿选矿技术：提高磷矿品位和回收率的主要选矿技术有“正—反浮选工艺流程中采用CD作为碳酸盐抑制剂”；“液碱法生产的低模水玻璃在胶磷矿正反浮选生产中的应用”；“酸性条件下先用阴离子捕收剂反浮选脱镁，脱镁精矿再用阳离子捕收剂反浮选脱除硅酸盐杂质”，浮选捕收剂中添加不同量的杂醇类物质PZJ等工艺方法。云天化可以被有效利用的磷矿品位在22.5%以上，正在研发20%磷矿利用的选矿技术。

从选矿效果来看，云南的选矿技术在全国比较先进。斗南锰业选矿回收率达到87%。云南磷化集团建成了两套200万吨/年选矿厂生产线，使中低品位胶磷矿平均产率达65.20%，平均回收率达84.71%。云南磷化集团创造的擦洗选矿法、钙质磷块岩选矿、风化胶磷矿擦洗脱泥开发等科研成果使擦洗选矿的产率达91.5%、回收率达92.3%。

云铜采用难处理高钙镁氧化铜矿高效选冶新技术，在原矿品位为1%的情况下，铜总回收率为75%，年创利税1.24亿元；全浮选流程已在相关矿山推广应用，提高回收率3~8个百分点，每年新增经济效益1.59亿元。云锡卡房分矿铜、钨、钼、硫的选矿回收率达到83%、77%、70%、70%。昌宁县锡矿选矿回收率为87.50%，锡品位平均为0.49%。腾冲小龙河锡矿选矿回收率为92.11%。云锡梁河矿业锡选矿回收率为67.5%，硫选矿回收率为80%。华联锌铟公司锌、锡选回收率达86.23%、40.44%。巧家东坪铅锌矿采矿铅精矿铅品位为52%、锌精矿锌品位为41%；铅精矿选矿回收率为83.33%、锌精矿选矿回收率为87.56%。蒙自白牛厂银矿选铅回收率在88%以上，选锌回收率达89%以上。北衙金矿选冶回收率达85%~88%。

根据以上不完全资料的分析，总的来看，云南资源型工业的选矿技术和效果均达到甚至远远超过了全国水平，有的甚至达到了国际水平。根据对从大、中、小型资源型工业企业的选矿工艺、水平以及选矿效果的研究来看，云南资源型工业的选矿技术工艺总体上是先进的。

3.2.1.3 冶炼技术先进

云南主要的冶炼工艺有："漩涡柱铅闪速熔炼"炼铅工艺、HIsmelt炼铁工艺、富氧顶吹熔融还原冶炼工艺等。在冶炼技术上，也有较好的研究和发展，主要有：湿法炼锌-深度净化-长周期电积-机械化剥锌技术；从低品位铜钴矿制取氧化钴的工艺流程；采用配矿熔炼的方法获得硫化镍精矿中的低冰镍；采用某中等嗜热菌进行浸出方法开发利用高砷硫化铜精矿资源；用新型除钴剂 $A_nB_m$ 从湿法炼锌硫酸盐溶液中除钴；利用TG-DTG-DSC技术研究了氢氧化锆非等温热分解过程；采用明矾作为混凝剂和PAM作为助凝剂对铅锌矿山选矿废水进行混凝沉淀处理；采用大型预焙阳极铝电解槽导电杆修复技术以延长循环使用寿命周期、减少返修数量、降低生产成本消耗；利用密度泛函理论中的广义梯度近似法使用氧化铝在真空还原氯化歧化法制备金属铝；挥发性硅化物还原或分解法和冶金级硅精炼法生产太阳能级多晶硅的生产工艺；微波加热应用于钛铁矿的碳热还原技术；采用碱浸除杂-预氧化焙烧-活化改性-高压酸浸工艺处理云南地区电炉钛渣；钛渣制备高品质富钛料的焙烧新工艺可使钛氧化物产率最高达到89.51%；采用王水氧化破坏有机物以使铱转化为铱的盐酸溶液提取有机废液中的铱；用铂铱不分离的方法处理铂-铱合金废料；真空冶金分离贵铅可大幅缩短传统工艺吹炼时间；采用电镀铂加包埋渗铝的方法在镍基高温合金（GH586）上制备铂铝（Pt-Al）涂层；采用冷等静压、真空烧结、挤压等粉末冶金技术制备银铜钒合金采用锌溶法处理Al-Zn-Fe-Si渣分离金属铝工艺；竖模铅阳极大极板浇铸生产线、铅阴极自动化生产线以及自动化极板组装配槽机组；高铁硫化锌精矿加压浸出产业化技术；300 千安大型预焙阳极电解技术；汽车轮毂用 Al-Si-Mg 铸造合金生产新技术；186 千安大型预焙阳极电解技术；300 千安容量级 CHYG-30 型特大型铝电解槽。

云南冶金行业积极开展技术改造和节能减排工作，高新技术产品研发和运用高新技术改造提升传统产业步伐进一步加快；科研活动比较活跃，成果显著，"新型微波冶金反应器及其应用的关键技术"和"复杂地形长距离铁精矿固液两相浆体输送关键技术及应用"项目分别获得 2010 年国家技术发明和科技进步二等奖，科技部 2010 年批准"稀贵金属综合利用新技术重点实验室"为国家重点实验室。云铜的富氧顶吹铜熔池熔炼技术于 2006 年获国家科技进步二等奖；决策应用软件开发平台 Smart Decision 于 2005 年获国家科技进步二等奖；铜电解工艺指标优化研究于 2004 年获科学技术进步一等奖；艾萨炼铜技术的应用及创新于 2004 年获科学技术进步一等奖；富氧顶吹铜熔池熔炼技术于 2005 年获科学技术进步一等奖；改进银电解工艺技术综合研究于 2004 年获科学技术进步二等奖；精确化装补球新方法开发及在大红山铜矿Ⅲ系统上的应用研究于 2005 年获科学技术进步一等奖；硒提纯新技术开发于 2005 年获科学技术进步二等奖；"铜冶炼行业低浓度二氧化硫废气治理及设备"项目获国家环保总局颁发的"环境保护科学技术三等奖"、"云南省科技进步二等奖"。

云南各企业相继加大科研投入，开发新技术。昆钢在选择 CaO 为脱硫剂的情况下，采用 KR 法脱硫技术增加铁水罐（包）底吹工艺提高了转炉冶炼低硫钢的终点硫控制合格率。斗南锰业多项技术经济指标达到国内领先水平，双联摇包法生产中碳锰铁、低品位锰矿石选矿技术工程化研究、复合球团制备技术等 13 项技术成功运用于生产中，均达到了国内先进水平，高碳锰铁合金冶炼回收率达到 79%，锰硅合金冶炼回收率达到 82% 以上，冶炼废弃物综合利用率达到 96%，工业废水实现零排放。云南华联锌铟公司锌金属冶炼回收率为 82.88%。云铜（2009）技术经济指标达到国内领先水平，部分指标达到世界领先水平：铜冶炼总回收率大于 97%；伴生有价金属元素综合回收率达到 70%；总硫利用率由原来的 87.05% 提高到 98% 以上；生产用水的重复利用率达到 90% 以上；单位产品耗水量下降到每吨铜 4.33 吨；工业废水排放量下降为每吨铜 6.7 吨，三废达标排放。云南盐化股份有限公司昆明盐矿制盐卤液不外排，回注井下循环利用，清洁生产突出，伴生的硫酸钠溶于卤水中采出，采出率为 32%，供制盐提硝综合利用，废渣直接充填于井底，无废渣外排。

云锡集团锡冶炼技术持续保持世界领先水平。2000 年以来，云锡集团先后主导和参与制（修）订了 186 个国家和行业标准，其中达到国际先进水平的有 63 个，国内先进水平的有 82 个，有 40 多个标准填补了国内空白。而 2008 年修订的《锡锭》(GB/T 728) 标准被国家标准化委员会批准用中英文版同时发行，成为国际通行标准。

从省外情况来看，湖南有色集团在钨冶炼方面采用“白钨矿和黑钨矿碱分解的联合分解工艺”，实现了在同一生产线上同时使用黑钨精矿、白钨精矿和钨中矿，具有试剂用量低，浸出液杂质含量低，以及易于工业应用等优点；在锌冶炼方面，采用“焙烧-浸出-净液-电积”工艺，整体技术装备处于国内领先水平。江铜集团所属贵溪冶炼厂在国内首家引进全套闪速冶炼技术生产线，其闪速熔炼技术是国际上广泛使用的最成熟的先进技术，该厂整体生产技术和主要技术经济指标已达到国际先进水平。

根据以上不完全资料的分析，总的来看云南资源型工业的冶炼技术和效果均达到甚至远远超过了全国水平，有的领域，尤其是有色金属领域，甚至达到了国际水平。根据对大、中、小型资源型工业企业的冶炼技术工艺、水平以及冶炼效果研究，云南资源型工业的冶炼技术工艺总体上很先进。

3.2.1.4 加工技术先进

云南资源型工业的先进加工技术有很多，诸如：生产高碳硬线 70 钢热轧盘条工艺，钢中的 P、S 含量控制达到国内先进水平；采用感应电炉熔化高纯阴极铜，铸造浇注阳极板用铜阳极模铸件；利用磁控共溅射法在液氮冷却的衬底(LNCs) 上制备 Al-Pb 合金薄膜；“电炉钛渣经高压碱浸-高温改性-酸浸除杂制备人造金红石”工艺；利用微波技术合成了纳米 TiO/PMMA 复合材料；通过优选胶接工艺，采用胶接和螺栓紧固相结合的方法对折断的铝型材氧化循环泵叶轮进行修复工艺；采用自由电弧法和等离子电弧法分别制备超细 $SnO_2$ 粉末；机械合金化制备铜钨复合粉末、冷等静压成型、氢气气氛烧结制备 CuW 电接触材料的工艺；用银废料生产试剂级 $AgNO_3$ 的工艺；采用机械合金化、冷等静压成型、烧结、热挤压等粉末冶金技术集成方法制备 Ag/$SnO_2$ 真空熔炼连铸工艺；通过改变轧制道次变形量，制备 AgCuNi/TU1 复合材料样品；以乙酰丙酮铱和乙酰丙酮铂为前驱体，采用金属有机化合物化学气相沉积（MOCVD）技术在钼基体上沉积 PtIr 薄膜；采用化学氧化法在块体 Ti 表面制备出多孔纳米 $TiO_2$，随后通过离子溅射在 $TiO_2$ 表面沉积纳米 Ag；利用室温固相反应在 NaCl-KCl 熔盐介质中，通过焙烧含 $SnO_2$ 纳米颗粒前驱体合成 $SnO_2$ 纳米棒；采用溶胶-凝胶自蔓延燃烧反应成功制备了平均粒径为 60～80 纳米的 Ca-$Cu_3Ti_4O_{12}$ 纳米粉体；利用分子束外延（MBE）技术在 GaAs（001）衬底上生长了 GaN0.01As0.99 薄膜；采用模板法、水热合成法与台阶边缘缀饰法制备有序金属纳米线/棒/管。

云南钛业是我国唯一完整拥有冷轧钛卷生产工艺线的企业。云铝比较成熟的技术是连续铸轧制技术，可以得到几微米厚的铝板、铝箔，在国内属先进技术。云南浩鑫锡箔公司的铸轧坯料生产超薄铝箔工艺属国内先进水平，该项技术系公司自主研发，包含四项技术且都已经取得了专利证书，铝箔年产量达1000吨。驰宏锌锗完成了光纤用高纯四氯化锗生产技术，并产出部分合格产品。云天化集团在国内最早系统地掌握了无碱玻璃纤维池窑拉丝工艺技术，形成了粗纱、增强工程塑料短切纱、电子和工业级细纱的合理产品结构，产品质量达到了国际水平。云南盐化研究开发了PVC医用气管、气囊专用料和药用植物沐浴盐乳液产品。云南煤化引进了Shell粉煤气化技术，与英国Advantica公司共同开发了可适用于劣质煤种的移动床碎煤熔渣气化技术，引进了炔醛法1，4-丁二醇（BDO）生产工艺技术。

湖南有色集团2004年投产的钨钼板材生产线，设备装备水平达到国内同行业先进水平，以挤压成型生产的硬质合金棒材及微钻，以低压烧结技术生产的顶锤、轧辊及大制品，以涂层技术生产的数控刀片等都代表着中国当代硬质合金生产的先进水平。

云南资源型工业企业技术、设备引进改造情况见表3-5。

**表3-5 云南资源型工业企业技术、设备引进改造情况**

| 企业 | 设备、技术 | 来源 | 状态 | 说 明 |
|---|---|---|---|---|
| 云南铜业 | 艾萨炉 | 澳大利亚 | 投产 | 富氧顶吹铜熔池熔炼技术获国家科技进步二等奖，对顶吹熔炼的核心技术（喷枪）进行了重大改进，降低了能耗，实现了以煤代油，降低了烟尘率。成功研发了贫化电炉浸没式喷吹强化$Fe_3O_4$还原技术，提高了铜的回收率。成功开发了精确配料和均衡进料技术。成功研发了高砷烟尘综合利用新技术，拓展了该技术对原料的适应性 |
| 云南锡业 | 奥斯麦特炉 | 澳大利亚 | 投产 | 2002年自澳大利亚澳斯麦特公司引进。$SO_2$排放少，原料要求低，反应快。建立了澳斯麦特炉还原熔炼—烟化炉挥发两段熔炼工艺，取代了原设计的三段澳斯麦特炉熔炼工艺，并对关键设备（喷枪）进行了创新性改进 |
| 浩鑫铝箔 | 铸轧坯料生产超薄铝箔工艺 | 自主研发 | 投产 | 该工艺包含：用铸轧坯料生产超薄铝箔工艺中的铝液清洁技术、用铸轧坯料生产超薄铝箔工艺中的合金成分窄幅技术、用铸轧坯料生产超薄铝箔工艺中的润滑剂清洁方法、用铸轧坯料生产超薄铝箔工艺中的加工及热处理方法等四项技术 |
| 驰宏锌锗 | 艾萨炉 | 澳大利亚 | 投产 | 2005年从澳大利亚引进，世界首创将艾萨炉用于炼铅。<br>自主研发的“富铅渣鼓风炉熔炼技术”与引进的技术装备有机整合，在世界上首次将艾萨炉应用于铅冶炼，形成了新的“IY铅熔炼技术” |
| | 自动剥锌机 | 日本 | 投产 | 降低劳动强度，较少人工使用 |
| 贵研铂业 | 等离子炉 | | 规划 | |

续表 3-5

| 企业 | 设备、技术 | 来源 | 状态 | 说明 |
|---|---|---|---|---|
| 虹锦工贸磁选厂 | 全磁选设备 | 北京 | 投产 | |
| 云铜锌业 | 电控系统 | 国外 | 投产 | |
| | 锌合金生产线 | 比利时 | 投产 | 与比利时公司合资建设 |
| 昆阳磷矿 | 采掘设备 | 澳大利亚 | 投产 | 关键采掘设备均引进自澳大利亚 |
| 云南钛业 | 氯化法 | 德国 | 投产 | 简单技术引进、核心技术保密 |
| | EB 炉 | 美国 | 投产 | |
| 新立有色金属 | 氯化法 | 日本 | 已投产 | 一座 6 万吨/年的氯化法钛白粉生产厂，建设了国内最大的氯化法钛白装置 |
| 昆明冶研新材料公司 | 西门子法 | 美国、德国 | 投产 | |
| 云铜冶炼厂 | 艾萨炉<br>阳极炉<br>艾萨电解法 | 澳大利亚 | 投产 | 部分配件改制 |
| 昆阳磷矿 | 浮选剂、工艺 | 自主研发 | 投产 | 已建成三座浮选厂，技术水平国内先进，可以选出品位 30% 的磷矿 |
| | 生产设备 | 国外 | 投产 | |
| 云铝 | 连续铸扎技术 | 国外 | 投产 | 当时产品和工艺国内领先，改制出相同的生产线 |
| | 宽幅铝合金板带技术 | 自主研发 | 投产 | |
| 云煤 | 煤炭气化技术 | 英国 | 投产 | 购买和自主研发并举，已拥有完全知识产权 |
| | 液化天然气 | 自主研发 | 投产 | |

根据以上不完全资料的分析，总的来看云南资源型工业的加工技术、能力和效果还有待进一步提高。与国内外企业相比，云南省黑色金属材料与加工不具有优势。

根据以上不完全资料的分析，云南资源型工业的生产工艺技术和效果均比较先进，基本达到了全国的水平，有些甚至代表国际水平。

### 3.2.2 装备水平及生产能力

装备指配备的一些设备，冶金装备是指冶金工业中所涉及的各种设备，根据冶金方式的不同可分为钢铁冶金装备和有色金属冶金装备。钢铁冶金装备主要有高炉、转炉、电炉、平炉、炉外精炼设备、连铸设备，及各种钢铁材料的锻造、成型设备。有色金属冶金装备主要有回转窑、电炉、电解槽等各种冶金炉及有色金属加工成型的各种设备。

根据不完全资料，云南资源型工业的装备及生产能力说明如下。

云南资源型工业使用的主要装备有：摇床或高梯度磁选机、4PH-60 型灰渣泵或 6/4E-AH 型沃曼泵、dP250 水力旋流器、真空感应炉、热模拟试验机、ICP 发射光谱仪、光学显微镜、TEM 和电子拉伸试验机、湿式除尘器、XK2130 大型数控龙门铣床横梁、X 射线衍射（XRD）、扫描电镜（SEM）及能谱分析（EDAX）等先进设备。

云冶集团铅冶炼系统采用了国内最大的熔铅锅、大阴极板、大电解槽、单片自动洗涤机组、自动拔杆机组、竖模阳极生产线和阴极自动生产线等设备，是国内最先进的技术装备；锌冶炼系统采用了国内最大的 109 平方米沸腾焙烧炉，在国际国内铅锌冶炼企业属最先进的装备，公司铅冶炼和锌冶炼总回收率均高于全国平均水平。采选系统装备了国内井下最大的卷扬机。云冶的主导产品是有色金属铝、锌、铅、锗，另外还生产硫酸、锰矿石及锰铁合金等。其中，铝冶炼生产达 40 万吨/年，铝加工达 16 万吨/年，碳素制品达 18 万吨/年，铅锌采矿达 98 万吨/年，铅锌选矿达 97 万吨/年，电锌为 18.4 万吨/年，电铅为 12 万吨/年，粗铅为 11.5 万吨/年，金属锗为 10 万吨/年，锰矿石采矿为 26 万吨/年，锰选矿产品为 25 万吨/年，锰铁合金为 5.45 万吨/年，放电锰粉为 2 万吨/年，高锰酸钾为 0.3 万吨/年，硫酸为 24.5 万吨/年。

云南冶金在建的 3000 吨/年多晶硅产业化项目，规模为 3000 吨/年半导体级多晶硅。文山有年产 80 万吨氧化铝项目；高钛渣项目、氯化法钛白粉项目，新建年产 6 万吨氯化法钛白粉，配套建设 8 万吨/年高钛渣；20 万吨铁合金项目技改工程，建设生产能力锰系合金 20 万吨/年项目；8 万吨中高强度宽幅铝合金板带工艺创新与产品开发项目，建设 8 万吨/年铝加工产品；年产 1 万吨海绵钛项目。会泽有 6 万吨/年粗铅，10 万吨/年电锌及渣综合利用工程；2 万吨/年铅锌冶炼高新技术推广项目，拟建 15 万吨铅锌冶炼基地。

云铝装备有 186 千安、200 千安、240 千安、300 千安等大型预焙电解槽生产线，技术装备为国内先进水平。其中 300 千安电解槽是我国最先进的电解槽之一，2007 年公司所采用的 300 千安大型预焙阳极电解技术吨铝综合电耗 13400 千瓦时，比国内同行业平均水平低 1000 千瓦时/吨左右；200 千安电解槽铝锭综合交流电耗为 13693 千瓦时/吨。铝加工板块主要有七条生产线：铝板材 10 万吨/年、15 万吨/年，铝盘条 6 万吨/年，铝合金 4 万吨/年，铝圆杆 5 万吨/年，铝箔 1.5 万吨/年，铝箔 2.5 万吨/年。

云南锡业集团生产浮选机、耙矿绞车、电机车、矿车、装岩机、摇床、颚式破碎机、反击式破碎机、球磨机、沉没式单螺旋分级机、沉没式双螺旋分级机、高堰式单螺旋分级机、高堰式双螺旋分级机、电热连续结晶机、旋流器、转盘选矿机、细泥摇床、振摆螺旋选矿机、螺旋洗矿机、YT-CA型粗砂摇床、真空蒸锢炉、搅拌槽、电热连续结晶机等矿山设备。电热连续结晶机具有作业连续、高效、低耗，不外加熔剂，处理物料适应性强，占地面积小，操作简便等优点；除铅效率达99.9%，除铋效率达98%，该工艺及设备在国内锡冶炼厂广泛应用，并先后出口到多个国家。云锡集团已完成郴州锡矿1500吨/天采选工程建设，10万吨/年铅冶炼系统技改扩建工程等项目，大屯锡矿氧化锡矿1000吨/天开采工程，老厂分公司白龙井矿段硫化铜锡矿1100吨/天开采工程，6000吨/年硫醇甲基锡工程；在建的有10万吨铅冶炼项目，10万吨铜冶炼项目，7万吨/年锡冶炼系统技改项目。

云南铜业在建工程有10万吨/年粗铜、30万吨/年硫酸生产线，加工总产锅炉改造工程，玉溪矿业大红山铜矿3万吨/年精矿含铜西部矿段采矿工程。已建成云南省第一条井下无轨开采作业线，超设计能力100%投入生产；建成全国第一条常压氨浸铜湿法冶金生产线（年产电积铜3000吨）；建成国内第一条半连续自动控制真空冶金提取粗硒的装备生产线；建成国内第一条真空技术炼纯金属锂的中试生产线。

云天化集团引进140余台国际著名制造商卡特彼勒、沃尔沃以及小松等生产的采掘、装载和运输先进设备，大型化、现代化、系列化配置，装备能力已达到国际当代一流水平。近几年，磷化集团为进一步扩大产能又新建450万吨/年磷矿浮选装置，80万吨/年硫酸、30万吨/年磷酸和50万吨/年饲料磷酸钙盐生产装置；扩建后，磷化集团可实现年采剥总量3500万立方米，原矿生产820万吨/年的生产能力。磷化集团磷矿浮选年处理能力达850万吨，磷矿年擦洗选能力达828万吨。云天化集团年产季戊四醇1万吨生产设备属国内先进，聚甲醛装置是国内首套万吨级引进装置；集团玻纤新材料达24万吨，是国内三大玻纤生产基地之一；集团磷化工产品年生产能力达43万吨，所属的马龙产业是国内最大的黄磷生产企业，云天化天创科技拥有国内最大的多功能、高品质磷酸盐生产装置；集团精制食盐和工业盐的年生产能力达60万吨，盐及盐化工产品产能达90万吨/年，盐化工产品聚氯乙烯和烧碱的生产能力达26万吨；集团氮肥产能为100万吨/年，年产合成氨为100万吨、尿素为76.2万吨，合成氨、尿素单套生产能力居全国第一；磷复肥产能为420万吨/年，高浓度磷复肥生产能力全国第一，世界第三；硝铵（含硝基复合肥）达11万吨、甲酸钠达0.65万吨、甲醇达6万吨、甲醛达18.2万吨、浸润剂达0.2万吨。

云南煤化子公司云南云维集团有限公司（简称云维集团）主要装置年生产能力为合成氨75万吨、尿素28万吨，纯碱和氯化铵各20万吨，复混肥15万吨、电石9万吨、聚乙烯醇3万吨、水泥50万吨、焦炭310万吨，正加快实施

20万吨/年醋酸、30万吨/年尿素、7500吨/日甲醇制烯烃联合装置等建设项目，扩大核心产品生产规模。云南解化清洁能源开发有限公司（简称解化集团）主要拥有合成氨、亚硝酸钙、硝酸钙、甲醇、二甲醚、燃料油及酚类等20多种化工、化肥类产品；其主要装置年生产能力为合成氨30万吨、硝酸钾9万吨、硝酸铵36万吨、尿素18万吨、复合肥15万吨。云南煤化工集团有限公司主要拥有合成氨、尿素、硝酸铵、硝酸钾、二甲醚、燃料油及酚类等20多种化工、化肥类产品；其主要装置年生产能力为合成氨35万吨、硝酸钾7.5万吨、硝酸铵36万吨、尿素22万吨、二甲醚15万吨。云南东源煤业集团有限公司（简称东源煤业）生产及经营领域主要有煤炭开采和洗选加工、煤炭进出口、煤矿机电产品生产销售、电解铝生产、建材生产、发电等，原煤生产能力达2000万吨/年，洗精煤生产能力达700万吨/年，电解铝生产能力达30万吨/年、铝材加工能力达10万吨/年，发电装机达60余万千瓦。

昆钢集团子公司玉溪大红山矿业有限公司拥有中深孔凿岩采用的进口全液压深孔凿岩台车、全液压平巷掘进台车、深孔装药车6立方米大型电动铲运机、全液压移动式碎石机等；井下粗碎采用进口42英寸旋回破碎机，主胶带运输机采用CST可控启动传输驱动等，均居国内一流。截至2009年末已建成的大红山矿业采选生产能力为原矿450万吨/年，品位达67%的铁精矿约200万吨/年，其实际产能已达到年产原矿598万吨、铁精矿283万吨。

金平昆钢金河有限责任公司生产规模为140万吨/年，产品产量（铁精矿）为50万吨/年，铁精矿品位不小于60%。云南昆钢铁合金股份有限公司铁合金产能约为5.69万吨/年。武钢昆钢股份拥有大型现代化综合料场、300平方米烧结机、2000立方米高炉、240万吨氧化球团生产线、连轧棒材生产线、双机架紧凑式炉卷轧机、冷热轧板带轧机、高速线材轧机等现代化装备，公司具备600万吨钢材的综合生产能力。昆钢股份年产生铁380万吨、钢390万吨和钢材375万吨（包括60万吨/年的硅钢产能），“淘汰落后、结构调整、技术改造工程”项目建成后，昆钢股份总产能将达到年产生铁约950万吨、钢约880万吨、钢材约830万吨的生产规模。

从省外情况来看：广西有色金属集团有限公司有来自德国、美国、瑞典、丹麦等国家的先进生产技术和设备，技术装备水平处于同行业领先地位。有色金属冶炼能力较强，是全国第二大锡生产能力和世界上最大的原生铟冶炼能力；至2010年年底，公司年矿石采选能力为350万吨/年，锡冶炼能力为3.30万吨/年，锡材及锡化工产品为0.26万吨/年，仅次于云南锡业股份有限公司，位居全国第二；公司下属华锡集团的来宾冶炼厂是世界最大的原生铟冶炼基地，原生铟冶炼能力为80吨/年，位居世界第一；公司锌冶炼能力为6万吨/年、铅冶炼为2万吨/年、锑冶炼为2万吨/年、电解锰为3万吨/年、电解二氧化锰为2万吨/年、稀土氧化物为3000吨/年、锰铁合金为20万吨/年、生铁为20万吨/年、银冶炼具有70吨/年的生产能力；2010年，公司累计完成锡锭16318吨、锌锭50165吨、铅锭10454吨、锑锭6231吨、铟锭38.78吨，锡、锑、铟产品产量历年来居国内第3位，铅、锌、钛白粉产品产量国内领先。

湖南有色金属控股集团有限公司具有较大的有色金属冶炼规模，生产能力逾61万吨/年、钨冶炼生产能力超过1万吨/年、电锌系列产品达30万吨/年、电铅系列产品达10万吨/年；锡矿山生产锌锭约为5万吨/年，锑冶炼生产能力逾5万吨/年，氟化盐生产能力为10万吨/年，铋冶炼生产能力为约1400吨/年，钼冶炼生产能力约5000吨/年。其下株洲冶炼集团有限公司是中国最大的精铟生产商，黄金产量达1000千克/年、白银产量达280吨/年。在深加工方面，电容器钽丝生产设备和钨钼板材生产设备达到了国内同行业先进水平；在硬质合金生产中，在关键工序上大量采用了全自动高精度DORST压力机、低压烧结炉等一系列先进装备。

江西铜业集团公司是国内阴极铜产能、产量最大的铜生产企业，为世界级的大型先进铜生产商，阴极铜生产能力已经达90万吨/年，现有铜材加工能力45万吨，铜材产量49万吨；江铜是中国最大的黄金、白银生产商之一，2010年金、银年生产能力为22吨、460吨，金银产量为22吨、470吨；江铜是中国最大的硫化工基地之一，2010年生产硫酸240万吨、硫精矿156万吨；2010年生产标准钼精矿（平均品位45%）4366吨、硒产品约281吨、铼酸铵为2876千克、精碲为50吨、精铋为628吨。江铜所属矿山德兴铜矿是国内最大、装备技术水平最高的现代化铜矿山，首家引进国际采矿设计规划优化软件和全球卫星定位卡车调度系统；采用大型球磨设备、超大型浮选机和浮选柱技术。

总的来看，云南资源型工业的装备水平和生产能力较好，有些甚至达到了国际水准，代表国际最高水平。但是高技术装备和高技术产品的生产规模还不够大，尤其是下游加工环节生产的高新技术产品种类少、规模小，在世界市场中没有竞争力。

### 3.2.3 产品质量

#### 3.2.3.1 省内产品质量

（1）云冶。云南冶金集团控股下的子公司拥有多项被市场认可的产品的优质品牌。驰宏锌锗的“银鑫牌”锌锭、“金沙牌”铅锭，云铝股份“云海牌”和“YL-YL牌”重熔用铝锭获国家免检产品；驰宏锌锗的“银晶牌”锗系列产品、“金沙牌”铅锭、“银鑫牌”锌锭，云铝股份“YL-YL牌”重熔用铝锭获伦敦交易所免检产品。驰宏锌锗拥有的“银晶牌”锗系列产品、“金沙牌”铅锭、“银鑫牌”锌锭，云铝股份“云海牌”和“YL-YL牌”重熔用铝锭、“云海牌”和

"YL-YL牌"铸造铝合金、"云海牌"和"YL-YL牌"铝和铝合金轧制板、带材、电工圆铝杆等获云南省名牌产品。

（2）云锡。云锡产品以精锡、焊锡及锡材、锡化工系列为主，同时生产铜、铅、锌、镍、铟、银、铋、金、铂、钯、铑、铱、钌、锇、贵金属高纯材料，特种功能材料，信息功能材料，环境、催化功能材料及有色化工产品等共20个系列600多个品种。有41种产品和设备出口56个国家和地区，企业自营出口创汇连续多年居云南省第一。主导产品"云锡牌"精锡是"中国名牌产品"、国家质量免检产品，在伦敦金属交易所注册"YT"商标，是国际知名名牌，锡铅焊料在国内同类产品中唯一获国家质量金奖。公司通过了ISO10012.1计量体系认证、ISO9001：2000版质量体系认证和ISO14001环保认证。2010年9月22日，伦敦金属交易所（LME）确认云南锡业股份有限公司被指定为"锡品牌的测试工厂"和"铅品牌的测试工厂"，将对未来锡和铅生产商寻求将其锡锭和铅锭在伦敦金属交易所品牌注册提供测试服务。产品锡的国际市场占有率达到16.75%，国内市场占有率达到41.59%。

（3）云天化。云天化的"金沙江"商标被认定为驰名商标。主要产品"金沙江牌"尿素为国家优质金奖产品、中国驰名商标，属国家免检产品，无捻纱属国家名牌产品。在南京召开的2010年化肥大企业高峰论坛会上，云天化集团获得"2010年中国化肥企业100强"第二名、"2010年中国化肥企业综合实力100强"第一名。云天化集团在国内磷复肥行业中多个品牌均有较高的市场知名度和声誉，"红磷牌"、"白鹇牌"、"云峰牌"获中国名牌产品称号，"三环牌"系列产品荣获多项国家、省部级奖励，"三环牌"、"云峰牌"、"金富瑞牌"、"白鹇牌"等产品质量达国际先进水平，部分产品获出口免检；在氮肥产业中"金沙江牌"尿素，荣获"国家免检"、"中国名牌"等荣誉称号。2010年，云天化股份"金沙江"注册商标被国家工商行政管理总局认定为"驰名商标"；云南盐化"红云牌"氢氧化钠、天创科技"天飞牌"牙膏工业用磷酸氢钙荣获"云南名牌产品"称号。玻璃纤维产品通过了ISO 9001质量体系认证，无捻粗纱被授予"2005年中国名牌产品"称号，部分产品获英国劳埃氏证书。

（4）云南盐化于2003年8月通过ISO 9001质量管理体系认证，2005年3月通过ISO 14001环境管理体系认证，2006年3月通过OHSAS 18001职业健康安全管理体系认证。

（5）云铜。云铜产品"铁峰牌"高纯阴极铜2004年荣获"中国名牌"称号，"铁峰牌"高纯阴极铜、电工用铜线坯荣获"云南名牌产品"称号，"铁峰牌"荣获"云南十大最具影响力品牌"。云铜共获得中国名牌产品1项、云南省名牌产品5项，获国家重点新产品2项、云南省新产品1项；主持国家技术标准的制定，参与制定国家技术标准2项。

（6）云煤。云维集团生产的“花山牌”尿素属国家质量免检产品，与“花山牌”氯化铵、“云维牌”聚乙烯醇、“珠源牌”纯碱同为云南省名牌产品。云维集团及所属的生产经营单位分别通过了 ISO 9001：2000 质量管理体系认证。解化集团通过了 ISO 9002 国际质量体系认证。

（7）昆钢控股。昆钢控股通过加强品牌建设，从 1993 年以来，共开发出 85 个系列，301 个新品种，形成了以桥梁钢、管线钢、集装箱钢、压力容器钢、军工钢、电子用钢、汽车板、高速线材等为重点的精品名牌产品。主导产品有棒材、线材、热轧板带、冷轧板带、镀锌板、彩涂板、焊接钢管及冷弯型钢、热轧型材共八大类、50 多个牌号、700 多个规格的系列产品。带肋钢筋、高速线材等四种产品分别荣获钢铁行业“金杯奖”、“云南省名牌产品”称号；热轧带肋钢筋、热轧圆盘条为“国家免检产品”。

3.2.3.2 省外产品质量

（1）广西有色金属集团有限公司下属的华锡集团公司“金海牌”锡锭荣获“中国名牌产品”称号，“金海牌”锡锭、锌锭、铅锭、锑锭产品通过国家 ISO9002 质量体系认证，锌锭、铅锭、锑锭产品荣获“广西名牌产品”称号，“金海牌”锡锭在伦敦金属交易所注册，是国家金奖产品；其下属的飞碟股份公司钛白粉产品为“广西名牌产品”；其下属桂林漓佳金属有限公司“漓佳牌”铜管是广西名牌产品，被授予“有色金属产品实物质量金杯奖”；其下属华锡集团的来宾冶炼厂 1996 年底首次通过了 GB/T 19002（ISO 9002）质量体系认证，获 2002 年 9 月 ISO 9001：2000 标准的质量管理体系认证证书、30 个国家和地区互认的国际认证联盟颁发的 IQNET 证书以及中国质量认证中心证书。

（2）湖南有色金属控股集团有限公司钨冶炼通过了 GB/T 19001（ISO 9001）质量管理体系、GB/T 28001 职业健康安全管理体系、ISO 14001 环境管理体系三大体系认证；“钻石牌”氧化钨为“湖南省名牌产品”，“火炬牌”商标为国家驰名商标；“火炬牌”铅锭、锌锭先后在伦敦金属交易所认证注册。株洲冶炼集团有限公司通过了 ISO 9001 质量管理体系认证和 ISO 14001 环境管理体系认证，是中国铅锌业首家通过环境认证的企业，是中国有色金属行业唯一一家锌及锌合金产品出口免验单位，也是中国海关总署进出口红名单企业；“火炬牌”锌锭、铅锭、镉锭、热镀锌合金锭四种产品曾获国家金质奖；锑系列产品通过了 ISO 9002 质量管理体系认证，“闪星牌”商标多次被评为著名商标，“闪星牌”精锑及氧化锑产品是湖南省名牌产品，多次获国家银质奖；氟化盐通过了 ISO 9001—2000 质量管理体系认证；“柿竹园牌”铋锭已通过 ISO 9002 质量管理体系认证，是省优质产品，出口免检商品，在国内外市场享有盛誉；“火炬牌”精铋获国家银质奖。钼冶炼通过了 GB/T 19001（ISO 9001）质量管理体系、GB/T 28001 职业健康安全管理体系和 ISO 14001 环境管理体系三大体系认证；“火炬牌”银锭在伦敦金属交易所（LME）注册，金锭通过了上海黄金交易所铸锭企业认证。湖南有色集团拥有“火炬牌”、“钻石牌”、“长城牌”、“水口山牌”、“柿竹园牌”、“闪星牌”等一系列国际和国内知名品牌，“钻石牌”硬质合金是我国名牌产品，在49个国家和地区注册，产品直销21个国家和地区，用户遍及全球70个国家和地区。

（3）江铜集团2006年通过了中国质量认证中心ISO 9001：2000质量认证体系认证；2009年通过ISO 9001：2000质量管理体系认证复评，2006年获中启计量体系认证中心颁发的ISO 19011：2003测量管理体系认证证书。江铜集团生产的“贵冶牌”和“江铜牌”高纯阴极铜是在伦敦金属交易所注册的A级产品，也是上海金属交易所一类产品，2004年被评为中国名牌产品，标志其产品质量达到国际先进水平。“贵冶牌”工业硫酸获国家优质金奖；“江铜牌”金锭和“江铜牌”银锭也已在伦敦金银市场协会注册成功。江铜集团硫精矿销往国内各地，也受到普遍好评。

（4）西部矿业日晒工业盐达到国家标准GB/T 5462—2003一级标准，粉碎洗涤盐产品质量超过国家标准GB 5461—2003优级，日晒盐产品质量超过国家标准GB5461—2000一级，强化营养盐产品质量执行行业标准QB 2238—2005，精制工业盐产品质量超过国家标准GB/T 5462—2003优级标准，食用精制盐产品质量超过国家标准GB 5461—2000优级标准。

根据以上不完全资料的分析，云南资源型工业的生产工艺技术和效果均比较先进，基本达到国内领先水平，有些甚至代表国际水平；装备水平和生产能力较好，但是高技术装备和高技术产品的生产规模还不够大，缺少系列化的高技术产品；产品普遍质量好，有的甚至达到了国际水准，代表国际最高品质。

# 4 云南资源型工业清洁安全研究

清洁安全是体现资源型工业核心竞争力的要素之一。矿产资源不可再生的特性及其不清洁的生产和开采，使人类共同面临资源枯竭、生态环境破坏的难题，并且，中国产品在世界贸易出口过程中，往往会因为受到绿色贸易壁垒的阻碍而影响其在国际市场中的竞争力，因此清洁的生产、提高资源利用率的重要性不言而喻。更清洁的技术一般使企业拥有更高的效率和生产率，会使其脱颖而出，更具有竞争力。伴随着生产而来的是资源型工业的安全问题，这种不安全因素不仅体现在身体的安全、生命的安全，还体现在产品经济上的安全。连续不断的矿难事件，不符合标准的生产环境会迫使生产效率降低，不清洁的生产危害他人健康，也会影响企业经济效益，而经济上的不安全又会威胁企业的生存。

## 4.1 清洁

清洁生产指不断改进设计、使用清洁的能源和原料、采用先进的工艺技术与设备、改善管理、综合利用等措施，从源头削减污染，提高资源利用效率，减少或者避免生产、服务和产品使用过程中污染物的产生和排放，以减轻或者消除对人类健康和环境的危害。其本质就是对生产过程与产品采取整体预防的环境策略，减少或者消除它们对人类及环境的可能危害，同时充分满足人类需要，使社会经济效益最大化的一种生产模式。

清洁生产是一种新的创造性的思想，该思想将整体预防的环境战略持续应用于生产过程、产品和服务中，以增加生态效率和减少人类及环境的风险。对生产过程，要求节约原材料与能源，淘汰有毒原材料，减降所有废弃物的数量与毒性；对产品，要求减少从原材料提炼到产品最终处置的全生命周期的不利影响；对服务，要求将环境因素纳入设计与所提供的服务中。

一般认为，加强环境保护会使企业生产成本增加，从而失去竞争优势。但是实践表明，严格的环境标准不仅不会使企业失去竞争力，而且还会促使企业进行环境技术创新，提高生产率，不仅可以补偿环保成本，尤其是外贸企业，还可以获得先行优势，增强国际竞争力。

清洁生产的具体措施包括：不断改进设计，使用清洁的能源和原料，采用先进的工艺技术与设备，改善管理，综合利用，从源头削减污染、提高资源利用效率，减少或者避免生产、服务和产品使用过程中污染物的产生和排放。清洁生产是实施可持续发展的重要手段。

因此，本书从资源型工业生产的能源和原材料的清洁、生产过程的清洁和生产产品的清洁三方面来评价资源型工业发展的清洁程度。

### 4.1.1 能源和原材料清洁

资源型工业属于重工业，在开采、洗选、冶炼、加工各个环节一般均需要消耗大量的物质资料、能源和水资源，因此研究资源型工业的清洁程度，需要充分重视资源型工业的原辅材料消耗、能源消耗和清洁水消耗。

4.1.1.1 *物耗*

物耗即原材料等物质的消耗。物耗系数是指生产单位产品所消耗的主要原辅料的量，是反映生产物资消耗、生产力水平及效率高低的一个重要指标。与物耗系数相关的有物料损耗指数，即生产单位产品所损耗物料的量；另一个相关的指标是资源利用率，即矿业企业在采掘、洗选、冶炼生产过程中，采收、加工和利用矿产资源总体程度的总称，是衡量企业矿产资源开发、技术经济和生产管理水平的重要标志。

由于缺少原辅料年用量和物料年用量的数据，在此处仅用各年资源使用量情况来研究云南矿产消耗。用炼焦业、基本化学原料制造业、化学肥料制造业、钢铁及铁合金冶炼业、有色金属冶炼及合金业所消耗的矿产品产量来计算单位产值所消耗的矿产品量。

以 2000 年为基期年，2001 ~ 2010 年矿产品产量增长率呈递增趋势。其中铁矿石产量增长最快，随着我国经济的快速发展，基础建设、汽车、机械和建筑行业发展迅速，带动了钢铁产业的需求，2008 年次贷危机使钢铁相关行业低迷，从而影响了对铁矿石的需求量，增长变缓。有色金属是云南的优势矿产，矿产产量一直以来发展态势良好，2007 年有色金属牛市，价格高涨，有色金属产量大增，2008 年遇全球经济危机，十种有色金属产量减少，直到 2010 年经济复苏，才有好转。磷盐矿产品产量增长趋势相似，从 2000 年呈现稳定的上升趋势，磷矿石是现如今磷化工产业链效益最好的部分，但作为国家战略性资源，磷矿石产量受到一定的约束，增长缓慢（图 4-1）。

云南资源型工业的物耗系数见表 4-1。云南资源型工业所有行业的单位产值消耗矿产品数量都呈递减趋势，可以看出云南企业都向着低物耗的方向发展。炼焦业万元产值消耗煤的数量递减，且下降程度大；有色金属冶炼每万元产值消耗有色金属数量持续保持最低；黑色金属冶炼消耗铁矿石量上下波动，先增加再减小，总体呈现下降趋势。

从投入产出表来看，2007 年云南炼焦业的物耗系数为 70 吨/万元，低于全国的 80 吨/万元；有色金属工业的物耗系数为 0.22 吨/万元，与全国水平持平；黑

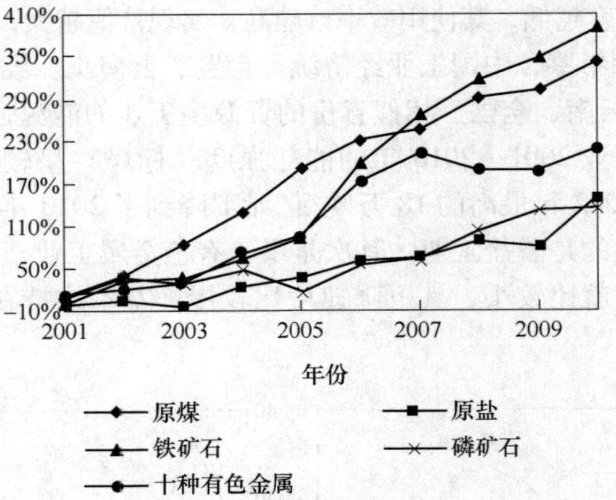


图 4-1　云南矿产品产量增长率

**表 4-1　单位产值矿产品消耗量**　　（吨/万元）

| 年　份 | 2001 | 2002 | 2003 | 2004 | 2005 | 2006 | 2007 | 2008 | 2009 |
|---|---|---|---|---|---|---|---|---|---|
| 炼焦业 | 1597 | 1891 | 946 | 351 | 181 | 166 | 80 | 48 | 58 |
| 有色金属冶金 | 0.84 | 0.78 | 0.67 | 0.52 | 0.40 | 0.30 | 0.26 | 0.26 | 0.30 |
| 黑色金属冶金 | 10.51 | | 17.45 | 9.10 | 7.94 | 10.58 | 7.68 | 7.13 | 9.03 |
| 化学原料与肥料制造业 | 12.45 | 13.52 | 10.39 | 8.23 | 5.28 | 6.06 | 5.19 | 4.52 | 6.07 |

资料来源：云南统计年鉴 2000～2011 年，云南工业经济信息资料 2001～2009。

色金属工业物耗系数为 10.48 吨/万元，大于全国的 5.7 吨/万元。

云南资源型工业的物耗系数呈下降趋势，接近全国水平。

4.1.1.2　能耗

能耗即能源消耗量的简称。衡量产业或企业的能量消耗的指标有能耗系数和能源强度。能耗系数即生产单位产品的电耗、油耗和煤耗等能源的量；能源强度即原材料在采掘和生产过程中消耗能源的程度，也称为“单位产值能耗”，是指一个国家或地区、部门或行业单位产值一定时间内消耗的能源量，通常以吨（或千克）油当量（或煤当量）/美元来表示。在国家层面，能源强度是国内一次能源使用总量或最终能源使用与国内生产总值之比。其计算公式为：

$$能耗系数 = \frac{能源年损耗量}{产品年产量}$$

$$能源强度 = \frac{能源年损耗量}{产品年产值}$$

由于能源是不可再生的资源，在生产使用中应充分合理利用，以实现其最大价值，因此，能源强度越低，其使用效率就越高，实现价值越大，越具有竞争力。

根据云南统计年鉴、中国工业经济统计年鉴、云南工业经济信息资料，计算了 2001 ~2010 年云南、全国、相似省份的资源型工业的能源强度。

云南资源型工业 2001 ~2010 年的能耗强度（标煤）呈较快的下降趋势，产值的能耗强度从 2002 年最高的 18 万吨/亿元下降到了 2010 年的 3.4 万吨/亿元，其中下降速度最快的是磷盐工业，其次是煤、有色金属工业，黑色金属工业由于其本来的能耗强度就比较小，其下降速度比较慢，基本维持在 4 万吨/亿元的水平（图 4-2）。

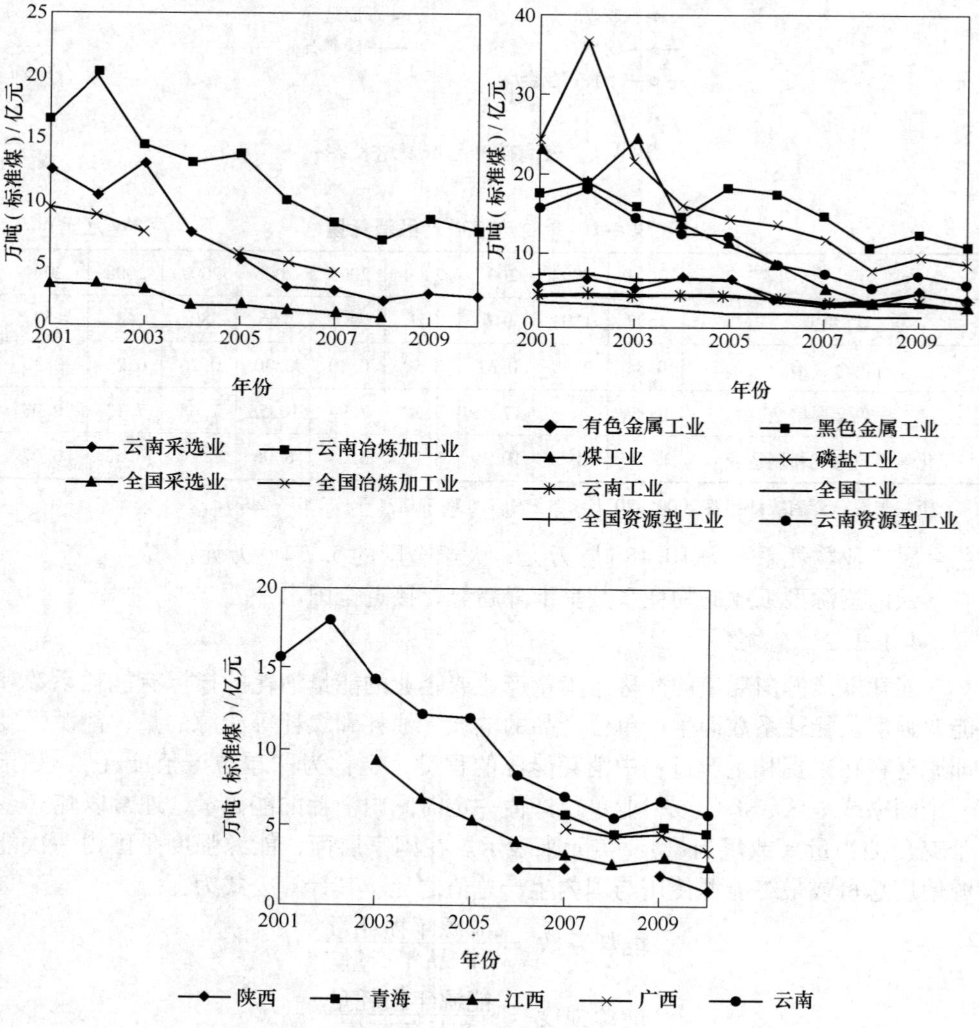


图 4-2 云南及相关省份资源型工业能源强度

从行业来看，云南资源型工业的冶炼加工业的能耗强度比采选业要高，但采选业和冶炼加工业的能源强度下降均较快。2007 年下降速度减慢，维持在一个稳定的水平，采选业的能源强度约为 2.5 万吨/亿元，冶炼加工业的能源强度约为 7.5 万吨/亿元。

从全国来看，（1）云南工业能源强度高于全国工业；云南资源型工业能源强度高于全国资源型工业，但云南下降快，逐渐朝着全国平均水平发展。（2）黑色金属和磷盐工业能源强度一直高于云南资源型工业；煤工业能源强度下降迅速，在 2006 年以后低于云南资源型工业能源强度，逐渐接近云南工业平均水平；有色金属工业一直保持低能耗，低于全国资源型工业能源强度平均值。相较之间，云南有色金属工业具有较强的优势，随着煤工业的发展，云南煤工业竞争力增强。（3）由于资源型工业采选和冶炼加工部门的特殊性，冶炼加工业能耗要比采选业能耗大。云南冶炼业能耗一直高于全国水平，且能源强度差距变化不大。云南采选业能源强度下降较快，向全国采选业水平逐渐靠近。

与相似省区相比，云南资源型工业的能源强度高于青海、广西、江西、陕西。相比之下，陕西资源型工业的能源强度较低。总体上云南资源型工业的能源强度比较大，超过了全国水平，也超过了相似省份。

4.1.1.3 水耗

水耗主要指清洁水耗，可用清洁水耗系数来表示，即生产单位产品整个工艺中所耗新鲜水量（不包括回用水）。而重复用水量可以衡量资源型工业用水使用情况，重复用水量越多，说明生产工艺技术越先进，生产越清洁，资源利用效率越高，越具有竞争力。其计算公式为：

$$\text{清洁水耗系数} = \frac{\text{新鲜用水量}}{\text{产品年产量}} \times 100\%$$

云南是个水资源相对匮乏的省份，因此水资源对云南意义重大，资源型工业生产消耗水量越少，越具有优势，因此清洁水耗系数越小，竞争力越强。

根据云南统计年鉴、中国统计年鉴以及实际调研资料，计算了 2006 ~ 2010 年云南、全国资源型工业的清洁水耗系数。

云南资源型工业新鲜用水量从 2006 年开始逐年增加，但清洁水耗系数是下降的。2006 年资源型工业清洁水耗系数为 17.13 吨/万元，而云南工业清洁水耗系数为 23.74 吨/万元，2010 年资源型工业清洁水耗系数为 12.15 吨/万元，云南工业清洁水耗为 14.91 吨/万元，由此可以看出云南资源型工业每万元产值消耗的新鲜水量低于云南工业的平均水平，是云南工业中较清洁的。其中，磷盐工业的清洁水耗系数最高，在 2007 年清洁水耗系数有很大的上扬波动，之后又下降回原来的位置。黑色金属工业、有色金属工业、煤工业清洁水耗系数总体呈下降趋势，这些工业的平均清洁水耗系数都低于资源型工业的清洁水耗系数，其中，有色金属工业清洁水耗系数最低，其次是黑色金属工业，煤工业清洁水耗系数相对较高。

从图 4-3 可以看出，采选业清洁水耗系数要远远高于冶炼加工业的清洁水耗系数，采选业清洁水耗系数在 5 年间大幅下降，2006 年平均每万元产值就会消耗 40. 25 吨的新鲜用水，到 2010 年每万元产值新鲜用水量降低到 22. 8 吨，新鲜用水量明显减少。冶炼加工业在这 5 年间清洁水耗系数也在不断降低，但减低幅度不如采选业明显，2006 年平均每万元产值消耗新鲜水 14. 25 吨，到 2010 年平均每万元产值消耗新鲜水 10. 63 吨。

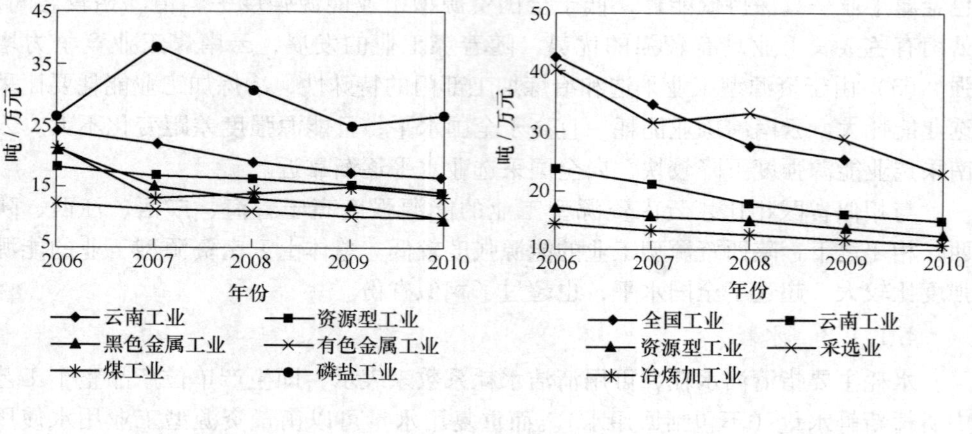


图 4-3　云南资源型工业清洁水耗系数

如图 4-4 所示，云南资源型工业重复用水量是逐年递增的，2010 年重复用水量为 43. 2 亿吨，是 2006 年 26. 4 亿吨的 1. 6 倍，年平均用水量为 35. 9 亿吨，占云南工业年平均重复用水量 60. 73 亿吨的 59%。其中，磷盐工业重复用水量最多，

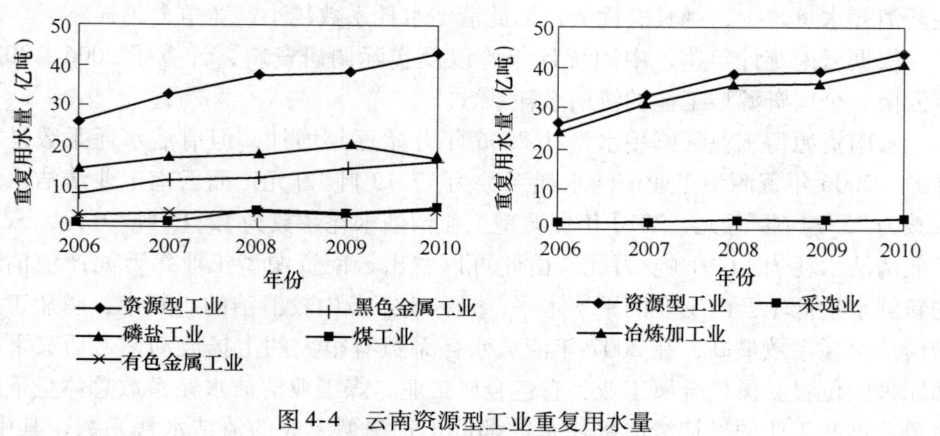


图 4-4　云南资源型工业重复用水量

2006 年重复用水量为 14.5 亿吨，2010 年为 17.7 亿吨，年平均用水量为 17.7 亿吨；黑色金属工业年平均重复用水量为 12.5 亿吨，有色金属工业和煤工业这 5 年重复用水量变化不大，有色金属工业年平均重复用水量为 3.3 亿吨，煤工业平均年重复用水量为 3 亿吨。冶炼加工业重复用水量大，2006 年为 24.2 亿吨，2010 年为 40.1 亿吨，增加了 15.9 亿吨。采选业重复用水量很少，每年重复用水量在 2.2 亿 ~3.2 亿吨之间。

资源型工业万元产值新鲜水用量小于云南工业万元产值新鲜水用量，云南工业重复用水中一半以上是资源型工业的重复用水，总的来说资源型工业在云南工业中是较清洁的。冶炼加工业具有高重复用水量，低清洁水耗系数，与采选业相比更有清洁的优势。

云南资源型工业的清洁水耗系数低于云南工业，也远低于全国工业。

国家已经采取了措施，主张清洁生产，控制能源、水资源的使用，各大企业的发展方向也是向着低能耗、低水耗的方向发展。如某矿业企业的水耗以前是 7000 吨/天，现在是 5000 吨/天。由于云南近年持续干旱少雨，水资源短缺已经体现在企业的生产中。虽然云南资源型工业向着更清洁的方向发展，但仍存在着不够清洁的现象，比如钛加工本身是环保的，是其金属性质所决定，但也是一个高耗能的生产，对电力和水需求比较大。云南铜业股份的能源和原材料的使用越来越小，企业对能源、电力、水等的需求逐步减低，万元产值能耗从 2001 年的 0.31 减低到了 2008 年 0.047 吨标准煤/万元（表 4-2）。

**表 4-2　云南铜业股份有限公司 2001 ~ 2008 年主要生产技术经济指标**

| 年份 | 万元产值能耗（标煤）（吨/万元） | 粗铜工艺能耗（标煤）（吨/吨） | 吨铜冶炼综合能耗（标煤）（吨/吨） | 粗铜综合电耗（标煤）（千瓦时/吨） | 全厂硫利用率（%） | 铜水耗（吨） | 销售收入（万元） |
|---|---|---|---|---|---|---|---|
| 2001 | 0.31 | 0.2115 | 0.3412 | 1681 | 87.05 | 10.29 | 387246 |
| 2002 | 0.326 | 0.2839 | 0.4127 | 1508 | 90.62 | 7.38 | 300282 |
| 2003 | 0.298 | 0.1824 | 0.3429 | 1213 | 95.13 | 7.4 | 409129 |
| 2004 | 0.147 | 0.1784 | 0.3635 | 1193 | 96.34 | 7.78 | 719385 |
| 2005 | 0.0885 | 0.1812 | 0.3334 | 1019 | 96.68 | 7.26 | 1340358 |
| 2006 | 0.047 | 0.1422 | 0.3074 | 898 | 96.83 | 6.57 | 2806220 |
| 2007 | 0.0398 | 0.1326 | 0.2533 | 835.42 | 96.85 | 4.43 | 3445581 |
| 2008 | 0.0467 | 0.1457 | 0.3028 | 849.99 | 97 | 7.83 | |

资料来源：云南铜业股份有限公司发展循环经济的实践，云南冶金，2009（5）。

各行业物耗、能耗、清洁水耗系数都在下降。这些资源一方面是企业的主要成本之一，降低单位产值的消耗量可以节约成本，带来更多的利润；另一方面，随着低碳经济和低碳生活的到来，各种资源必将越来越受到人们的重视和有效控制，国家和各省区市也开展各项活动，颁布各种标准制度，限制资源损耗大、技术落后的行业发展，支持节能、资源综合利用率高的行业发展。

影响企业原材料消耗过大的原因一是产品质量差，品位低，可利用资源少，只能通过大量开采才可以满足需求，或是资源相对成本低，不会对企业构成威胁；二是企业自身机械设备水平落后、科技水平低、工作人员缺乏责任心，导致资源使用不合理，造成浪费。

归纳来看，(1) 云南资源型工业的物耗系数接近全国水平，还有进一步提升的空间。(2) 能源强度高于全国水平，也高于相似省区，但下降快，逐渐朝着全国平均水平发展。(3) 黑色金属和磷盐工业能源强度一直高于云南资源型工业；煤工业能源强度下降迅速，在2006年以后低于云南资源型工业能源强度，逐渐接近云南工业平均水平；有色金属工业一直保持低能耗，低于全国资源型工业能源强度平均值。相较之间，云南有色金属工业具有较强的优势，随着煤工业的发展，云南煤工业竞争力增强。(4) 由于资源型工业采选和冶炼加工环节的特殊性，冶炼加工业能耗要比采选业能耗大，云南冶炼业能耗一直高于全国水平，且能源强度差距变化不大。云南采选业能源强度下降较快，向全国采选业水平逐渐靠近。(5) 云南、陕西、青海、江西、广西五省能源强度都呈下降趋势，但云南却一直高于其他四省，还有待降低。(6) 云南资源型工业的清洁水耗系数低于云南工业，也远低于全国工业。

### 4.1.2 生产过程清洁

资源型工业特有的属性决定了其在生产过程中一般要产生大量的废水、废气、废渣，对环境的影响很大，“三废”的产生量和排放量，尤其是“三废”排放的达标率，是衡量资源型工业清洁程度的主要方面。

#### 4.1.2.1 废水

废水是在生产过程和生活过程中所产生的废弃液体，主要有工业废水、生活污水和医院废水等。本书的废水主要指工业废水，是指含有汞、镉、砷、苯、酚氰化物、放射性物质、有机致癌物质等各种无机物、有机物、有毒物的废水。

废水是衡量产业/企业生产过程对水的消耗和利用清洁程度的一个重要指标，一般用废水产生系数和废水排放系数来描述。废水产生系数为生产单位产品的废水产生量。

根据环保资料，2006年云南资源型工业每万元产值产生186.4吨废水，排放8.5吨废水，2006年共排放废水1.3亿吨，其中废水达标量为1.24亿吨，达标率为93.4%；2010年每万元产值产生190.1吨废水，排放6.2吨废水，2010年共排废水1.07亿吨，其中废水排放达标量为1.04亿吨，达标率为96.3%。资源型工业平均年废水产生系数为 192.6 吨/万元，工业平均年废水产生系数为 186.97 吨/万元；资源型工业平均年废水排放系数为 6 吨/万元，工业平均年废水排放系数为 8.45 吨/万元；资源型工业每万元产值平均年产生废水量比工业产生废水多 5.68 吨，每万元产值比工业少排放 2.45 吨废水（图 4-5，图 4-6）。

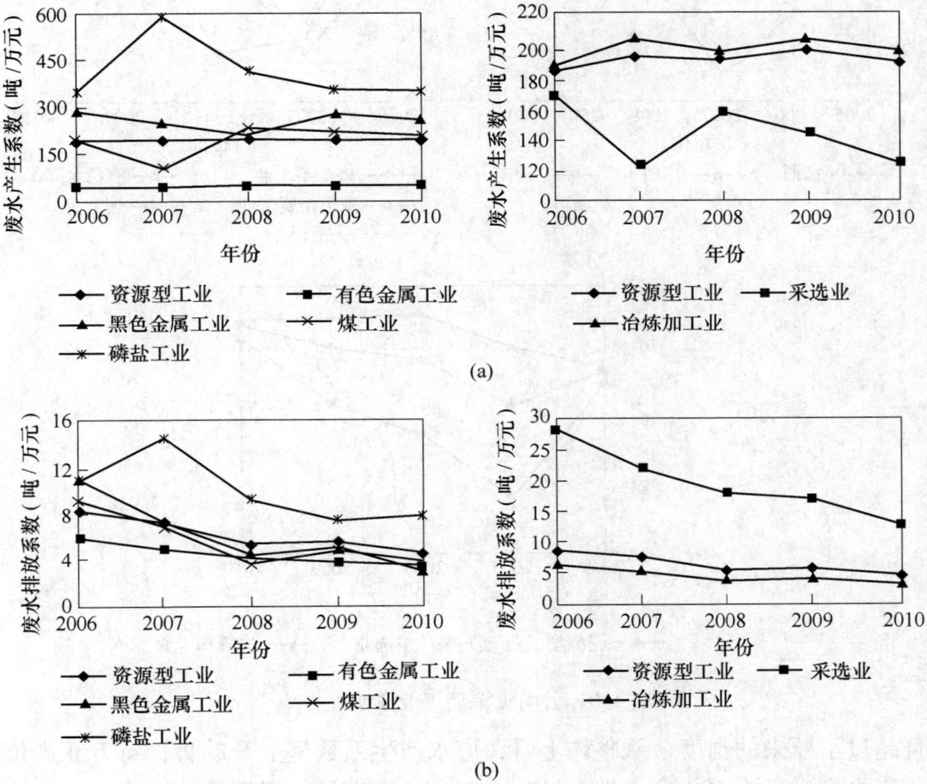


图 4-5 云南资源型工业废水产生系数和排放系数

（a）废水产生系数；（b）废水排放系数

其中，有色金属工业废水产生系数最低，废水排放系数也低于资源型工业废水排放系数。有色金属工业万元产值平均年废水产生量为 46.5 吨，废水排放量为 4.4 吨，均低于资源型工业年平均废水产生量和废水排放量，2010 年废水排放达标率为95.9%，是资源型工业中相对的清洁行业。黑色金属工业废水产生系数在 2008 年、2009 年有些许波动，但整体上呈小幅下降趋势，废水排放系数大幅度下降，2006 年排放系数为 11.3 吨/万元，2010 年下降到 3 吨/万元，并且废水达标率已由 93.7% 上升到 98.2%，每万元平均年废水产生量为 251.2 吨，废水排放量为 5.5 吨，每万元平均年产生量比资源型工业多 58.6 吨，排放量少 0.5 吨。煤工业废水产生系数在 2007 年曾一度下降为 99.4 吨/万元，但马上又上升，

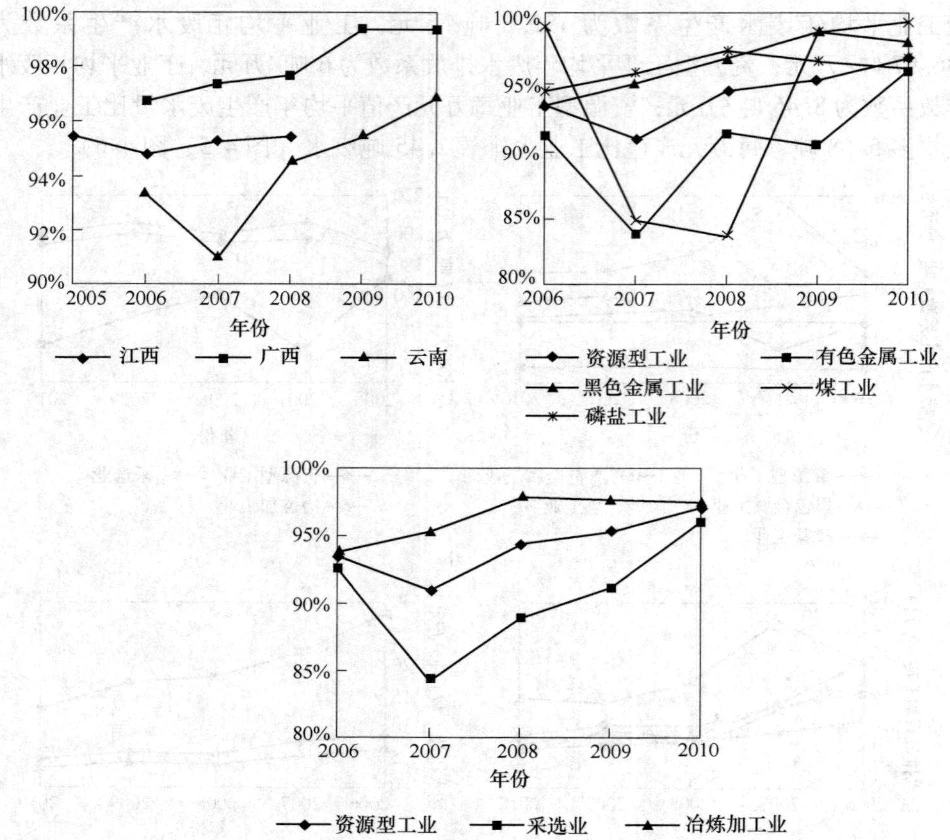


图 4-6 云南资源型工业废水达标率

并且超过了原来的高度，从整体上看，废水产生系数呈上升趋势，每万元产值平均年废水产生量为 199 吨，排放量为 4.9 吨，产生量比资源型工业多 6.4 吨，排放量比资源型工业少 1.1 吨。磷盐工业废水产生系数、废水排放系数都很高，2007 年产生量系数和排放量系数均达到最大值，万元产值废水产生量为 583.9 吨，排放量为 14.8 吨，达标率在 94%~97% 之间。其万元产值平均年产生废水 396.8 吨，排放废水 9.1 吨，均高于资源型工业的系数，是资源型工业废水产生和排放的主要行业，生产最不清洁。

与冶炼加工业相比，采选业废水产生系数低，排放系数高，排放废水达标率低。采选业废水产生系数呈震荡式下降，2006 年最高为 169.3 吨/万元，2007 年最低为 121.3 吨/万元，到 2010 年废水产生系数为 125.6 吨/万元，废水排放系数呈逐年下降趋势，到 2010 年最低，为 13 吨/万元。采选业每万元产值平均年产生废水量为 141 吨，排放废水量为 18.9 吨。废水排放达标率在 2007 年显著下降，降低到 84.4%，之后达标率逐年提高，到 2010 年达标率达到 95.95%。冶炼加工业废水产生系数呈上升趋势，2006 年最低为 188.5 吨/万元，2010 年废水产生系数为 199.3 吨/万元，每万元平均年产生废水 200 吨。冶炼加工业废水排放系数明显低于采选业，废水排放系数呈逐年下降趋势，2006 年最高为 6.1 吨/万元，2010 年最低为 3.2 吨/万元，每万元平均年排放废水量为 4.3 吨/万元。废水排放达标率有所提高，2008 年以后，达标率均超过 97%。

与广西、江西对比，云南废水排放达标率低于两省。总的来说，云南资源型工业废水排放达标率较高，但低于相似省区。

4.1.2.2　废气

废气主要是指工业企业所排出的废气。工业企业在生产过程中，由原料进厂至成品出厂，各工段都可能排出一些有害物质和有害气体，其产生取决于生产中所采用的原料和生产工艺过程。工业废气是指粉尘、黑烟、臭味、刺激性气体以及有害气体等各种废气。

废气产生量和排放量是衡量产业/企业生产过程中空气污染程度的另一重要指标，一般用废气产生系数和废气排放量来描述。

本书主要分析了云南资源型工业二氧化硫、氮氧化物、粉尘、烟尘等废气的排放，如图 4-7 所示。2006 年云南资源型工业废气排放量为 23.2 万吨，然后逐年增加，2009 年工业废气排放量达到最高，为 28.1 万吨，2010 年废气排放量又下降至 25 万吨。

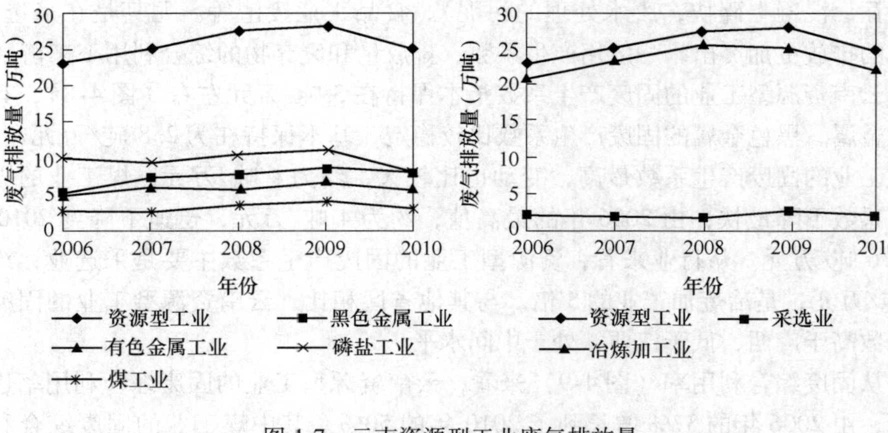


图 4-7　云南资源型工业废气排放量

从资源型工业的构成来看，2010 年黑色金属工业的废气排放量为 8.1 万吨，比 2006 年有所上升，增加了 3 万吨；有色金属、煤工业的废气排放量基本稳定在 5 万吨、3 万吨；磷盐工业的废气排放量有所下降，2010 年的排放量为 8 万吨，比 2006 年少了 2 万吨。

从行业来看，冶炼加工业的废气排放量逐渐上升，从 2006 年的 21 万吨增加到了2008年的25万吨，之后逐年下降，减少到了2010年的22万吨；而采选业的废气排放量则基本保持在2.5万吨左右。总体上看，冶炼加工业的废气排放量远远高于采选业，大约是采选业的10倍。

从废气排放的构成来看，主要是二氧化硫，约为14万吨，占全部废气排放量的50%；其次是氮氧化物，约为6万吨；烟尘和粉尘大约分别为3.5和2.5万吨。各种废气排放量均呈现先上升后下降的趋势，2009年以来均出现了下降趋势。各种废气的排放均集中在冶炼加工业，其中二氧化硫的排放主要集中在煤、黑色金属工业，氮氧化物、烟尘、粉尘的排放主要集中在黑色金属和磷盐工业。

某些资源型工业企业，主要是冶炼企业，也感受到了国家技术标准的要求越来越严格，若不改进，会达不到标准，许多企业正在争取实现废气的回收利用，争取做到零排放。云南资源型工业的废气排放有进一步减少的空间。

4.1.2.3 固废

固废又称固体废弃物或固体遗弃物，是人类在生产过程和社会生活活动中产生的不再需要或没有“利用价值”而被遗弃的固体或半固体物质。废弃物是相对而言的概念，往往某一过程中产生的固体废物，可以成为另一过程的原料或转化为另一种产品，故又称为固体遗弃物。

固体废弃物是资源型工业生产过程中的一个重要方面，主要包括冶炼废渣、化工废渣、粉煤灰、放射性渣以及工业垃圾（切削、研磨的金属碎屑，废型砂，砖、瓦、混凝土碎块，废水处理的污泥）、食品工业废渣等。尤其是在采选业，固废的排放更加突出，一般用产生系数、排放量和废弃物的综合利用率来衡量。

云南资源型工业的固废产生系数基本保持在3吨/万元左右（图4-8），其中有色金属、黑色金属的固废产生系数比较稳定，基本保持在为2.8吨/万元左右；磷盐工业的固废产生系数最高，变动也比较大，约为4吨/万元；煤工业的固废产生系数下降最快，由2006年的最高值，约为4吨/万元，迅速下降到2010年的1.6吨/万元。从行业来看，资源型工业的固废产生系数主要是采选业，约为10吨/万元，是冶炼加工业的5倍。与其他省区相比，云南资源型工业的固废产生系数高于广西，低于江西，处于中间水平。

从固废综合利用率（图4-9）来看，云南资源型工业的固废综合利用率逐年提高，由2006年的37%增长到了2010年的50%。其中煤工业的固废综合利用率变动较大，但是总体保持在75%左右；黑色金属工业的固废综合利用率呈下降趋势，由2006年的75%左右下降到了2010年的60%；磷盐工业的固废综合利用率稳步上升，由2006年的28%增长到了2010年的36%；有色金属工业的固废综合利用率上升速度最快，由2006年的17%增长到了2010年的47%。从行业上看，资源型工业的固废综合利用率的上升主要集中在采选业，上升速度非常快，由2006年的25%上升到了2010年的44%；而冶炼加工业呈现缓慢上升

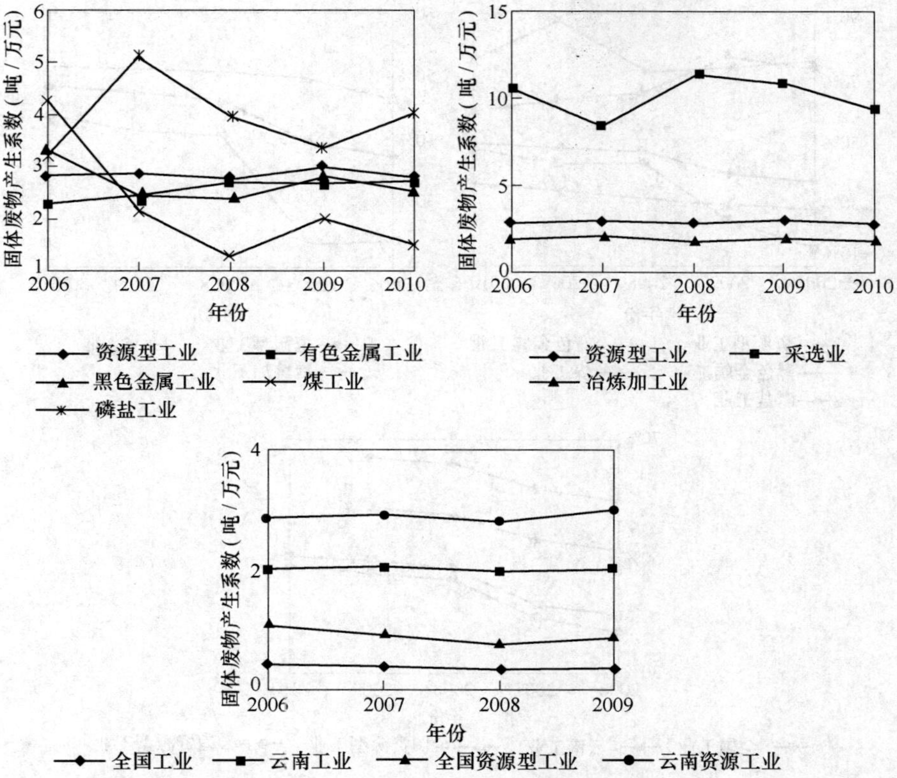


图 4-8 云南资源型工业固体废物产生系数

趋势，基本没有大的变化。

从固废排放量（图 4-10 和图 4-11）来看，云南资源型工业的排放量虽然在 2009 年有所反弹，但整体上表现为迅速减少的趋势，由 2006 年的 92 万吨迅速减少为 2010 年的 31 万吨。其中煤、磷盐、黑色金属的固废排放量基本保持在 5 万吨左右，有色金属工业固废排放量的减少最为迅速，但固废排放量最大，约占整个资源型工业固废排放量的 75% 左右。从行业来看，固废排放主要集中在采选业，是冶炼加工业的 5 倍左右；其中冶炼加工业的固废排放量基本保持在 5 万吨，采选业的固废排放量减少迅速，2010 年的固废排放量约是 2006 年的 1/3。

云南资源型工业部分企业没有固体废物，选矿剩余的固体物用于制造水泥、浇灌建筑材料、修筑公路、回填矿坑等。但也有部分小的私人企业，表示没有能力将废渣无污染地处理，而附近也没有专门的处理厂，只能简单堆放在厂内，甚至是随便掩埋到地底。

总的来看，云南资源型工业废水排放达标率较高，但低于广西、江西；废气

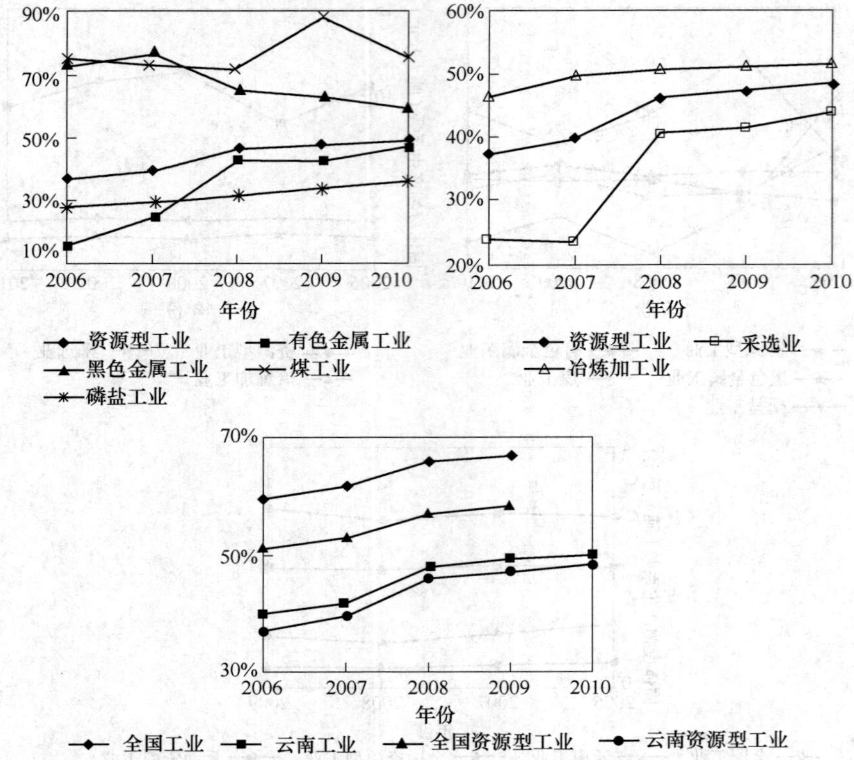


图 4-9 云南资源型工业固体废物综合利用率

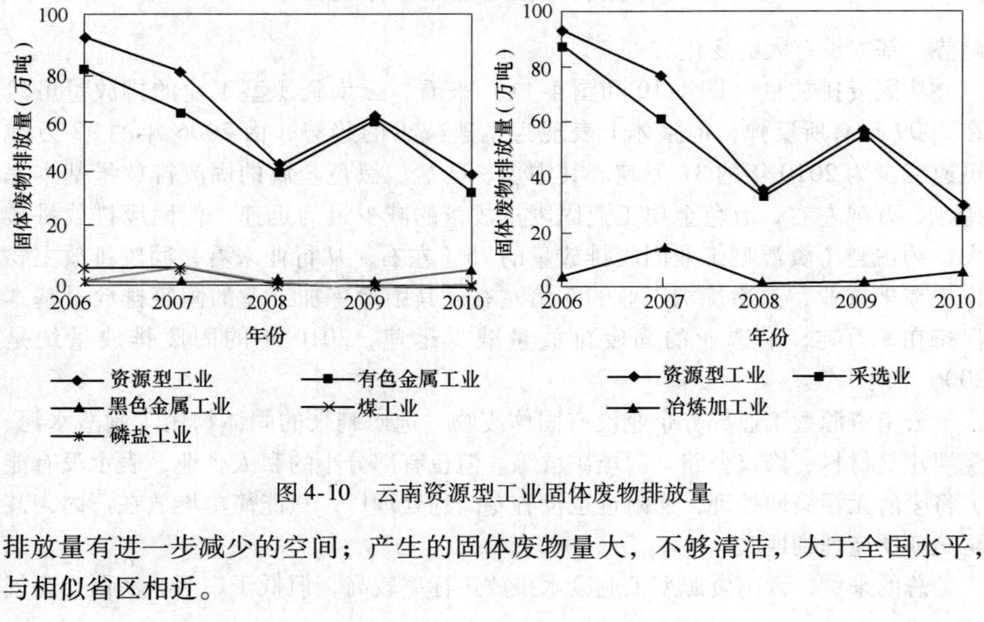


图 4-10 云南资源型工业固体废物排放量

排放量有进一步减少的空间；产生的固体废物量大，不够清洁，大于全国水平，与相似省区相近。

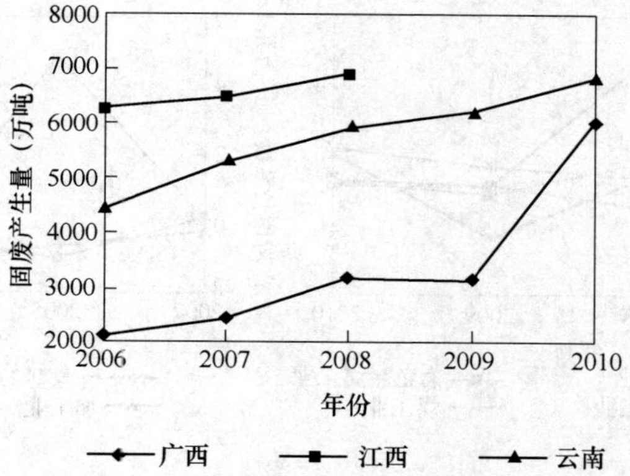


图 4-11 资源型工业固体废物产生量

总的“三废”的产生和排放是衡量资源型工业生产清洁程度的一个整体指标，主要的描述工具为产污系数，即生产单位产品主要（“三废”）污染物产生量；另外一个描述工具为产污增长系数，即“三废”中所有污染物年产生量增长率与产值增长率之比。

云南资源型工业的产污系数虽然有波动，但总体呈下降趋势，由 2006 年的 8.62 吨/万元下降到了 2010 年的 4.43 吨/万元，黑色金属、有色金属、煤、磷盐工业均呈下降趋势，2010 年均下降为 4 吨/万元左右，其中黑色金属工业的下降幅度最大，下降了 3/4，2010 年的产污系数为 3 吨/万元。从行业上来看，采选业的产污系数远远高于冶炼加工业，约是其 3 倍；采选业产污系数的下降速度最快，从 2006 年的 30 吨/万元下降到了 2010 年的 13 吨/万元。云南资源型工业的产污系数下降的空间已不大，基本停留在 4 吨/万元左右的水平（图 4-12 和图 4-13）。

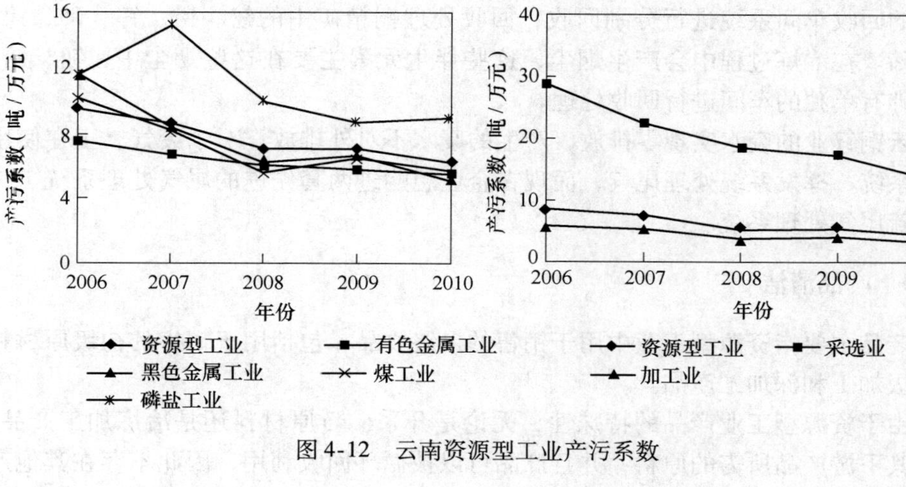


图 4-12 云南资源型工业产污系数

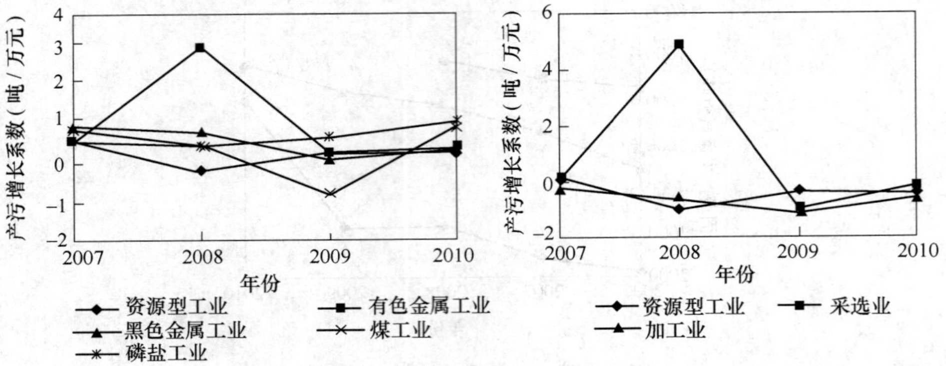


图 4-13 云南资源型工业产污增长系数

云南驰宏锌锗股份有限公司负责城市污水净化，处理后归企业使用，其污水处理能力为500立方米/小时，生产废水在厂区内循环利用，污水经过净化后用来浇花。在处理重金属沉淀生成的废渣时，对废渣厂做了防渗透措施；对于有价值的废渣，若提取成本低，就回收提取有价值的资源；其他无用的废渣采用膏体回填技术回填矿坑，另一部分废渣用来做铺马路的水泥。

马龙某铁矿选矿厂的水主要是由自己打井供给，水循环利用，不存在排放污水问题，在选矿厂的下面有个水沉淀池（水循环利用池），选矿剩余的固体物用于硅石浇灌建筑，也没有生产固体废物。

云铜冶炼总厂的废水已实现零排放，处理过的废水不会排放到外边，用来浇花或在不影响产品工艺、质量的前提下用来生产。对于废气的处理，还没有做到零排放，没有特别处理，只是进行回收，但国家技术标准越来越严格，现在冶炼厂投资5000多万元用于建设废气处理措施。堆存废渣通过回炉再炼或者消耗掉，其中有大部分外卖，用来做水泥、试剂等，小部分重新融化。除此外，公司还有单独的回收车间系统进行分别回收，回收处理铜精矿中的铋、铅、锌、砷、镍、硒、碲。在冶炼过程中会产生烟尘，这些伴生元素主要在这些烟尘中，铋、铅、锌、砷有单独的车间进行回收处理。

云铜锌业的废水实现零排放，产生的废水不对外排放。对于废气，正在使用硫酸系统、挥发系统处理尾气，而现在企业想购进两套先进的尾气处理系统、二氧化硫尾气处理系统。

### 4.1.3 产品清洁

产品主要指资源型工业中用于销售的最终物品，包括用于销售的初级原材料及初级加工和深加工产品。

由于资源型工业产品的特殊性，无论是开采矿石原材料还是冶炼加工产品，都是其下游产品所需的原料，并且产品可以被循环回收利用，因此不存在其他产品报废处理问题。并且资源型工业产品是大宗商品，如矿石、钢材，这些商品的销售不存在包装问题，更不会因包装给环境带来污染。因此，与其他产业相比，资源型工业产品是清洁的，具有竞争力。

产品的清洁主要集中在资源回收利用方面，可以用回收率来衡量。回收率是反映废弃物回收利用程度的指标，是企业经过各种回收装置回收的各种废弃物与废物产生量的比率。其计算公式是：

$$回收率 = (废物回收量/废物生产量) \times 100\%$$

我国废料回收利用比例较大，在再生铝企业中，一些规模较大的企业以往几乎依赖进口废料，但近几年，部分企业在国内采购的废铝量已上升到40%以上。这一变化，得益于国内废料回收体系的逐步建立，国内废料状况出现了实质性好转，国内废旧金属供应也逐渐趋于成熟。国内已经有区域性的废金属电子交易平台，主要分布在上海、浙江、宁波等地，还有一些区域正在筹建。这些电子交易平台以有色金属原料、半成品的储备及交易为核心。

云南铜业在加工利用方面，在再生铝领域，更多应用磁搅拌、蓄热燃烧技术，并开始逐步推行侧井炉、双室炉、循环泵；在再生铜领域，国内自主研发的回转式精炼炉、竖平炉也开始投建及应用；在再生铅领域，企业自主研发的节能环保短窑和废铅酸蓄电池破碎分选国产化设备得到应用，并有多个废铅酸蓄电池环境治理与综合利用项目正在建设。禄丰某加工厂生产的缸套产品总质检废品率在7%左右，对于有缺陷的产品，通过回炉再炼进行消化，因此没有废物产生。

## 4.2 安全

安全是指不受威胁，没有危险、危害、损失。人类整体与生存环境资源和谐相处，互相不伤害，不存在危险、危害隐患，是免除了不可接受的损害风险的状态。安全是在人类生产过程中，将系统的运行状态对人类的生命、财产、环境可能产生的损害控制在人类能接受水平以下的状态。

资源型工业的安全从生产安全和经济安全两方面分析，既要保障资源在生产过程中不存在不安全因素，又要保障要素及在外部市场不受威胁。

### 4.2.1 生产安全

生产安全是指生产过程中人身、设备等的安全，一般叫做安全生产。《辞海》中将安全生产定义为：安全生产是指预防生产过程中发生人身、设备事故，形成良好劳动环境和工作秩序而采取的一系列措施和活动。

国务院办公厅2011年发布的安全生产“十二五”规划目标为：到2015年，企业安全保障能力和政府安全监管能力明显提升，各行业（领域）安全生产状况全面改善，安全监管监察体系更加完善，各类事故死亡总人数下降10%以上，工矿商贸企业事故死亡人数下降 12.5% 以上，较大和重大事故起数下降 15% 以上，特别重大事故起数下降 50% 以上，职业危害申报率达 80% 以上，《国家职业病防治规划（2009 ~2015 年）》设定的职业安全健康目标全面实现，全国安全生产保持持续稳定好转态势，为到 2020 年实现安全生产状况根本好转奠定坚实基础。部分安全生产规划指标如图 4-14 所示。

（1）亿元国内生产总值生产安全事故死亡率下降 36% 以上。
（2）工矿商贸就业人员十万人生产安全事故死亡率下降 26% 以上。
（3）煤矿百万吨死亡率下降 28% 以上。
（4）道路交通万车死亡率下降 32% 以上。
（5）特种设备万台死亡率下降 35% 以上。
（6）火灾十万人口死亡率控制在 0.17 以内。
（7）水上交通百万吨吞吐量死亡率下降 23% 以上。
（8）铁路交通 10 亿吨公里死亡率下降 25% 以上。
（9）民航运输旅客公里死亡率控制在 0.009 以内。

图 4-14 部分安全生产规划指标

在生产活动中，由于在某些作业环境中存在对劳动者安全与健康不利的因素，或者因设备和工具不完善，工艺过程、劳动组织和操作方法存在缺陷，可能引起各种伤亡事故。本书从技术安全、操作安全、环境安全三个方面分析云南资源型工业的生产安全。

#### 4.2.1.1 技术安全

技术安全是指技术本身是否存在不安全因素。一般说来，设备在设计的时候就已经考虑到了安全问题，技术本身一般不存在安全问题。

#### 4.2.1.2 操作安全

操作安全主要指在生产过程中，员工是否遵守生产操作规程，公司是否有措施使员工遵守安全操作规程。安全操作规程的内容要结合设备实际运行情况，突出重点，文字力求简练、易懂、易记。条目的先后顺序力求与操作顺序一致。

在安全生产管理方面，昆钢集团按照母公司昆钢控股公司制定的安全生产费用管理、安全生产事故隐患排查治理、安全生产责任、职工伤亡事故管理、安全教育培训管理、外围工作安全管理、反三违考核等一系列规章制度，从安全生产的管理、预防、培训、考核等方面进行管理。同时，公司根据国家相关规定，按标准计提安全生产费。

驰宏锌锗结合公司自身特点开展多种多样的安全生产活动，来减少安全隐患事故对员工生命、健康的危害。按照安全专项费用提取和使用政策的规定，通过引进先进的工艺设备技术对公司重大危险源点、关键装置、安全监测监控系统等方面进行改造，使安全生产条件及事故防控能力得到进一步改善和加强。完善了应急救援预案，加强了应急能力建设，开展了应急演练，健全了突发事件的预测、预防、预警工作机制和应急培训，以此提高全体员工的日常安全生产意识和防灾、避灾、自救、互救能力。

云锡公司提高安全生产的措施主要有：（1）工程防护。抓好井下作业现场治理和整改，开掘通风巷道，采取机械通风的办法改善作业现场通风条件，封闭废旧巷道和采空区，最大限度地降低作业环境粉尘、氡及氡子体致癌物质的浓度。（2）技术防护。依靠科技进步，提高职业安全卫生水平。采用保护劳动者健康的新技术、新工艺、新材料、新设备，加强措施工程（工艺）改造，如：在矿山生产单位研究推广和应用多风机、多级站矿井通风技术，降低粉尘浓度；在冶炼生产单位应用新技术、新设备，既提高了劳动生产率，又改善了作业现场的职业安全卫生条件。（3）系统防护。一是加强职工劳动保护宣传力度，增强职工自我防护意识。二是坚持自我防护与组织防护相结合。三是开展生产一线建“小家”竞赛活动。四是组织职工疗休养。五是职业检查形成规范和制度化。六是关心、关爱和帮扶职业病患职工。

云铜集团 2011 年有在册员工 2 万余人，从业人员约 3 万余人，其中有全国注册安全工程师 120 余人；企业安全领导干部 456 人，持证率达 100%；有专职安全管理人员 563 人，占员工总数的 17%；有兼职安全管理人员 916 人，占员工总数的 28%，专兼职安全管理人员持证率达 99.8%。2010 年，云铜集团安全生产费用为 1.6 亿余元，缴存安全生产风险抵押金共 1012.91 万余元，高危行业人员 7200 余人购买意外伤害保险 612.2 万余元，重点加大矿山通风系统、提升系统、运输系统、尾矿库、渣场、采空区、氨站、氧站等重大危险源及危险化学品系统的投入。

通常企业都清楚自己公司的操作安全问题所在，并都会采取相关措施进行管理和预防，如某公司成立了 EHS 部（环境 environment、健康 health、安全 safety），专门负责存在安全隐患的部位，同时参照 ISO 14000、ISO 28000 标准编制本公司的安全生产体系，每个月都有相关的安全培训，每个车间都有相应的安全管理要求，有专门的安全生产牌。云南东源煤电股份有限公司主要从事煤炭开采和洗选，洗选主要采用重介质方法，现阶段所使用的技术比较安全，不存在安全隐患，操作简单容易。马龙某选矿厂采用全磁选机设备，不存在技术安全问题，也不存在操作问题，工人就在机器附近的房子内观察机器是否发生故障。云南钛业工作人员介绍，员工只要按照章程和规定操作，是不会出现工伤的，倘若违反规定，最严重的可能造成死亡，公司对安全生产非常重视，员工的劳保用品必备，成立了专门的安全生产管理部门。就安全生产而言，还没有由于设备缺陷或者操作致死或导致人身伤害的案例，设备一般还是比较安全的。

4.2.1.3 环境安全

广义的环境安全是指人类赖以生存发展的环境处于一种不受污染和破坏的安全状态，或者说人类和世界处于一种不受环境污染和环境破坏危害的良好状态，它表示自然生态环境和人类生态意义上生存和发展的风险大小。本书的环境安全指的是生产环境安全，例如采矿环境是否安全、工厂厂址是否安全、工作间的环境是否安全等。

采矿与选矿过程中生成的有毒有害气体、废水、废石和粉尘等物质以及噪声和振动等因素，不仅会对整个矿区周围的大气、水质和土壤等造成危害，还直接影响作业环境的工作条件。废石堆、尾矿库、储水池和露天矿边坡的崩落，地下采空区内的岩石塌陷以及爆破形成的飞石和冲击波都直接威胁着矿区周边人员的安全。

2010 年，云南省煤矿共发生死亡事故 57 起，死亡 104 人，同比事故起数减少 17 起，死亡人数减少 14 人，事故起数下降 22.97%，死亡人数下降 11.86%。其中：发生较大事故 10 起，死亡 50 人，同比事故起数增加 3 起，死亡人数增加 26 人，事故起数和死亡人数分别上升 42.86% 和 108.33%；无重大事故发生，同比事故起数减少 2 起，死亡人数减少 21 人。全省煤矿百万吨死亡率为 1.066%。

云南省安全监管局 2011 年出台《关于建设完善金属非金属地下矿山安全避险六大系统的实施意见》，建设监测监控、人员定位、通信联络、紧急避险、压风自救和供水设施六大系统。云南省将依托安全生产在线监控系统，对各地下矿山企业监测监控、人员定位和通信联络三个系统实行联网。建设完善压风自救和供水施救系统，压风管道和供水管道要采用钢质材料或其他具有同等强度的阻燃材料，并延伸到井下采掘作业场所、紧急避险设施、爆破时撤离人员集中地点等主要地点。建设完善紧急避险系统，合理设置避灾路线、科学制订应急预案、确保避灾路线和安全出口畅通有效、应急预案切实可行。省安监局要求各矿山企业为入井人员配备额定防护时间不少于 30 分钟的自救器，督促所有入井人员随身携带，并按入井总人数的 10% 配备备用自救器。

一般来说，碎矿车间灰尘较大，浮选车间气味比较大，还有些化学物质是不安全的，可能产生有毒气体，从而危害人体健康。还有些车间的噪声比较大。

例如，在某铸造车间，厂房破旧，满地机油，地面变黑，有强烈的刺激性味道，工人生产环境不好，但是没有剧毒等有害物质，不至于严重伤害到工人身体健康。某冶炼厂在生产过程中会产生铅、砷，长期在这种环境下工作会对身体有伤害。某小选矿厂是一个露天选矿厂，由于春季风大，生产厂周围灰尘很大。某锌业企业生产环境有改善，患职业病的职工基本没有了；电解用直流电，辐射大，职工全定期做体检；由于铅容易挥发，容易形成颗粒分布在空气中，吸食铅会造成铅中毒，但只要严格按照操作规程，带上劳动防护用品就可以防护，但也会因个人体质问题出现铅中毒情况；铅锌矿中含有剧毒砷，有可能会造成砷中毒，但正常情况下按操作规程即可避免中毒，砷中毒的案例很少见。

云南主要是有色金属矿山，埋藏位置一般在比较稳固的岩体之中，相对来说生产环境比较安全。黑色金属和磷盐工业主要是露天开采，生产环境一般也比较安全。煤工业的生产环境相对不安全。一般说来，云南资源型工业的生产环境安全相对较好。

云南资源型工业存在的生产环境安全问题主要有：(1) 大部分矿山处于人迹罕至的高山深谷之中，存在交通安全、洪水滑坡泥石流安全隐患。(2) 露天开采造成的高陡边坡容易造成滑塌，易受高处落物威胁。(3) 坑道开采由于围岩不稳定容易造成塌方，瓦斯等易燃易爆性气体容易造成人身伤害，地下水容易造成透水事故。(4) 资源型工业的粉尘、尾气等容易危害人体健康。(5) 少数矿山具有放射性危害。

生产安全主要是体现在操作安全和环境安全上，技术的安全在设计时就已经考虑，一般造成技术不安全的原因主要是技术设计者的操作习惯与一般公司操作人员的习惯不一致，因此应把重点放在操作和环境上来。

目前生产线的自动化程度越来越高，需要的操作人员越来越少，因此只要按照规范操作就是安全的。关键是企业应该重视操作安全问题，对操作安全的行为和人员给予奖励，对操作不安全者予以严厉的批评和惩罚，形成操作安全的氛围，减少操作安全事故的发生。

### 4.2.2 经济安全

对于资源型工业来说，影响其经济安全发展的因素主要是生产要素供给安全和市场安全。本书侧重于原材料和市场安全分析。

#### 4.2.2.1 原材料安全

原材料即原料和材料。在加工业中，一般将来自采掘业和农业的未经加工的物品称作“原料”，把经过加工的原料称作“材料”。如铁矿石是冶炼钢铁的原料，钢铁是其他加工业的材料。原材料是生产要素的一种，是物的生产要素。原材料是大部分工业企业进行生产的物质基础，对于这部分企业来说，离开原材料也就意味着无法进行生产经营活动。

原材料的安全指的是采选、冶炼、加工各个环节对其上游产业链有较强的影响力或者控制力。具体说来，首先是采选业能控制资源的开采；其次是冶炼有原料可以用；最后是冶炼环节的材料供给能满足加工环节的材料需求。

从成矿潜力来看，云南的成矿地质条件好，西部处于“三江”成矿省核心区，东部处于上扬子成矿省西部，成矿潜力巨大。三江地区形成了各具特色的矿床成矿系列类型，如铁铜铅锌银金、铅锌银、铬铁矿、铜钼多金属、锡钨多金属、煤—砂岩铜矿—盐类成矿系列类型等，已发现黑色、有色和贵金属及非金属矿产30多种，其中铜、铅锌、银、金、锡为优势矿种，有中国最大的铅锌矿（兰坪金顶）和锗铀矿（临沧），有腾冲—梁河锡—稀有金属矿集区、哀牢山金矿集区以及羊拉铜多金属矿集区。上扬子成矿省内矿产丰富，类型齐全，勘查工作程度总体上东高西低，规模达大型以上的著名矿床有大红山铜铁矿、东川铜矿、鲁甸乐马厂银矿、个旧锡矿、白牛厂银矿、大厂式锡多金属矿等，属全国主要的矿产富集区之一（图4-15）。

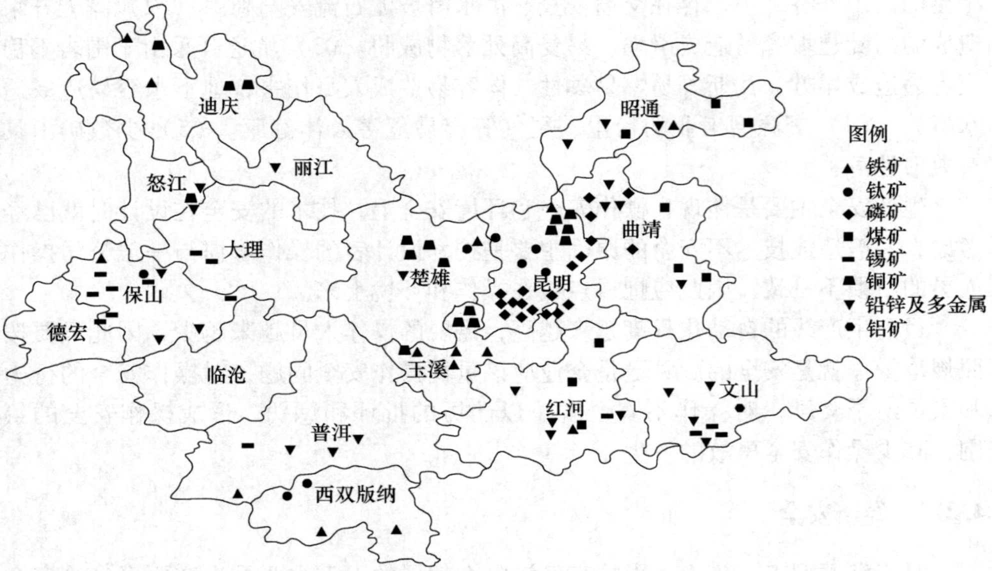


图4-15 云南主要矿产资源分布示意图

从矿产资源储量来看。云南矿产资源蕴藏非常丰富，有142种，是我国主要矿区之一。能源矿产有2种，矿区375处，其中大型矿区10个；黑色金属矿产有5种，矿区353处，其中大型矿区29个；有色金属矿产有12种，矿区353处，其中大型矿区29个；稀有稀土分散元素矿产有14种（包括锗、镓、铟等），矿区14处，其中大型矿区2个；化工原料非金属矿产有9种，矿区103处，其中大型矿区38个。根据《云南省矿产资源总体规划（2008～2015）》，云南省有62种固体矿产保有资源储量排在全国前十位，其中能源矿产1种，金属矿产29种，非金属矿产32种，排在第一至第三的矿产中，磷、铅、锌、锡、铜、镍、铂族金属、金银、钛铁矿、铟、锗是云南省既有资源优势、又有开发优势的矿产资源。铊、镉、镓等“小金属”也排在全国前5位。铝土矿是云南省新探明储量增长较快的矿种，开发前景较好（表4-3）。

表 4-3　云南省主要矿产资源储量

| 序号 | 矿产 | 矿区数 | 储量 | 基础储量 | 资源量 | 资源储量 | 居全国位次 |
|---|---|---|---|---|---|---|---|
| 1 | 煤炭 | 375 个 | 52 亿吨 | 80 亿吨 | 191 亿吨 | 271 亿吨 | 7 |
| 2 | 铁（矿石） | 111 个 | 2.9 亿吨 | 4.4 亿吨 | 31.3 亿吨 | 35.7 亿吨 | 5 |
| 3 | 锰（矿石） | 24 个 | 0.5 千万吨 | 0.9 千万吨 | 8.3 千万吨 | 9.2 千万吨 | 3 |
| 4 | 铜（矿石） | 174 个 | 0.2 千万吨 | 0.3 千万吨 | 0.7 千万吨 | 1.0 千万吨 | 3 |
| 5 | 铅（矿石） | 112 个 | 0.2 千万吨 | 0.3 千万吨 | 0.4 千万吨 | 0.7 千万吨 | 1 |
| 6 | 锌（矿石） | 106 个 | 0.8 千万吨 | 1.4 千万吨 | 0.6 千万吨 | 2.0 千万吨 | 1 |
| 7 | 铝土矿（矿石） | 29 个 | 1.4 千万吨 | 2.0 千万吨 | 7.7 千万吨 | 9.7 千万吨 | 5 |
| 8 | 锡（矿石） | 69 个 | 0.3 百万吨 | 0.6 百万吨 | 0.7 百万吨 | 1.3 百万吨 | 1 |
| 9 | 钛铁砂矿（矿石） | 11 个 | 0.16 千万吨 | 0.2 千万吨 | 1.0 千万吨 | 1.2 千万吨 | 2 |
| 10 | 锗（金属量） | 15 个 | 0.28 千吨 | 0.3 千吨 | 0.6 千吨 | 0.9 千吨 | 3 |
| 11 | 镓（金属量） | 29 个 | 0.05 千吨 | 0.1 千吨 | 8.3 千吨 | 8.4 千吨 | 5 |
| 12 | 铟（金属量） | 15 个 | 2 吨 | 8 吨 | 4000 吨 | 4000 吨 | 1 |
| 13 | 钼（金属量） | 10 个 | 2.6 千吨 | 3.9 千吨 | 102 千吨 | 106 千吨 | — |
| 14 | 铊（金属量） | 5 个 | — | — | 7.5 千吨 | 7.5 千吨 | 1 |
| 15 | 钪（金属量） | — | — | — | — | — | — |
| 16 | 镉（金属量） | 20 个 | 25.5 千吨 | 57.4 千吨 | 109.6 千吨 | 167 千吨 | 1 |
| 17 | 磷（矿石） | 61 个 | 3.2 亿吨 | 7.8 亿吨 | 32.5 亿吨 | 40.3 亿吨 | 1 |
| 18 | 钾盐（KCl） | 1 个 | 14 万吨 | 48 万吨 | 1601 万吨 | 1649 万吨 | 3 |
| 19 | 盐矿（NaCl） | 15 个 | 10 亿吨 | 41 亿吨 | 102 亿吨 | 143 亿吨 | 4 |

资料来源：云南省矿产资源总本规划 2008 ~2015。

从云南资源型工业企业的具体情况来看：

云铜。云铜集团公司现拥有玉溪矿业、金沙矿业、楚雄矿冶、凉山矿业、星焰有色、景谷矿业、迪庆矿业、弥渡九顶山、云铜马关等大中型开采矿山，正在建设磨憨铜矿等多个矿山。云铜集团累计投入勘查资金 6.8 亿元，探获 334 铜资源量 756 万吨，333 铜资源量 577 万吨、铅锌资源量 10 万吨，获得探矿权 69 个，采矿权 36 个；投入开发资金 20 多亿元，启动了羊拉、大坪掌、雪鸡坪、淌塘、景谷等多个大中型矿山的开发建设，全集团现已保有铜资源储量超过 750 万吨。云南铜业集团采取股份合作制的方式整合了迪庆羊拉铜矿，同时收购省内其他金属矿产出的铜精矿以及小冶炼厂的粗铜，全省电解铜全部集中到云铜集团，已探明的保有资源储量中 60% 的铜资源集中到了云铜集团。云铜的资源自给率很低，在30%左右（江铜为20%左右），但在我国5大铜生产企业（江铜股份、铜陵有色、云铜集团、金川集团、大冶有色）中最高（图4-16、表4-4）。

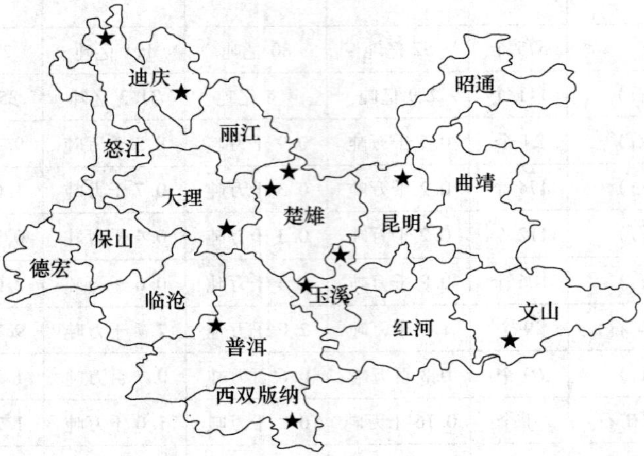


图4-16 云铜集团省内矿山分布示意图

**表4-4 2010年国内主要铜企业分类别排名**

| 企业名称 | 铜矿储备（万吨） | 排名 | 自产矿铜（万吨） | 排名 | 精炼铜（万吨） | 排名 | 自给率（%） | 排名 |
|---|---|---|---|---|---|---|---|---|
| 江铜股份 | 1661.00 | 1 | 17.23 | 1 | 90.21 | 1 | 19.10 | 2 |
| 铜陵有色 | 324.00 | 4 | 6.20 | 3 | 81.26 | 2 | 7.63 | 4 |
| 云铜集团 | 700.00 | 2 | 9.72 | 2 | 32.98 | 4 | 29.56 | 1 |
| 金川铜业 | 343.00 | 3 | 4.15 | 4 | 38.54 | 3 | 10.77 | 3 |

资料来源：云南铜业（集团）有限公司2011年度第一期短期融资券募集说明书。

云锡。截至2010年年底，云锡公司保有锡资源储量56.9万吨，约占我国储量的36%、世界储量的10%。2010年，公司锡产品产量为5.92万吨，约占国内产量的39.61%，世界产量的16.84%。云南省的锡资源主要分布在文山地区、滇西地区，云锡集团已经基本控制该地区的锡资源。全省探明保有资源储量中74%的锡资源集中在云锡集团。云锡精锡产量占全国的50%，资源储备较为丰富，云锡锡矿石自给比例约为40%左右，其余通过省内周边地区采购。云锡集团其他有色金属原材料（矿石）自给率达到100%（表4-5）。

云冶。截至2009年年底，云冶集团共拥有铅锌矿石量3744万吨，保有金属量207万吨，保有资源储量1780万吨，占全省的66%，文山铝土矿项目已探明储量1.3亿吨，锰保有资源储量为896万吨，占全省10%左右，钛保有资源储量65万吨，占全省5%左右。云冶集团的资源储备与原材料自给能较好地满足冶炼产量的需求，但是离冶炼产能的需求还有较大的距离（表4-6）。

表 4-5 2011 年我国精锡产地分布情况

| 年份 | 全国产量（万吨） | 湖南产量（万吨） | 占比（%） | 广西产量（万吨） | 占比（%） | 云南产量（万吨） | 占比（%） |
|---|---|---|---|---|---|---|---|
| 2005 | 11.95 | 1.6 | 13 | 3.51 | 29 | 6.43 | 54 |
| 2006 | 13.8 | 1.97 | 14 | 3.21 | 23 | 8.16 | 60 |
| 2007 | 15.13 | 2.61 | 17 | 3.42 | 23 | 7.99 | 53 |
| 2008 | 12.9 | 2.31 | 18 | 1.96 | 15 | 6.98 | 54 |
| 2009 | 13.44 | 2.25 | 16 | 2.48 | 18 | 7.46 | 55 |
| 2010 | 14.94 | 3.22 | 21 | 2.88 | 19 | 7.53 | 50 |

资料来源：广西有色金属集团有限公司 2011 年度第一期短期融资券募集说明书。

表 4-6 云冶集团 2011 年 6 月末主要原材料的自给率 （%）

| 矿 种 | 资源自给率 | |
|---|---|---|
| | 按冶炼产能计算 | 按冶炼产量计算 |
| 铅矿 | 49.29 | 49.56 |
| 锌矿 | 64.54 | 61.33 |
| 锰矿 | 33.48 | 63.32 |
| 钛铁砂矿 | 3.23 | 100 |
| 硅矿 | 100 | 100 |

资料来源：云南冶金集团股份有限公司 2012 年度第一期中期票据募集说明书。

昆钢。随着昆钢资源整合力度的不断加大，各矿山的发展速度不断加快，规模也随之扩张，大红山铁矿铁矿石储量为 4.5 亿吨，占当前昆钢保有储量的 90.4%，至 2009 年已拥有多个自营和控股的铁矿山，铁矿保有储量近 8 亿吨，占云南省的 20% 左右。

云天化。云天化集团是拥有稀缺资源最丰富的化工公司，其已取得采矿权证的磷矿资源为 5 亿 ~ 6 亿吨，长期储量超过 15 亿吨；下属子公司中寮矿业在老挝拥有 8.5 亿吨钾盐资源；集团及上市公司拥有 9 亿吨煤矿资源。集团拥有 1000 万吨磷矿，500 万吨磷肥产能。经过云南省近几年的行政性整合，云天化集团拥有的磷矿资源量占到云南省的六成，占云南已颁发采矿权磷矿的比例超过 50%。

云煤。云南煤化集团煤炭资源控制量约为 35 亿吨，所属煤矿拥有煤炭保有资源量 15.67 亿吨，控制了云南省 13% 的煤炭资源量，实际直接占有 6%，煤炭资源不是很充足，因此很多“十二五”规划的项目到现在还没能启动。

云南锗业。云南锗业拥有大寨锗矿等云南临沧地区的特大优质锗矿，合计资源储量超过 720 吨，占云南省的 77%，占中国锗金属保有储量 19.7%，全球占比为 8%。

云铝原材料供给全部依靠对外采购。

从开采运输条件来看（图4-17），云南铁路以昆明为中心，有12铁路、7条国道、7条高速公路、61条省道连接省内及国内外各大中城市。但云南省地形极为复杂，有84%多的面积是山地，决定了公路、铁路建设的成本高，其次是导致了公路、铁路的运输速度较慢，运输条件先天不利。矿物的运输主要还是依靠铁路和水运，公路运输的成本过于高昂，云南省的铁路网最近的出海口主要是南昆线，但是从南宁到北部湾的防城港、钦州、北海等出海口城市的铁路并非干线网。而过境越南面临不可控的风险因素和较烦琐的手续，铁路网后天规划不足。但是云南矿产资源与交通设施耦合度高，整体开采运输条件较好，是安全的。

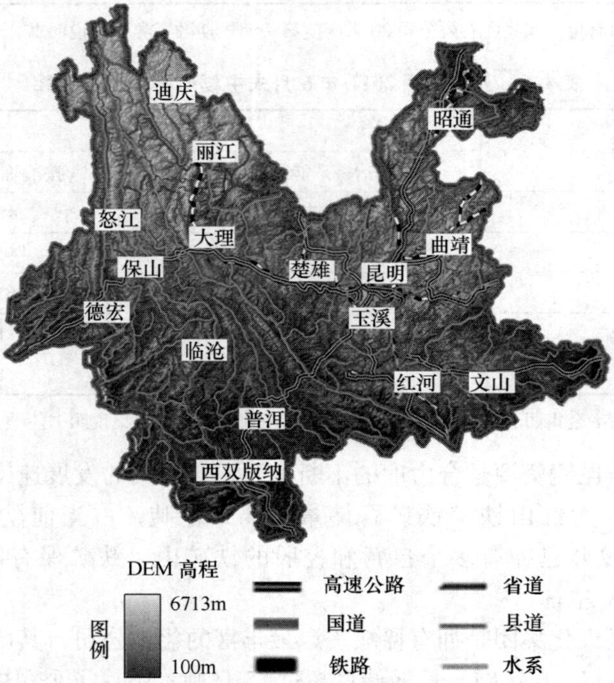


图4-17 云南地形交通示意图

从矿石和矿产品来看，近10年间云南矿石的产量供给不稳定，部分矿种波动较大（表4-7）。具体说来，铁矿石原矿、锰矿石成品矿、硫铁矿（折S 35%）、磷矿石（折$P_2O_3$30%）、生铁、铜、原铝、铅、锌、黄磷增长较快；铜选矿产品、锡选矿产品增长缓慢；铅选矿产品、锌选矿产品、锡、锑不稳定，前期有增长甚至增长较快，后期产量降低。生铁、钢材等建筑业相关的产品整体上是大幅度增长；合成氨、氮肥、磷肥等相对来说增长较慢。云南资源型工业矿石供应量远远满足不了需求，尤其是有色金属矿石供不应求。从短期来看，矿石供应进一步提升的空间有限，而且新发现的矿床到投产需要一个周期过程，因此是不安全的；但是从长远来看，企业海外、省外找矿步伐加快，资源使用效率的提高、技术的进步等，应是处于基本安全状态。云南资源型工业的材料可以满足云南的需求，实际上省内需求不足，主要是供向省外或国外，材料供给是安全的。

**表 4-7 云南主要矿产品产量** （万吨）

| 年 份 | 2000 | 2005 | 2006 | 2007 | 2008 | 2009 | 2010 |
|---|---|---|---|---|---|---|---|
| 原煤 | 2215.61 | 6462.14 | 7339.08 | 7755.19 | 8657.43 | 8921.02 | 9763.38 |
| 洗精煤 | 207.71 | 488.10 | 683.23 | 670.91 | 871.47 | 826.25 | 990.63 |
| 焦炭 | 359.87 | 1213.72 | 1233.67 | 1184.40 | 1391.60 | 1456.52 | 1607.26 |
| 铁矿石原矿量 | 503.53 | 983.7 | 1515.38 | 1847.94 | 2103.04 | 2257.02 | 2464.52 |
| 锰矿石成品矿 | | | | | 59.55 | 105.66 | 140.74 |
| 铜选矿产品含铜量 | 9.20 | 13.27 | 19.51 | 24.83 | 24.44 | 21.49 | 28.35 |
| 铅选矿产品含铅量 | 13.86 | 10.98 | 15.29 | 11.10 | 15.86 | 12.89 | 13.16 |
| 锌选矿产品含锌量 | 22.04 | 50.49 | 62.77 | 61.16 | 77.52 | 62.26 | 60.62 |
| 锡选矿产品含锡量 | 4.31 | 4.06 | 3.93 | 4.41 | 4.7 | 5.47 | 4.83 |
| 硫铁矿（折 S 35%） | 14.5 | 30.69 | 40.46 | 51.27 | 44.64 | 38.37 | 66.45 |
| 磷矿石（折 $P_2O_3$30%） | 921.11 | 1065.95 | 1413.6 | 1488.11 | 1883.19 | 2134.32 | 2315.69 |
| 原盐 | 49.43 | 67.78 | 79.55 | 82.87 | 93.33 | 89.19 | 123.76 |
| 十种有色金属 | 74.85 | 147.44 | 206.85 | 233.77 | 216.75 | 215.80 | 240.34 |
| 铜 | 16.06 | 32.41 | 37.01 | 40.17 | 31.35 | 29.86 | 34.09 |
| 原铝 | 13.83 | 39.26 | 46.57 | 57.87 | 53.11 | 60.75 | 67.61 |
| 铅 | 16.24 | 25.36 | 47.43 | 45.67 | 40.07 | 36.08 | 38.01 |
| 锌 | 23.50 | 41.97 | 65.91 | 79.11 | 80.76 | 79.06 | 89.13 |
| 锡 | 4.73 | 6.89 | 8.15 | 8.19 | 7.39 | 7.47 | 7.53 |
| 锑 | | | | | 2.62 | 2.29 | 2.45 |
| 黄磷 | | | | | 35.23 | 43.28 | 41.18 |
| 生铁 | 309.42 | 845.92 | 935.1 | 1202.77 | 1180.52 | 1294.3 | 1337.31 |
| 粗钢 | 183.71 | 513.41 | 635.38 | 883.85 | 901.31 | 1049.05 | 1293.77 |
| 钢材 | 183.71 | 486.93 | 588.06 | 789.99 | 836.62 | 973.3 | 1214.99 |
| 中小型型钢 | | | | | 9.53 | 12.42 | 37.37 |
| 棒材 | | | | | 95.77 | 155.9 | 220.25 |
| 钢筋 | | | | | 322.49 | 354.2 | 389.98 |
| 盘条（线材） | | | | | 249.85 | 284.6 | 319.78 |
| 中板 | | | | | 20.15 | 11.21 | 12.94 |
| 铁合金 | | | | | 63.10 | 73.02 | 78.80 |
| 合成氨 | 129.45 | 177.17 | 183.79 | 193.64 | 178.81 | 168.18 | 201.48 |
| 化肥（折 100%） | 197.22 | 265.84 | 305.04 | 317.64 | 338.27 | 356.73 | 363.97 |
| 氮肥 | 96.69 | 123.88 | 136.98 | 130.46 | 143.53 | 147.55 | 124.35 |
| 磷肥 | 100.45 | 141.96 | 168.06 | 185.80 | 194.72 | 209.18 | 239.62 |

资料来源：云南统计年鉴 2001 ~ 2011。表中铜选矿产品含铜量等指的是矿石中的含铜量；十种有色金属下面的二级科目的铜、原铝等指的是金属的产量。

云南资源型工业的资源储量无论从成矿潜力、矿产资源种类和储量、开采与运输条件上都是安全的，同时矿石和材料也都是安全的，因此整体上云南资源型工业原材料是安全的。

4.2.2.2 市场安全

市场是买卖双方相互作用并得以决定其交易价格和交易数量的一种组织形式或制度安排，可以从买卖双方（即供需关系）和交易行为来理解。

本书主要分析云南资源型工业的市场供需安全，从进出口和省内外贸易两个角度进行探讨。

总体上，云南资源型工业出口对外依存度在逐年下降，主要是因为国内经济发展对矿业产品需求增加，同时国外爆发金融危机，影响到实体经济，需求减少。分部门来看，采选业出口依存度最小，冶炼加工业次之，主要是意识到矿产资源的稀缺性，控制了矿石出口，尤其是部分战略性资源的出口；分行业来看，最高的是磷盐工业，磷盐工业的出口逐年增加，主要原因是国外农业化肥需求的增加，其次是有色金属、黑色金属和煤工业，主要原因在于国内的需求增长，而致使出口减少（图4-18）。

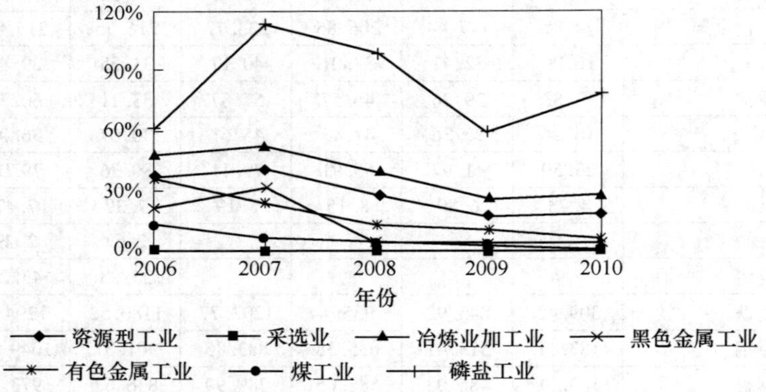


图4-18 云南资源型工业出口对外依存度

进口对外依存度在逐年下降，主要是因为技术设备等购进随着企业技术水平提高也逐渐减少，同时企业加大了在省内找矿、新建矿场的步伐。分部门来看，采选、冶炼都在减少，但是采选业的对外依存度仍然很高，年均达到了100%，主要是因为云南省的矿产资源储量在逐渐下降，旧矿回采的成本高，而部分矿种必须外出购买，同时国内对矿业产品的需求持续旺盛，从而导致矿石进口居高不下，尤其是铜矿和铝土矿，基本上靠进口；分行业来看，黑色金属工业对外依存度变化不大，有色金属工业稳中有升，煤工业和磷盐工业快速下降，主要是因为云南省黑色金属的产量相对来说较少，比如铁矿石原矿产量主要是在河北、辽宁和四川，而有色、磷盐是云南省主要矿产品之一，这些矿产品近几年价格不稳定，政府进行了战略收储，一定程度上导致了外出购买的增加（图4-19、表4-8）。

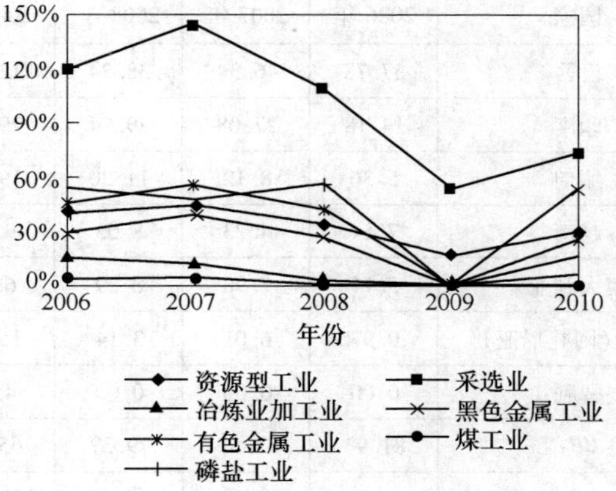


图4-19 云南资源型工业进口对外依存度

**表4-8 云南资源型工业对外依存度** （%）

| 类别 | 年份 | 资源型工业 | 采选业 | 冶炼业加工业 | 黑色金属工业 | 有色金属工业 | 煤工业 | 磷盐工业 |
|---|---|---|---|---|---|---|---|---|
| 出口 | 2006 | 37.20 | 0.72 | 48.59 | 22.03 | 35.45 | 13.68 | 61.39 |
| | 2007 | 40.59 | 0.49 | 53.68 | 31.09 | 24.17 | 7.34 | 112.98 |
| | 2008 | 28.13 | 0.86 | 38.93 | 3.88 | 12.77 | 4.81 | 98.12 |
| | 2009 | 18.17 | 0.36 | 26.72 | 3.62 | 11.06 | 1.92 | 59.04 |
| | 2010 | 19.12 | 0.28 | 28.67 | 3.82 | 5.79 | 2.04 | 77.96 |
| 进口 | 2006 | 41.09 | 119.36 | 16.64 | 28.57 | 46.74 | 5.17 | 53.64 |
| | 2007 | 45.10 | 145.18 | 12.44 | 40.16 | 55.02 | 5.31 | 48.00 |
| | 2008 | 34.05 | 109.98 | 3.98 | 27.42 | 43.11 | 0.20 | 57.66 |
| | 2009 | 17.45 | 53.81 | 0.00 | 0.00 | 0.00 | 0.50 | 0.00 |
| | 2010 | 29.02 | 73.39 | 6.53 | 25.85 | 53.89 | 0.44 | 16.65 |

资料来源：云南省进出口贸易海关统计（十一五）、云南统计年鉴2012。

注：云南资源型工业对外依存度的计算缺失部分统计数据，其中，黑色金属矿采选业缺失2008～2010年出口数据，2009年进口数据；有色金属矿采选业缺失2008、2010年出口数据，2009年进口数据；非金属矿采选业缺失2008年进口数据；石油、炼焦及核燃料加工业缺失2009年进口数据；黑色冶炼及压延加工业缺失2009年进口数据；化学原料及化学制品制造业缺失2009年进口数据。

总体说来，云南省对外依存度稳中有降，维持在一个相对安全的位置，一方面说明受世界经济波动影响较小，另一方面也说明经济的开放性不高。

供给方面（表4-9）。云南资源型工业原材料的国外供给主要是有色金属和黑色金属矿石，区域上主要是巴西、澳大利亚、秘鲁、印度、缅甸、蒙古、墨西哥。

**表 4-9 云南资源型工业金属进口来源及比重** （%）

| 原材料 | 国家 | 2006 年 | 2007 年 | 2008 年 | 2009 年 | 2010 年 |
|---|---|---|---|---|---|---|
| 黑色金属 | 巴西 | 57.78 | 46.34 | 38.24 | 12.39 | 21.12 |
| | 印度 | 14.18 | 27.08 | 29.94 | 29.65 | 20.79 |
| | 缅甸 | 5.36 | 8.12 | 11.20 | 19.48 | 28.60 |
| | 越南 | 7.54 | 4.23 | 8.63 | 9.60 | 4.99 |
| | 澳大利亚 | 5.11 | 7.98 | 8.29 | 6.11 | 4.69 |
| | 南非（阿扎尼亚） | 9.97 | 6.01 | 3.14 | 15.96 | 5.86 |
| | 智利 | 0.00 | 0.00 | 0.00 | 4.07 | 6.55 |
| | $CR_3$ | 81.93 | 81.55 | 79.37 | 65.09 | 70.50 |
| | $CR_6$ | 99.94 | 99.76 | 99.43 | 93.20 | 87.91 |
| 有色金属 | 澳大利亚 | 38.38 | 24.87 | 18.90 | 34.40 | 22.03 |
| | 秘鲁 | 11.24 | 11.92 | 14.64 | 14.10 | 18.87 |
| | 蒙古 | 0.41 | 0.69 | 0 | 0 | 9.53 |
| | 墨西哥 | 2.55 | 3.02 | 5.69 | 5.37 | 6.71 |
| | 印度尼西亚 | 8.75 | 9.32 | 2.10 | 8.72 | 4.67 |
| | 智利 | 10.77 | 11.71 | 20.46 | 4.58 | 4.50 |
| | 越南 | 2.58 | 3.24 | 2.66 | 3.19 | 3.56 |
| | 缅甸 | 0.44 | 3.01 | 1.21 | 2.85 | 2.75 |
| | 西班牙 | 0.00 | 0 | 0.05 | 1.69 | 2.19 |
| | 玻利维亚 | 0.87 | 0.64 | 0.70 | 2.03 | 1.80 |
| | 亚美尼亚 | 2.25 | 2.11 | 1.24 | 1.69 | 1.54 |
| | 印度 | 1.58 | 3.20 | 4.11 | 2.00 | 1.24 |
| | 伊朗 | 1.81 | 5.51 | 3.32 | 2.75 | 0.96 |
| | 摩洛哥 | 0.40 | 0.40 | 0.50 | 1.13 | 0.79 |
| | 刚果 | 0.45 | 1.34 | 5.33 | 0.61 | 0.72 |
| | 牙买加 | 2.10 | 0.30 | 0.58 | 0.55 | 0.05 |
| | 新加坡 | 0.67 | 0.02 | 0.32 | 1.49 | 0 |
| | 德国 | 0.61 | 1.44 | 2.83 | 0.94 | 0 |
| | 加拿大 | 0 | 0 | 4.77 | 0 | 0 |
| | 坦桑尼亚 | 5.33 | 1.88 | 2.46 | 0 | 0 |
| | $CR_3$ | 60.39 | 48.5 | 54.00 | 57.23 | 50.43 |
| | $CR_6$ | 77.05 | 66.57 | 69.80 | 70.37 | 66.32 |

资料来源：云南省进出口贸易海关统计（十一五）。

黑色金属的进口主要包括铁矿砂和锰矿砂。黑色金属进口国集中度很高，但从2006年开始，进口国集中度有所下降，进口额最多的前3位国家所占比例从2006年81.93%下降到2010年70.5%，2009年集中度最低，仅为65.09%，主要进口国家变化不大，主要集中在巴西、印度、缅甸，可以看出进口来源较稳定。2006~2010年，云南铁矿砂从14个国家进口。进口国家主要在缅甸、印度、越南和巴西等国家，进口国家或地区比较集中。2006~2010年，进口量最多的前3位国家所占比例分别为76%、83%、82%、68%、78%，而前六位的进口量达到进口总量的94%以上。与前几年相比虽然集中度略有下降，但是仍然很高，高集中度预示着进口风险比较大，进口发生波动的可能性大，受其他国家供应的影响大。进口主要国家变化不大，说明进口供应相对较稳定。锰矿主要从13个国家进口，其中缅甸是主要进口国，锰矿砂进口量占云南总进口数量的70%以上，2008年达到93%。

有色金属矿石是云南资源型工业进口的主要矿石之一的主要是矿石原材料和一部分冶炼压延加工产品，主要包括铜矿砂、铝土矿、铅矿砂、锌矿砂、锡矿砂、钼、铌、钽、钒、锆矿砂、精炼铜及未精炼铜、未锻轧的锡及锡合金。进口额最大的前3位地区集中度由60%下降到50%左右，有色金属进口国主要集中在澳大利亚、秘鲁和智利，但从智利进口额比例明显下降，增加了从蒙古和印尼的进口。

云南铜矿主要从43个国家进口，其中进口数量最多的前3位地区集中度由60%下降到50%，进口国主要是智利、秘鲁、澳大利亚，2009年、2010年从智利进口铜矿数量明显减少，墨西哥和蒙古进口数量增多，进口国家更为分散。

云南铝土矿全部从国内外购买，从6个国家进口，其中进口数量比例最大的是澳大利亚，其次是印度，这两个国家进口量几乎占了整个进口市场份额。

从原料供应商来看（表4-10），2010年云锡的原料供应商主要为几大跨国公司巨头，比如嘉能可、必和必拓、澳洲雷尼森。其中必和必拓是全球最大的资源公司，嘉能可是来自瑞士的大宗商品实货交易巨头（所谓的大宗商品实货交易商，就是通过寻找原材料买家并加价销售来盈利，并使用复杂的对冲操作来降低恶劣天气、市场波动、海盗和政权变化等风险），其客户包括了世界最大的能源公司BP、法国石油公司道达尔、埃克森美孚、康菲石油国际、雪佛龙、巴西淡水河谷、力拓等全球大型企业，还有伊朗、墨西哥和巴西的国家石油公司，以及西班牙、法国和日本等地区的公用事业企业。从云锡公司的材料、燃料、备品备件及设备供应商的情况来看，云锡公司最大的设备供应商为云锡集团，即把市场交易内部化，从而节约了成本，其次为国内其他厂商。

**表 4-10 云锡公司前五位原料供应商和设备供应商**

| 项目 | 序号 | 供应商名称 | 金额（含税）（万元） | 占年度原材料采购比（%） |
|---|---|---|---|---|
| 原材料 | 1 | GLENCORE（嘉能可） | 69800 | 11.37 |
| | 2 | 云南应炜商贸公司 | 36900 | 6.01 |
| | 3 | 必和必拓 | 34000 | 5.54 |
| | 4 | 澳洲雷尼森 | 24900 | 4.06 |
| | 5 | 临武县运佳矿业有限公司 | 24200 | 3.94 |
| | 合计 | | 189800 | 30.92 |
| 设备 | 1 | 云南锡业集团有限责任公司 | 94609 | 88.94 |
| | 2 | 云南锡业机械制造有限责任公司 | 5798 | 5.46 |
| | 3 | 红河州飞瑞达科技有限公司 | 385 | 0.41 |
| | 4 | 云南四联智能技术有限公司 | 277 | 0.26 |
| | 5 | 淮北市中芬矿山机械有限责任公司 | 198 | 0.19 |
| | 合计 | | 101267 | 95.26 |

资料来源：云锡股份公司 2010 年年度报告。

从云南省资源型工业的供给来看，主要矿产品来源于少数的几个国家和地区，值得肯定的是企业加快了海外找矿步伐，但是不容忽视的是企业海外找矿的严峻形势。首先是好的大的矿山早已经被世界巨头占据，其次是中国企业海外购买矿山时，往往面临着严格的外资审查和漫天要价，根本原因在于矿产资源是稀缺性的、战略性的资源，外国企业巨头和政府联手狙击中国企业外出找矿。因此，比较可行的办法就是尽量避免直接在国外找矿和采矿，而是直接买矿，从而避免受到当地政府和企业的阻击。但这需要拥有高冶炼技术和加工技术，因此提高技术水平，是从根本上解决矿产资源对外依存度的主要途径。

总的来看，矿产资源的全球化贸易是大势所趋，云南资源型工业进口依存度不是很大，但从进口来源国的集中程度来看，集中度过高，存在风险，不安全；同时部分矿产和企业的对外依存度太高，很不安全，主要是铜铝矿石；从供货商的集中程度来看，也存在一定的风险。综合考虑，可以判定云南资源型工业进口基本安全。

需求方面，云南资源型工业的出口国别总体上集中度高，受出口国影响大，不安全；同时出口国家更迭，使企业每年都要花费大量资金开辟新市场，导致出口成本增加；另外还受到国际价格波动和国家政策的影响，因此整体上出口不安全（表 4-11）。

表 4-11　云南资源型工业主要产品出口产值去向比重　（%）

| 产　品 | 国家及地区 | 2006 年 | 2007 年 | 2008 年 | 2009 年 | 2010 年 |
|---|---|---|---|---|---|---|
| 黑色金属 | 缅甸 | 14.24 | 5.19 | 30.42 | 76.38 | 77.35 |
| | 老挝 | 0.89 | 1.43 | 26.84 | 19.56 | 19.18 |
| | 越南 | 80.42 | 91.29 | 42.03 | 1.92 | 3.27 |
| | 赤道几内亚 | 0 | 0 | 0 | 1.19 | 0 |
| | $CR_3$ | 98.33 | 97.91 | 99.29 | 97.85 | 99.80 |
| | $CR_6$ | 99.98 | 99.97 | 99.99 | 99.50 | 99.83 |
| 有色金属 | 韩国 | 9.05 | 2.00 | 18.54 | 0 | 28.03 |
| | 越南 | 0.66 | 1.91 | 6.39 | 31.27 | 22.36 |
| | 缅甸 | 1.33 | 0.81 | 2.28 | 11.71 | 9.63 |
| | 新加坡 | 20.72 | 25.24 | 3.31 | 2.53 | 8.95 |
| | 荷兰 | 3.73 | 12.54 | 3.72 | 1.27 | 4.76 |
| | 日本 | 15.31 | 13.81 | 29.08 | 4.73 | 3.75 |
| | 澳门 | 0.01 | 0.00 | 0.20 | 2.59 | 3.38 |
| | 墨西哥 | 0.01 | 1.13 | 0.52 | 0 | 3.20 |
| | 中国台湾 | 3.44 | 3.12 | 0.56 | 33.80 | 2.64 |
| | 美国 | 12.09 | 10.31 | 6.88 | 1.28 | 2.54 |
| | 马来西亚 | 1.13 | 1.64 | 5.36 | 2.88 | 1.68 |
| | 中国香港 | 20.40 | 13.10 | 3.59 | 0.25 | 1.47 |
| | 意大利 | 1.06 | 0.55 | 0.29 | 0.51 | 1.43 |
| | $CR_3$ | 56.42 | 52.15 | 54.49 | 76.78 | 60.02 |
| | $CR_6$ | 81.29 | 79.35 | 71.37 | 86.97 | 77.47 |
| 化学肥料 | 印度 | 11.60 | 12.46 | 23.79 | 25.96 | 37.63 |
| | 越南 | 35.41 | 15.33 | 6.60 | 25.93 | 15.75 |
| | 孟加拉国 | 20.80 | 4.62 | 18.87 | 18.55 | 9.64 |
| | 巴西 | 6.49 | 18.16 | 17.26 | 5.28 | 8.43 |
| | 阿根廷 | 1.53 | 3.87 | 0.97 | 0.23 | 4.32 |
| | 印度尼西亚 | 10.08 | 2.87 | 2.91 | 5.38 | 3.94 |
| | 斯里兰卡 | 2.15 | 2.62 | 2.65 | 0.81 | 3.44 |
| | 缅甸 | 1.96 | 1.64 | 0.82 | 1.80 | 3.40 |
| | 泰国 | 1.97 | 3.76 | 1.79 | 0.83 | 2.90 |
| | 澳大利亚 | 1.03 | 3.95 | 4.94 | 4.50 | 2.50 |
| | 巴基斯坦 | 0.00 | 14.25 | 6.07 | 0.00 | 1.23 |
| | 日本 | 1.42 | 1.15 | 1.21 | 0.74 | 0.87 |

续表 4-11

| 产品 | 国家及地区 | 2006 年 | 2007 年 | 2008 年 | 2009 年 | 2010 年 |
|---|---|---|---|---|---|---|
| 化学肥料 | $CR_3$ | 67.82 | 47.74 | 59.92 | 70.44 | 63.02 |
| | $CR_6$ | 86.53 | 70.57 | 77.54 | 85.60 | 79.71 |
| 化学制品 | 日本 | 23.44 | 16.08 | 21.62 | 16.66 | 17.75 |
| | 韩国 | 3.48 | 6.55 | 4.43 | 8.12 | 13.11 |
| | 中国台湾 | 4.03 | 5.64 | 6.29 | 6.49 | 9.62 |
| | 越南 | 5.57 | 9.02 | 5.90 | 10.24 | 9.52 |
| | 美国 | 7.57 | 4.37 | 6.07 | 1.85 | 3.83 |
| | 荷兰 | 2.85 | 3.10 | 3.09 | 2.88 | 3.74 |
| | 马来西亚 | 1.83 | 2.32 | 1.90 | 3.45 | 3.72 |
| | 意大利 | 5.19 | 5.51 | 5.47 | 3.40 | 3.65 |
| | 澳大利亚 | 0.75 | 1.63 | 1.27 | 1.14 | 3.43 |
| | 印度 | 5.39 | 5.99 | 7.91 | 3.61 | 3.12 |
| | 泰国 | 5.84 | 5.96 | 5.11 | 3.56 | 3.11 |
| | 印度尼西亚 | 8.19 | 5.97 | 5.56 | 5.40 | 2.87 |
| | 伊朗 | 3.39 | 5.61 | 2.49 | 5.62 | 2.22 |
| | 俄罗斯 | 0.50 | 0.07 | 0.88 | 0.62 | 2.16 |
| | 法国 | 1.05 | 1.16 | 0.30 | 0.83 | 2.06 |
| | 缅甸 | 1.46 | 1.33 | 0.44 | 2.12 | 1.50 |
| | 智利 | 1.32 | 2.51 | 1.77 | 2.79 | 1.38 |
| | 德国 | 2.57 | 2.25 | 5.05 | 1.25 | 1.28 |
| | $CR_3$ | 39.19 | 31.65 | 35.82 | 35.01 | 40.49 |
| | $CR_6$ | 55.99 | 49.57 | 53.35 | 52.52 | 57.58 |

资料来源：云南省进出口贸易海关统计（十一五）。

黑色金属：黑色金属出口产品主要是冶炼加工产品，根据云南海关统计资料，主要出口产品有钢铁锭，钢铁条、杆、角材及异型材。黑色金属出口国家及地区集中度很高，主要集中在缅甸、老挝、越南，出口集中度达到 97% 以上，出口国家由越南转向缅甸。

有色金属：主要出口未炼轧的铝及铝合金、铝制品、未锻轧的铅及铅合金、铅制品、未锻轧的锌及锌合金、锌制品、未锻轧的锡及锡合金、锡制品等有色金属冶炼压延加工产品。有色金属冶炼及加工产品出口国家地区较分散，出口贸易不稳定，出口国别集中度不高。

化学肥料：主要包括磷肥、氮肥、未列名化肥。2006～2010 年，云南氮肥出口到 21 个国家，其中大部分出口给越南，磷肥出口到 36 个国家，主要是孟加拉国、巴西、印度尼西亚，未列名化肥出口到53个国家，主要出口地是印度，其次是越南、孟加拉国、巴基斯坦和巴西等地。化学肥料出口地主要集中在印度、越南、孟加拉国、巴西等地，出口额最大的前3个国家集中度虽达到60%，但各地区进口额在云南总出口额中的比重差距不大，不会威胁到云南化肥的出口。由于化肥是农业生产必要的材料，云南具有丰富的磷矿资源，中国占全世界磷矿石储量的66%，因此不存在威胁。

化学制品：主要包括无机酸及非金属无机氧化物等有机化学品，氯化物、硫化物、磷酸盐、其他无机碱、锌、铬、锰、铁、钛及铅的氧化物、磷、硅、硒、砷等化学元素等无机化学品。2006~2010年，磷、硅、硒、砷等化学元素出口到50个国家及地区，无机酸及非金属无机氧化物出口到100个国家及地区，磷酸盐出口到73个国家，化学制品出口地区广泛，不存在受个别地区控制的情况。化学制品出口国集中度低，不存在个别出口地过度集中的情况。

从主要客户和销售区域来看（表4-12、表4-13），云南资源型工业各主要企业各有侧重。云铜的主要销售区域主要集中在我国西南地区，其次是华北地区、华东地区，西南地区占绝对优势，其中重庆市场占了60%，主要是因为西南地区比较近，能节约运输成本．华北和东北地区有比较大和先进的铜冶炼加工厂。云锡公司最大的客户在云南省内，其次是华东地区；其中上海毕成金属材料有限公司，主要是外贸出口代理商；宝山钢铁主要是进一步深加工。云铝主要还是面向国内市场，最主要的客户托克贸易和佛山成拓有色金属贸易公司是出口代理商．通过代理商可以节约交易成本，防范价格风险，其余为加工企业。云煤主要面向国内市场，同时主要客户为进一步深加工企业和贸易代理企业。

**表4-12　云南主要资源型工业企业产品销售地区比较**

| 企业 | 序号 | 地区 | 2010年 | | 2009年 | |
|---|---|---|---|---|---|---|
| | | | 收入（亿元） | 毛利率（%） | 收入（亿元） | 毛利率（%） |
| 云铜 | 1 | 西南地区 | 80.43 | 2.41 | 42.55 | 11.23 |
| | 2 | 华北地区 | 45.75 | 4.06 | 29.69 | 10.36 |
| | 3 | 华东地区 | 45.15 | 3.34 | 28.37 | 10.33 |
| | 4 | 华南地区 | 31.37 | 4.02 | 16.72 | 10.12 |
| | 5 | 东北地区 | 12.67 | 3.91 | 2.3 | 10.28 |
| | 6 | 西北地区 | 2.25 | 3.71 | 1.27 | 10.6 |
| 云铝 | 1 | 国内 | 40.8 | | 38.78 | |
| | 2 | 国外 | 2.87 | | 0.13 | |
| 云煤 | 1 | 国内 | 15.35 | | 17.05 | |
| | 2 | 国外 | 0.81 | | 0.66 | |

续表 4-12

| 企业 | 序号 | 地区 | 2010 年 | | 2009 年 | |
|---|---|---|---|---|---|---|
| | | | 收入（亿元） | 毛利率（%） | 收入（亿元） | 毛利率（%） |
| 云锡 | 1 | 国内 | 76.51 | | 61.39 | |
| | 2 | 国外 | 13.65 | | 8.12 | |
| 云天化 | 1 | 国内 | 53 | | 47.02 | |
| | 2 | 国外 | 15.93 | | 12.38 | |

资料来源：云南铜业股份有限公司 2010 年年度报告，云南铝业股份有限公司 2010 年年度报告，云南马龙产业集团股份有限公司 2010 年年度报告，云南锡业股份有限公司 2010 年年度报告全文。

**表 4-13 云南资源型工业主要企业前五名客户情况**

| 企业 | 序号 | 客户名称 | 销售收入（亿元） | 占年销售总收入的比例（%） |
|---|---|---|---|---|
| 云锡 | 1 | 云南个旧有色冶化有限公司 | 55.89 | 6.03 |
| | 2 | 上海毕成金属材料有限公司 | 3.19 | 3.44 |
| | 3 | 宝山钢铁股份有限公司 | 3.08 | 3.33 |
| | 4 | 上海复天实业有限公司 | 1.38 | 1.49 |
| | 5 | 浙江天能物资贸易有限公司 | 1.24 | 1.34 |
| | | 合计 | 14.49 | 15.63 |
| 云铝 | 1 | 托克贸易（上海）有限公司 | 4.79 | 8.32 |
| | 2 | 佛山市成拓有色金属贸易有限公司 | 4.57 | 7.93 |
| | 3 | 深圳市北方投资有限公司 | 2.94 | 5.1 |
| | 4 | 昆山六丰机械工业有限公司 | 2.71 | 4.7 |
| | 5 | 远轻铝业（中国）有限公司 | 2.20 | 3.83 |
| | | 合计 | 17.21 | 29.88 |
| 云煤 | 1 | 徐州市建平化工有限公司 | 1.03 | 8.84 |
| | 2 | 云南云天化联合商务有限公司 | 1.01 | 8.63 |
| | 3 | 常州市阳城化工有限公司 | 0.81 | 6.9 |
| | 4 | 浙江新安化工集团股份有限公司 | 0.67 | 5.75 |
| | 5 | 罗地亚—恒昌（张家港）精细化工有限公司 | 0.45 | 3.99 |
| | | 合 计 | 3.98 | 34 |

资料来源：云南锡业股份有限公司 2010 年年度报告全文、云南铝业股份有限公司 2010 年年度报告、云南马龙产业集团股份有限公司 2010 年年度报告。

从以上分析可知，几大企业绝大部分营业收入都来自于国内，国外直接客户较少，客户结构比较单一，分散程度不高；在可见的未来，未见重大利好因素，基本改变不大。可算基本安全。

就具体的客户公司而言，大部分集中在西南和华东地区，这是因为西南地区的冶炼加工厂从云南省企业购买原材料进一步加工的，成本较低；而华东地区出口商和大型加工企业较多。可见，几大主要企业营业范围集中于国内市场，不利于风险规避，同时客户主要集中在加工企业和代理出口企业，意味着本土企业主要是出售原材料等，处于产业链的低端，不利于资源型工业的进一步发展。

云南浩鑫公司主要是作为上游产品供应商，虽然拥有领先技术，但是面对强势的跨国公司和大公司，缺乏定价权，导致自身的销售收入和利润不稳定，一定程度上处于被动地位。技术的先进并不一定能带来强势的话语权，在当今市场尤其如此，如何有效地利用先进技术转化为市场优势是个亟待破解的问题。

驰宏锌锗公司主要生产的产品是铅锌矿，在伦敦交易所以期货形式出售。公司原来生产过锌铝合金，但销售困难。现在生产的化肥、硫酸，自己没有销售终端，只是卖给某一销售商，销售商再卖给零售商。由于这种合作关系是长期的，并且签订了合同，因此不存在供货市场上垄断的威胁。

云南新立公司钛材虽然尚未生产，但是已有公司来洽谈购买意向，用于海底输油管道，因此产品销路是乐观的。

云铜锌业锌合金生产线从比利时引进时，计划把锌合金产品推向国外市场，但是外方企业退出了市场；国内市场低端锌合金产品多，高端产品找不到合适的市场客户；而且客户需求差异大，不能完全满足每位客户的需求；同时对于锌合金销售市场的开发能力不足，因此没有锌合金产品。

昆明磷矿厂生产的磷矿首先是满足集团内部的需求，在集团供给有余的情况下，再向外供应。磷矿市场的需求比较旺盛，集团内部需求增大，同时外部需求也很大，处于供不应求状态，不存在卖不出去的情况。就具体客户而言，省内主要买家是云天化、新亿泓磷，省外主要有广西鹿寨化肥、江西贵溪化肥、江西六国化工、安徽六国化工、重庆川东化工、四川金化几家公司。

综合来看，云南资源型工业进口依存度不是很大，但从进口来源国的集中程度来看，集中度过高，存在风险，不安全；同时部分矿产和企业的对外依存度太高，很不安全，主要是铜铝矿石；从供货商的集中程度来看，也存在一定的风险。云南资源型工业主要企业的绝大部分营业收入都来自于国内，国外直接客户较少，客户结构比较单一，分散程度不高；就具体的客户公司而言，大部分集中在西南和华东地区，这是因为西南地区的冶炼加工厂从云南省企业购买原材料进一步加工的成本较低；而华东地区出口商和大型加工企业较多；可见，几大主要企业营业范围集中于国内市场，不利于风险规避，同时客户主要集中在加工企业和代理出口企业，意味着本土企业主要是出售原材料等，处于产业链的低端，不利于资源型工业的进一步发展。整体上来考虑，云南资源型工业市场基本安全。

# 5 云南资源型工业附加值高研究

附加值是附加价值的简称，是在产品原有价值的基础上，通过生产过程中的有效劳动新创造的价值，即附加在产品原有价值上的新价值，也即产业利润与产业资本的机会成本的差额，附加价值越大，则获得的附加值就越高。高附加值产品具有技术知识密集度高、市场需求度高、品牌知名度高、产品质量优异等特点，其本质特征是经济效益好。

资源型工业的附加值高可以从经济效益、增加值和附加值三个方面分析。根据资源型工业的经济效益可以分析行业效益的实际水平和发展状况情况，根据增加值可以分析最终产品创造的价值，根据附加值的研究可以评价整个资源型工业区别于其他行业附加创造的能力。

## 5.1 经济效益

经济效益，即人们在经济方面得到的利益，通过资金、成本、税收、投资收益等价值形式反映。广义的经济效益不但要看本企业和局部的经济效益，还要看企业价值创造能力和对社会的经济效益。

工业企业经济效益，即工业企业在从事生产经营活动过程中所取得的经济效益和物质效用。可以从获利能力、营运能力、社会贡献率、资本保全四个方面用七个单项工业经济效益指标（总资产贡献率、资本保值增值率、资产负债率、流动资产周转率、成本费用利润率、全员劳动生产率、产品销售率）构建工业经济效益综合指数，来考核和评价各地区、各行业乃至各企业的工业经济效益实际水平和发展变化趋势，反映整个工业经济效益状况的全貌。

企业的获利能力可以用全员劳动生产率、销售利润率、成本费用利润率从不同侧面来反映。其中各指标的计算分别为：

$$产品销售率=\frac{工业销售产值}{工业总产值（现价）}\times 100\%$$

$$成本费用利润率=\frac{报告期实现利润总额}{报告期成本费用总额（产品销售成本、产品销售费用、管理费用、财务费用之和）}\times 100\%$$

$$全员劳动生产率=\frac{工业增加值}{全部职工平均人数}\times（12/累计月数）$$

企业的营运能力不直接反映投入产出关系，但直接反映了企业管理水平的高低和驾驭市场的能力；营运能力的高低主要体现在资产负债率和流动资产周转率。其中各指标的计算分别为：

$$资产负债率=\frac{负债}{资产总额（资产及负债均为报告期期末数）}$$

$$流动资产周转率=\frac{销售收入}{流动资产平均余额}\times（12/累计月数）$$

社会贡献可以用总资产贡献率来反映，其计算公式为：

$$总资产贡献率=\frac{（利润总额+税金总额+利息支出）}{平均资产总额}\times（12/累计月数）$$

税金总额为产品销售税金及附加与应交增值税之和，平均资产总额为期初期末资产总计的算术平均值。

资本保全可以用资本保值增值率来反映，其计算公式为：

$$资本保值增值率=\frac{报告期期末所有者权益}{上年同期期末所有者权益}$$

所有者权益＝资产总计－负债总计

$$工业经济效益综合指数=\sum\left(\frac{某项指标报告期数值}{该项指标全国标准值}\times 该项指标权数\right)$$

权数可以根据各项指标在综合经济效益中的重要程度，由专家调查法确定。其中：总资产贡献率为20，资本保值增值率为16，资产负债率为12，流动资产周转率为15，成本费用利润为14，全员劳动生产率为10，产品销售率为13。

各项指标的标准值：总资产贡献率为10.7%，资本保值增值率为120%，资产负债率小于等于60%，流动资产周转率为1.52次，成本费用利润率为3.71%，全员劳动生产率为16500元/人，产品销售率为96%。由于资产负债率为逆指标，在计算综合指数时需分别处理。如果指标值小于等于60%，即可得权数为12分；如果指标值大于60%，其权数按下面公式计算：

$$权数=（指标值-不允许值\times100/60-不允许值\times100）\times12$$

从2001年、2005年、2009年三年云南资源型工业经济效益综合指数（表5-1）来看，除2009年采选业和磷盐工业较2005年略有下降外，其他各个行业经济综合效益指数都明显变好。云南资源型工业经济效益综合指数低于云南工业和全国工业，2001~2005年，工业经济综合效益指数增加明显，有色金属工业、黑色金属工业及采选业部门高于全国工业指数，但从2005~2009年，云南资源型工业及资源型工业的全部行业和部门效益全部低于全国工业指数，经济效益相对变差，竞争力变弱。

造成资源型工业经济效益下降的主要因素之一是总资产贡献率的降低。2001~2009年，云南资源型工业及资源型工业中各行业部门总资产贡献率整体呈现下降趋势，说明资源型工业资金获得的能力变弱，工业内各行业部门企业盈利

**表 5-1 云南资源型工业经济效益综合指数**

| 年份 | 行业分类 | 总资产贡献率（%） | 资本保值增值率（%） | 资产负债率（%） | 流动资产周转率（次/年） | 成本费用利润率 | 全员劳动生产率［元/（人·年）］ | 产品销售率（%） | 工业经济效益综合指数 | 排名 |
|---|---|---|---|---|---|---|---|---|---|---|
| 2001 | 全国工业 | 8.91 | 112.18 | 58.97 | 1.66 | 5.35 | 52062 | 97.63 | 124.74 | 3 |
| | 云南工业 | 15.57 | 115.14 | 54.14 | 1.24 | 8.99 | 82039 | 98.61 | 164.49 | 1 |
| | 资源型工业 | 11.50 | 128.80 | 60.36 | 1.18 | 2.04 | 32676 | 98.68 | 103.02 | 6 |
| | 黑色金属工业 | 16.09 | 128.52 | 55.04 | 1.09 | 4.48 | 49532 | 99.16 | 129.30 | 2 |
| | 有色金属工业 | 13.08 | 112.69 | 61.86 | 1.47 | 2.38 | 35198 | 98.35 | 109.05 | 4 |
| | 煤工业 | 17.10 | 106.76 | 67.47 | 0.97 | −0.71 | 19669 | 99.58 | 88.26 | 9 |
| | 磷盐工业 | 7.60 | 147.86 | 60.51 | 1 | 0.63 | 28195 | 98.65 | 88.46 | 8 |
| | 采选业 | 16.28 | 119.28 | 63.71 | 1.16 | 1.08 | 19769 | 96.51 | 97.78 | 7 |
| | 冶炼加工业 | 10.90 | 130.75 | 59.67 | 1.18 | 2.20 | 39434 | 99.05 | 106.98 | 5 |
| 2005 | 全国工业 | 11.82 | 113.95 | 57.81 | 2.35 | 6.42 | 104680 | 98.14 | 172.97 | 5 |
| | 云南工业 | 18.34 | 112.28 | 52.18 | 1.62 | 10.63 | 145111 | 99.28 | 217.16 | 1 |
| | 资源型工业 | 12.60 | 122.73 | 58.13 | 2.10 | 7.24 | 84606 | 98.36 | 164.19 | 6 |
| | 黑色金属工业 | 7.80 | 89.15 | 47.36 | 2.07 | 4.06 | 95779 | 99.04 | 143.12 | 9 |
| | 有色金属工业 | 15.04 | 131.82 | 62.35 | 2.33 | 7.01 | 88099 | 98.45 | 173.19 | 4 |
| | 煤工业 | 17.90 | 132.74 | 67.44 | 1.87 | 8.99 | 54732 | 97.34 | 159.72 | 8 |
| | 磷盐工业 | 12.74 | 123.72 | 59.72 | 1.88 | 11.11 | 91467 | 97.64 | 181.37 | 3 |
| | 采选业 | 18.63 | 118.06 | 51.51 | 1.38 | 19.95 | 64263 | 102.75 | 202.62 | 2 |
| | 冶炼加工业 | 11.30 | 124.38 | 59.97 | 2.28 | 5.58 | 93704 | 97.76 | 163.24 | 7 |
| 2009 | 全国工业 | 13.44 | 113.35 | 57.88 | 2.43 | 6.91 | 153138 | 97.78 | 207.92 | 2 |
| | 云南工业 | 15.90 | 108.50 | 57.10 | 1.60 | 8.50 | 226464 | 95.80 | 253.70 | 1 |
| | 资源型工业 | 9.08 | 109.97 | 60.79 | 1.62 | 5.44 | 142990 | 94.60 | 179.37 | 7 |
| | 黑色金属工业 | 10.03 | 103.68 | 56.03 | 2.19 | 5.30 | 177393 | 95.79 | 205.85 | 3 |
| | 有色金属工业 | 8.05 | 116.77 | 63.64 | 1.30 | 5.43 | 150206 | 93.63 | 178.51 | 8 |
| | 煤工业 | 15.68 | 113.44 | 60.36 | 1.59 | 10.12 | 105096 | 97.87 | 187.11 | 5 |
| | 磷盐工业 | 6.06 | 105.66 | 60.87 | 1.66 | 2.84 | 162829 | 92.57 | 175.47 | 9 |
| | 采选业 | 13.30 | 105.14 | 50.45 | 1.10 | 14.90 | 108175 | 92.14 | 194.09 | 4 |
| | 冶炼加工业 | 7.50 | 112.69 | 64.62 | 1.81 | 3.65 | 169119 | 95.14 | 186.62 | 6 |
| 标准值 | | 10.7 | 120 | ≤60 | 1.52 | 3.71 | 16500 | 96 | | |

资料来源：云南工业经济信息资料 2001～2009，云南统计年鉴 2002～2011。

能力变差，对社会贡献力变弱。其中，金属工业总资产贡献率下降大，黑色金属工业总资产贡献率变化最大，与 2001 年相比，2009 年总资产贡献率下降 6%，其次是有色金属工业，下降 5%。非金属工业总资产贡献率也在下降，但下降程度远小于金属工业。与其他行业相比，煤工业资产贡献率最大，是相对较好的行业。而从部门上看，采选业的资产贡献率要大于冶炼加工行业，可见与下游产业相比，上游采选行业企业盈利能力更强。另一影响因素是资本保值增值率在资本保全的基础上的来衡量收益，剔除了侵蚀资本为代价的收益，反映了净资产状况。2001 ~2010 年云南资源型工业资本保值增值率下降 2.5%，其中黑色金属工业和磷盐工业资本保值率下降最大，是使资源型工业净资产状况变坏的主要原因。除以上两个指标外，资产负债率和产品销售率也有所下降，但下降幅度不大，对资源型工业综合经济效益指数影响较小。

其余指标流动资产周转率、成本费用利润率、全员劳动生产率都是提高工业经济效益的因素。资产负债和流动资产率是体现企业营运能力的指标，资源型工业负债大于资产总额，外借资金多，可以更好地运营企业资金。资源型工业流动资产率增加反映行业投入的流动资金运用的效率高，流动资金大，可以更好地在市场上实现各种经济活动。资产负债率的降低作用小于流动资产增加的作用，因此，总的来说资源型工业的营运能力是向更好的方向发展。成本费用率增高说明资源型工业的利润相对成本来说更优，也就是说单位成本所创造的利润增加了，提高了经济效益。劳动生产率增加说明单位劳动力所创造的价值增加了，是经济效益提高的表现，同时还从侧面反映出资源型工业的技术是进步的。产品销售率、工业成本费用率和劳动生产率是反映获利能力的指标，综合来看，资源型工业的获利能力是提高的。

综合以上分析，资源型工业获利能力低于云南工业获利能力水平，高于全国工业水平，营运能力低于云南工业，社会贡献率低于云南工业和全国工业水平，资本保全低于云南工业和全国工业水平。

## 5.2 增加值

增加值是各生产单位在生产过程中新增加的价值，是生产单位生产的物质产品和服务的价值超过在生产过程中所消耗的中间投入价值后的差额部分，反映了一定核算期内生产经营活动的最终成果，体现了产业自身的规模和技术水平，从不同角度衡量企业产出能力和效率，从而反映产业的竞争力。

根据 2001 ~2007 年云南工业经济信息资料和中国统计年鉴数据，云南资源型工业增加值占云南工业的比重逐年上升，且增长幅度较大。全国资源型工业增加值占全国工业的比重也逐年上涨，但上涨幅度小，2001 ~2006 年全国资源型工业占工业增加值的平均比重要高于云南资源型工业，但从 2006 年开始，云南资源型工业增加值在工业中的比重高于全国，云南资源型工业发展较快，在很大程度上影响着云南工业的经济发展，为云南工业创造了很大一部分价值，具有重要地位（图5-1）。

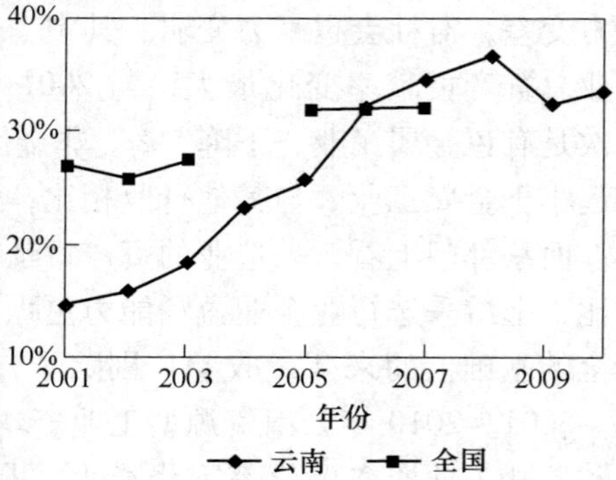


图5-1 云南资源型工业占工业的比重

根据2001～2010年云南全部国有及规模以上非国有工业企业工业增加值，云南资源型工业的工业增加值除2009年略有下降外，其余各年均呈现大幅度增长，2001年工业增加值为582亿元，2010年工业增加值为2247亿元，增长2.9倍。2001年云南资源型工业增加值为86亿元，占工业增加值比重为14.75%，2010年为752亿元，占工业增加值比重为33.48%，增加值增长7.7倍，增长速度远远超过工业增加值的增长速度，说明资源型工业是带来工业增加值增长的重要组成部分，对云南GDP贡献巨大。

从云南资源型工业的构成来看（图5-2），2001年黑色金属、有色金属、煤、磷盐工业增加值分别为24亿元、34亿元、8亿元、19亿元，占资源型工业增加值的比重分别为28.12%、39.87%、9.21%、22.25%；2010年上述四个工业部门的增加值分别为148亿元、286亿元、167亿元、152亿元，所占比重分别为19.66%、38.03%、22.18%、20.13%。有色金属工业对资源型工业增加值的贡献最大，除2008年、2009年外，其增加值逐年稳定增长，各年所占比重均超过30%，是资源型工业中增加值较高的行业；2006年以前，黑色金属工业增加值占资源型工业增加值比重较大，2006年后比重下降；磷盐工业增加值占资源型工业增加值比重基本稳定；在2008年以前，煤工业增加值比重较小，占资源型工业增加值的10%左右，从2008年开始，其增加值大幅度提升，由2007年的68.84亿元增长到2008年的159.79亿元，增长132%，之后其增加值比重基本

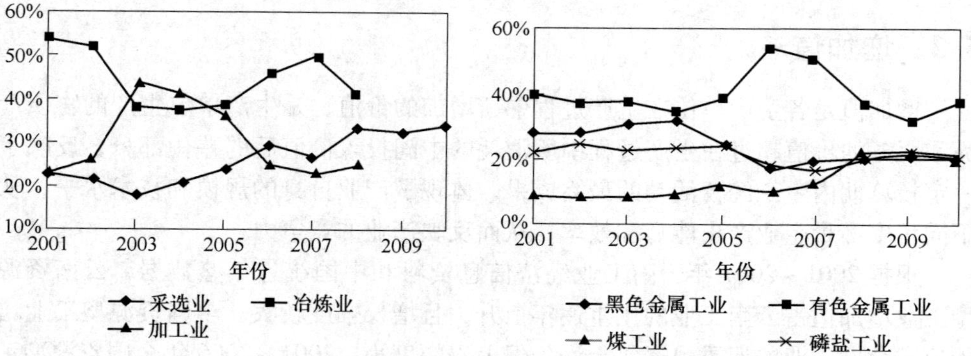


图5-2 云南资源型工业增加值内部比重

保持稳定，由于云南缺少天然气、石油资源，而煤化工产品可替代石油产品，并且季节性煤电供应的需要，使煤工业成为云南发展必不可少的行业，因此煤工业的发展前景较好，可能会成为云南将来大力发展的产业。

从行业来看，2001 年采选业、冶炼业、加工业增加值分别为 20 亿元、46 亿元、20 亿元，所占比重分别为 23%、54%、23%；2008 年增加值分别为 240 亿元、299 亿元、183 亿元，所占比重为 33%、42%、25%。冶炼业是提高工业增加值的主要产业，是资源型工业增加值最主要来源，其中有色金属冶炼有明显优势，具有较高的增加值，在资源型工业增加值中的比重占有绝对地位，所占比重历年都在 50% 以上；其次是黑色金属工业，但黑色金属工业增加值的比重在逐渐降低；煤工业增加值比重虽然很小，但其比重在逐年上升。采选业比重逐年上升，增加值逐渐由冶炼业、加工业转移到采选业，有成为将来利润主要来源产业的趋势，其中有色金属采选业和煤炭开采洗选业带来的增加值比较高，2008 年开始，煤炭开采的增加值在矿业增加值的比重中已经超过了有色金属工业的比重，成为云南矿业增加值的主要来源；加工业增加值变化波动比较大，2003 年所占比重最大，达到 44.2%，2007 年比重最低，为 22.88%，整体上看变化趋势不大，主要是磷、盐工业加工，用于生产化学原材料和肥料，是加工业增加值的主要来源。磷矿现已成为我国主要的战略资源，会限制其开采和加工，将来发展趋势可能也不会有较大变化。

总的来看：（1）云南资源型工业的增加值对云南 GDP 的贡献率巨大，其中冶炼业规模最大，产出能力强，效率高；（2）加工业对云南 GDP 贡献由大到小，规模小，产出能力弱；（3）采选业工业增加值逐年增高，对云南 GDP 的贡献也越来越大，规模逐渐扩张，开采技术进步，效率提高，创造的价值量逐年增加；（4）有色金属工业增加值所占比例最大，是资源型工业增加值的主要来源，规模大，技术水平先进，产出能力强；（5）黑色金属和磷盐工业增加值下降，生产规模仅次于有色金属；（6）煤工业增加值逐年增长，规模扩大，技术水平提高，产出能力增强。

## 5.3 附加值

附加值是某个产业与一般的产业相比所具有的更多的价值，研究的是某一产业的共性，个别企业生产率提高即使能使其有更大的价值，但由于这种价值的增加不是源于这个产业的共性，不提高产业附加值。与增加值不同，附加值通过把机会成本纳入分析，从横向上比较该产业利用资本创造可用价值的效率，使产业利用资本（资金）的效率得以直接体现。附加值的计算公式为：

附加值 = 产业净产值 - 产业资本机会成本

其中产业净产值 = 总产出 - 中间消耗 - 固定资产折旧，产业资本机会成本 =

产业资本额×市场利率，市场利率可用社会平均利润率来代替。由于全国各行业的社会平均利润率难获得，因此，本书仅从工业行业社会平均利润率来分析云南资源型工业的附加值。

从表5-2及图5-3中可以看出，云南资源型工业中，冶炼业附加值比例高，加工业采选业附加值比例有上升趋势，加工业附加值比重先上升后下降。冶炼业附加值高，虽然并不是冶炼产品本身是高附加值产品，但是冶炼业规模大，低利润同样可以使整个产业得到很高的收益。加工业属于高附加值产品，需要资金和技术的支持，但云南加工技术落后，规模小，投资少，利润低甚至是负利润，造成附加值高的产业结构失衡。

**表5-2 云南资源型工业附加值** （亿元）

| 年 份 | 2001 | 2003 | 2005 | 2007 | 2009 |
|---|---|---|---|---|---|
| 云南工业 | 412.77 | 482.8 | 633.82 | 950.42 | 1208.49 |
| 资源型工业 | 49.94 | 73.75 | 141.93 | 314.77 | 328.44 |
| 黑色金属工业 | 14.63 | 26.3 | -5.41 | 31.42 | 62.68 |
| 有色金属工业 | 21.01 | 31.91 | 59.81 | 187.06 | 88.47 |
| 煤工业 | 4.35 | 6.63 | 20.86 | 36.29 | 101.68 |
| 磷盐工业 | 9.84 | 8.93 | 36.79 | 44.56 | 75.79 |
| 采选业 | 10.88 | 14.58 | 35 | 95.7 | 115.79 |
| 冶炼工业 | 28.59 | 42.79 | 57.43 | 158.97 | 1208.49 |
| 加工工业 | 6.69 | 23.47 | 45.48 | 52.83 | |

资料来源：云南工业经济信息资料2001~2009，云南统计年鉴2002~2010。

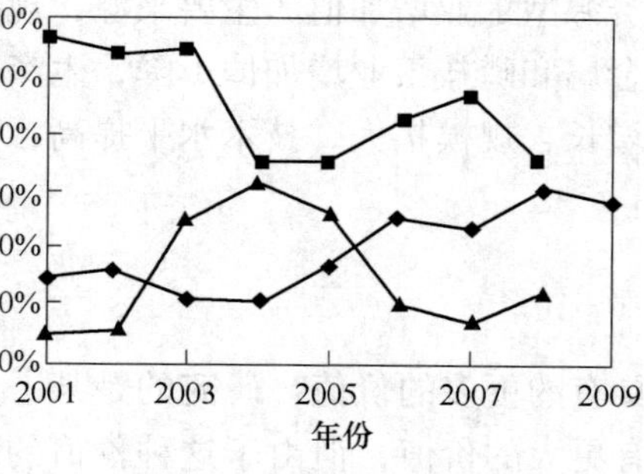


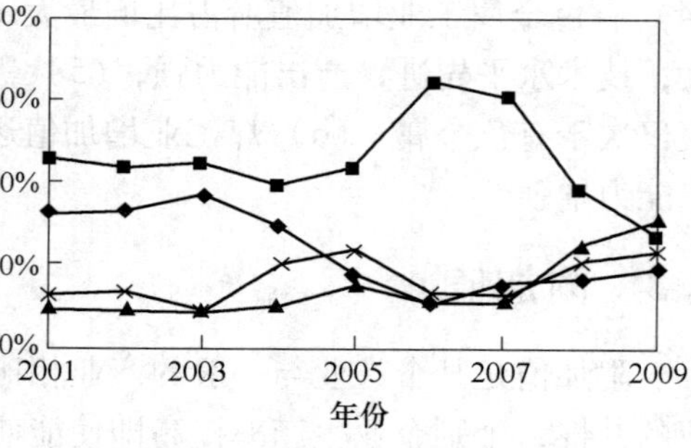


图5-3 云南资源型工业附加值比例

有色金属工业附加值高，并呈上升趋势，黑色金属工业附加值比重下降，煤工业比重稳步上升，磷盐工业附加值比重呈下降趋势。有色金属工业是云南的优势产业，原材料的获取和冶炼加工技术都很有优势。煤工业需求增大，并且利用煤制油等高技术可生产替代石油的高附加值产品，弥补云南油资源的不足。黑色金属工业下游深加工产品少，附加值低，一直以依靠炼钢、炼铁及初级加工品赚取收益，但随着云南规范小冶炼加工厂，提高行业准入条件，实行低耗节能政策，丧失了依靠大规模低附加值产品的优势。磷是国家战略资源，其开采使用受限。

产品附加值的高低通常用附加值率来衡量。附加价值率是附加价值与销售收入的比值。附加值率反映每一元销售收入带来的附加价值。一般来说，越是资本密集的行业，其产品附加价值越高，净利润也随之提高；反之资本密集程度相对较低的行业，产品附加价值较低，净利润也就较低。附加值率是小于1的值。产品附加值率越大，产品的附加值就越大，通常把这类产品称为高附加值产品；相反，产品附加值率越小，产品的附加值就越小，通常把这类产品称为低附加值产品。一般来就说，附加值率以0.3为界。大于0.3称为为高附加值产品，小于0.3称为低附加值产品。

云南资源型工业附加值占云南工业的附加值比例虽然是上升的，但与全国相比，2004年云南资源型工业附加值占云南工业附加值的比例大大低于全国的比例。云南资源型工业整体附加值率低，小于30%，属于低附加值产品，并且附加值率一直低于云南工业（图5-4、图5-5、表5-3）。

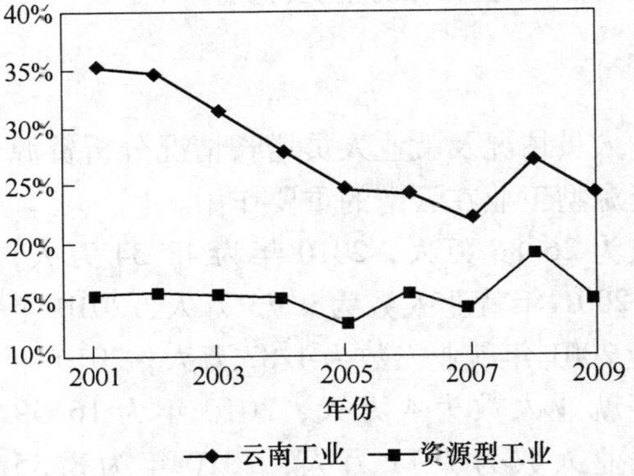


图5-4 云南工业及资源型工业附加值率

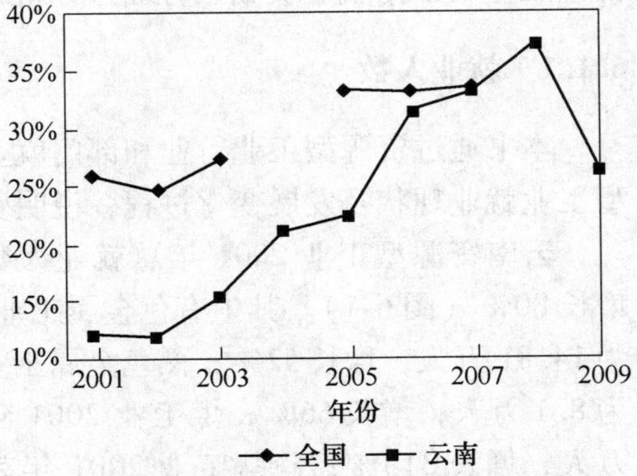


图5-5 资源型工业附加值占工业附加值比重

表5-3 云南资源型工业的附加值率 （%）

| 年 份 | 2001 | 2002 | 2003 | 2004 | 2005 | 2006 | 2007 |
|---|---|---|---|---|---|---|---|
| 云南工业 | 35.54 | 34.77 | 31.40 | 27.90 | 24.66 | 24.12 | 22.07 |
| 云南资源型工业 | 15.43 | 14.60 | 15.20 | 15.19 | 12.60 | 15.36 | 13.86 |

资料来源：云南工业经济信息资料2001～2009，云南统计年鉴2002～2010。

# 6 云南资源型工业吸纳就业能力强研究

吸纳就业能力是指提供就业岗位、解决就业问题、实现充分就业的能力，一方面体现在吸纳一般劳动力的数量上，也体现在吸纳高水平劳动力的能力上。

云南经济的快速增长离不开资源型工业的发展，资源型工业是云南的支柱产业之一，因此其有义务也有能力为就业做出贡献。另一方面，扩大就业是经济问题也是社会问题，有较强的吸纳就业能力可以得到政府的嘉许和社会的支持，从而提高企业的核心竞争力，实现国企的社会价值，同时也与我国现阶段国情相适应。本书从资源型工业吸纳就业人员的数量、质量，及未来增加就业的空间三方面分析资源型工业吸纳就业的能力。

## 6.1 就业数量

本书从现有资源型工业的就业人数、资源型工业带动其他产业就业能力和资源型工业对云南就业贡献三方面来评价资源型工业吸纳就业能力。

### 6.1.1 就业人数

本书通过资源型工业行业和部门就业人员情况及就业人员增长情况分析资源型工业就业现状及发展变化过程，说明资源型工业在云南的重要作用。

云南资源型工业 2001 年总就业人数为 26.86 万人，2010 年为 48.34 万人，增长 80%（图 6-1）。其中有色金属工业 2001 年就业人数为 9.73 万人，2010 年为 14.81 万人，增长 52%；黑色金属工业 2001 年就业人数为 4.87 万人，2010 年为 8.1 万人，增长 66%；煤工业 2001 年就业人数为 4 万人，2010 年为 16.59 万人，增长 315%；磷盐工业 2001 年就业人数为 7.71 万人，2010 年为 8.85 万人，增长 15%。云南资源型工业的就业人数呈现逐渐上升的趋势，其中黑色金属和磷盐工业的就业人数增长比较稳定，煤工业的就业人数从 2007 年开始迅速增长，有色金属工业就业人数增长有波动，在 2007 年出现大幅上升后回落。

从行业构成来看，云南资源型工业中采选业就业人数一直处于领先地位，2001 年采选业就业人数为 9.9 万人，2010 年就业人数为 21.8 万人，增长 120%；冶炼业 2001 年就业人数为 9.8 万人，2008 年为 15.6 万人，增长约 60%；加工业

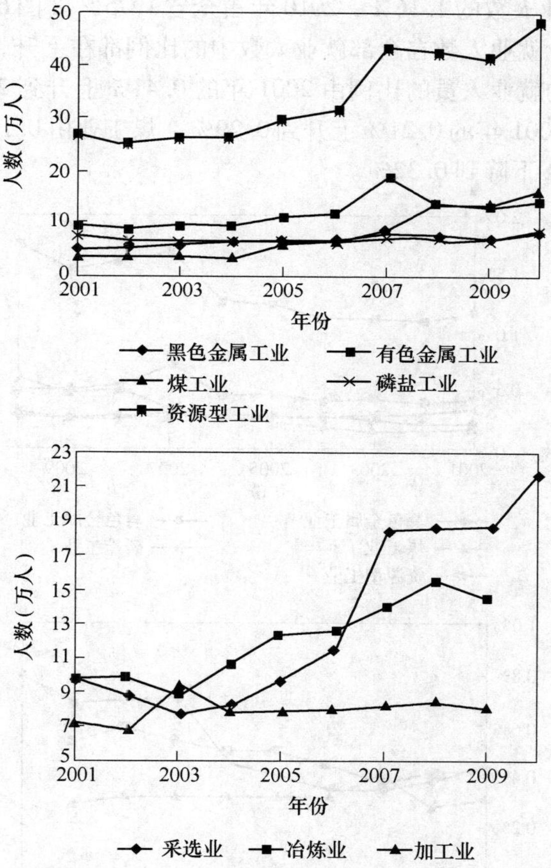


图6-1　云南资源型工业就业人数

2001 年就业人数为 7.2 万人，2008 年为 8.6 万人，增长 20%。总体上看采选冶炼业的就业人数增长比较快，而加工业的就业人数基本没有什么大的变化。其中有色金属工业采选业就业人数变化不大，2001 年为 3.83 万人，2010 年为 3.42 万人，冶炼业就业人数持续增长，2008 年已达到 10.25 万人，加工业有小幅度的提升；黑色金属冶炼业就业人数变化不明显，采选业和加工业人数有很明显的提升，2001 年采选业和加工业就业人数分别为 0.51 万人和 0.58 万人，2010 年采选业人数增长到 2.08 万人，2008 年加工业增长到 2.43 万人；煤工业就业人数增长显著，尤其是采选业，就业人员数量增长较大，2001 年采选业就业人数为 3.84 万人，2010 年为 14.93 万元，增长 11.09 万人，冶炼业 2001 年就业人数为 0.15 万人，2010 年为 1.65 万人，虽然只增长 1.5 万人，但就业人数增长了 10 倍；磷盐工业就业人数变化不明显。

总体来讲，云南资源型工业就业人员数在全社会就业中的比重逐年增加，

2001 年占全省就业人数的 1.16%，2010 年占全省 1.75%（图 6-2）。其中除磷盐工业外，其他行业就业人数在全部就业人数中的比例都在上升，有色金属工业从业人数占全社会的就业人员的比例由 2001 年的 0.41% 上升到 2010 年的 0.54%，黑色金属工业由 2001 年的 0.21% 上升到 0.29%，煤工业由 0.17% 上升到 0.6%，磷盐工业由 0.33% 下降到 0.32%。

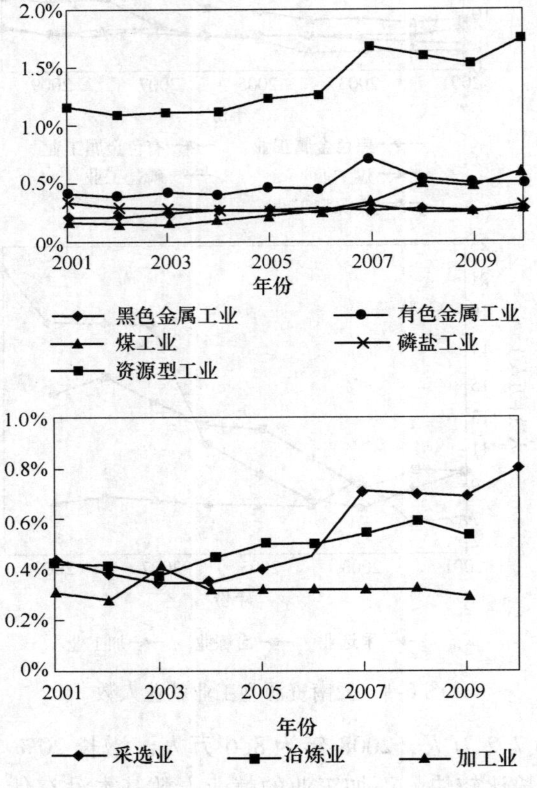


图 6-2 云南资源型工业就业人数占云南就业人数的比例

从矿业加工环节上看，采选业就业人数在全社会就业人数中的比例增长较大，2001 年占全社会就业人数的 0.43%，2010 年所占比例为 0.79%，吸纳了更多的就业人员；冶炼业就业人员数有小幅度增长，2001 年占全部社会就业人数的 0.42%，2008 年占 0.59%，在全社会就业中的比例也是上升的；加工业就业人数所占比重有些许波动，但变化不大，对促进就业影响不大。

与全国相比，云南资源型工业就业人数占工业就业人数的比重大于全国水平，而云南资源型工业就业人数占全省就业人数比重小于全国水平，说明在吸纳就业人数上，云南资源型工业在云南工业中具有重要的地位，在全社会中具有重要的地位，尤其是采选业吸纳就业人数的作用更大。

### 6.1.2 行业就业效应

劳动力系数衡量的是某一产业产出的变化对本行业就业水平的影响，但某一行业产出的变化不仅会引起本行业就业的变化，还会通过产业间的波及效果引起其他行业就业的变化。其他行业增加的产出分别乘上各自的劳动力系数，就可得到由于 $j$ 行业产出增加 1 单位而引起的整个经济系统就业的增加，这就是 $j$ 行业的就业效应，可以用来研究一个行业产出增加对各个行业产生的影响，定义如下：

$$e_j = \sum_{k=1}^{n} l_k \bar{b}_{kj}$$

式中 $\bar{b}_{kj}$ ——列昂惕夫逆矩阵的元素；

$l_k$ ——行业就业效应边际劳动力投入常数，即行业增加一个货币单位，本行业需要直接增加的劳动力数。

行业 $j$ 的就业效应 $e_j$ 表示第 $j$ 行业最终使用增加 1 个单位，其他行业最终使用均不增加，导致各个行业劳动力增加（不仅仅是第 $j$ 个行业劳动力增加数），其反映了一个行业吸纳就业能力的大小。

根据云南省投入产出表，计算得到云南省各个行业的就业效应，见表 6-1。可见，云南资源型工业的行业就业效应较低，资源型工业在带动其他行业就业上没有太大的比较优势，远低于第一产业、第三产业、建筑业、食品制造与烟草加工业，也低于制造业。总体上，云南资源型工业的生产投入并不太能带来就业的增加。

**表 6-1 云南各行业就业效应** （人/亿元）

| 行业 | 第一产业合计 | 资源型工业 | 食品制造及烟草加工业 | 制造业 | 电气热水生产与供应 | 建筑业 | 交通运输及仓储业 | 其他第三产业 |
|---|---|---|---|---|---|---|---|---|
| $e_j$ | 25379.9 | 3697.52 | 5344.43 | 3838.9 | 3011.6 | 7826.06 | 3600.03 | 7633.17 |

资料来源：云南省投入产出表 2007。

### 6.1.3 就业贡献率

就业贡献率是指某一期间某产业的就业增量与同一期间全社会就业增加量之比。就业贡献率越大表明该产业在此期间对全社会就业的贡献程度越高。其计算公式为：

$$c = \frac{\nu_1}{\nu}$$

式中 $c$ ——某产业对就业增长的贡献度；

$\nu_1$ ——某期间该产业就业增量；

$\nu$ ——同一期间全社会就业增量。

资源型工业就业对云南就业贡献度越高，表明与其他行业相比，资源型工业在云南的地位越高，吸纳就业能力越强。

总体来讲，2004 年以前工业对云南全社会就业贡献率为负，就业人员主要从事第一产业，云南仍以农业为主；2004 年以后工业对全社会就业贡献率逐渐增长，就业人员已从第一产业逐渐向第二、三产业转移。

云南省资源型工业对全社会的就业贡献率呈震荡式增长，如图 6-3 所示。资源型工业就业贡献率在 2001 年、2002 年、2008 年为负值，对云南全社会就业的贡献减少，但降低的幅度不大。在 2007 年，资源型工业就业增长人数占云南全社会就业增长人数的 20%，为云南的就业做出了巨大贡献。其中有色金属就业是影响资源型工业就业贡献率的主要因素，2007 年有色金属就业贡献率值达到

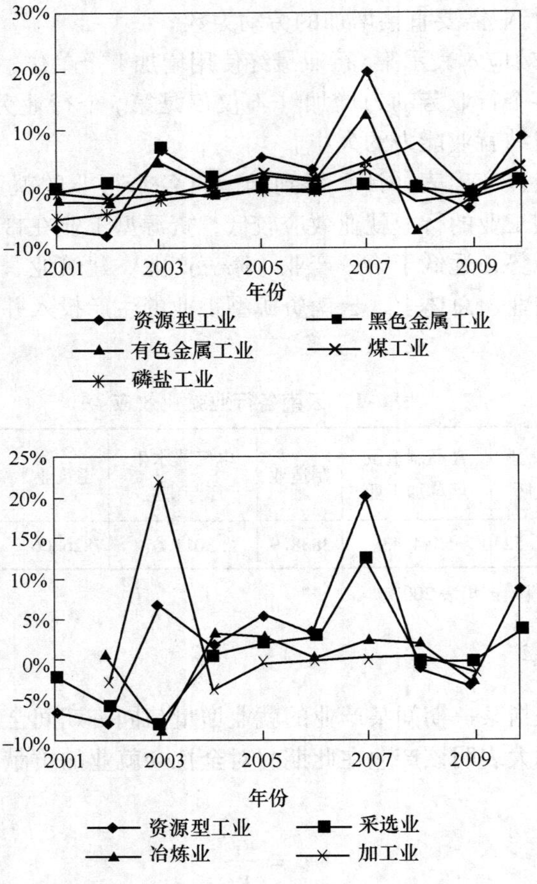


图 6-3　云南资源型工业就业贡献率

最高的12%时，资源型工业的就业贡献率也达到最大。黑色金属工业和磷盐工业对整个社会的就业影响较小。煤工业就业贡献度由负变正，且整体呈现上升趋势，煤工业吸纳了较多的就业人员。

从行业上看，采选业就业人数整体呈上升趋势，在整个资源型工业就业人数中所占比例不断上升，吸纳了较多的就业人员。其中有色金属工业采选业波动剧烈，2007年有色金属采选业就业贡献率为8.7%，而2008年其就业贡献率却为-7.5%；煤工业采选业就业人数显著增长，整体上看，对全社会的就业贡献率呈逐年上升趋势。冶炼业没有出现较突出的波动变化，有色金属和黑色金属是冶炼业就业的主要行业，炼焦业就业人数也在不断增长。加工业整体的贡献率不明显，除黑色金属外，其他行业在加工中的就业需求较少，对加工业影响不大。

与全国水平相比，云南资源型工业的就业贡献率（2001～2010年平均为4%）远远低于全国平均水平14%，没有优势。云南资源型工业就业贡献率还有很大的提升空间，主要应该在采选业和加工业上增加就业人数。

云南资源型工业就业人数占工业就业人数的比重大于全国水平，而云南资源型工业就业人数占全省就业人数比重小于全国水平，说明在吸纳就业人数上，云南资源型工业在云南工业中具有重要的地位，在全社会中具有重要的地位，尤其是采选业吸纳就业人数的作用更大。行业就业效应上，云南资源型工业的效应较低，在带动其他行业就业上没有太大的比较优势，远低于第一产业、第三产业、建筑业、食品制造与烟草加工业，也低于制造业。在就业贡献上，云南资源型工业的就业贡献率（2001～2010年平均为4%）远远低于全国平均水平14%。

## 6.2 就业质量

由于行业部门性质不同，对就业人员的素质要求不同，除了分析资源型工业吸纳的就业人数外，还应考虑其吸纳不同层次就业人员的能力。就业人员的工资水平和负担人数可以衡量就业人员能力和素质，工资水平越高，可以负担的人员越多，就业人员质量越高。

### 6.2.1 工资水平

工资水平是指一定区域和一定时间内劳动者平均收入的高低程度。提高普通职工工资水平，不仅有利于维护劳动者的合理报酬权益，从长远来看也有利于推动企业的结构调整和技术进步，提高企业管理水平。

根据云南工业经济信息资料和云南统计年鉴，云南各行业职工人均工资见表6-2，从表6-2中可以看出：（1）云南资源型工业工资从2005年开始高于全省工资的平均水平，吸引就业能力强，劳动力从其他行业转移到资源型工业的潜力大；（2）资源型工业工资水平高于第一产业工资水平，到2008年为止资源型工业人均工资是第一产业工资的1.967倍，而资源型工业就业人数为44.13万人，第一产业就业人数为13.19万人，由此看出资源型工业就业明显优于第一产业；（3）从2006年开始，资源型工业工资水平高于第二产业工资水平，到2008年，资源型工业工资水平是第二产业工资水平的1.258倍，第二产业职工人数为104.64万人，由于第二产业包括资源型工业，以第二产业工资水平为标准，资源型工业就业人数相当于55.52万人，超过了第二产业的半数以上，可以看出其吸纳就业能力强；（4）资源型工业的平均工资水平还未赶上工业平均工资水平，但逐渐趋近，2008年，资源型工业的人均工资已达到工业平均工资水平的97%；（5）从2007年起资源型工业工资水平高于制造业工资水平，2008年资源型工业人均工资是制造业人均工资的1.195倍，制造业职工人数为52.92万，以制造业工资水平为标准，资源型工业从业人员相当于52.74万人，接近制造业；（6）资源型工业工资水平一直高于建筑业工资水平，就业人数也多于建筑业；（7）第三产业职工人数为168.9万人，2008年以前其工资水平一直高于资源型工业工资水平，2008年资源型工业工资水平是第三产业工资水平的1.1倍，按第三产业工资水平计算，资源型工业就业人数相当于48.54万人，由于第三产业包括教育文化、金融、机关管理和IT等要求素质较高的行业，而这些素质要求高的行业其

**表6-2　云南各行业职工人均工资**　（万元/人）

| 年份 | 2001 | 2002 | 2003 | 2004 | 2005 | 2006 | 2007 | 2008 |
|---|---|---|---|---|---|---|---|---|
| 全省 | 1.054 | 1.199 | 1.287 | 1.458 | 1.614 | 1.871 | 2.048 | 2.403 |
| 第一产业 | 0.714 | 0.836 | 0.980 | 1.018 | 1.123 | 1.296 | 1.390 | 1.435 |
| 第二产业 | 1.057 | 1.171 | 1.256 | 1.462 | 1.707 | 1.876 | 1.954 | 2.243 |
| 工业 | 1.201 | 1.346 | 1.448 | 1.658 | 1.903 | 2.066 | 2.298 | 2.910 |
| 制造业 | 1.087 | 1.179 | 1.265 | 1.490 | 1.717 | 1.913 | 2.063 | 2.361 |
| 建筑业 | 0.910 | 0.980 | 1.048 | 1.149 | 1.332 | 1.398 | 1.440 | 1.640 |
| 第三产业 | 1.093 | 1.255 | 1.334 | 1.503 | 1.623 | 1.921 | 2.164 | 2.565 |
| 资源型工业 | 1.011 | 1.162 | 1.184 | 1.414 | 1.658 | 1.881 | 2.077 | 2.822 |
| 采选业 | 0.858 | 0.954 | 1.070 | 1.412 | 1.759 | 1.841 | 1.901 | 2.761 |
| 冶炼加工业 | 1.091 | 1.262 | 1.229 | 1.415 | 1.613 | 1.901 | 2.206 | 2.866 |
| 黑色金属工业 | 1.343 | 1.484 | 1.332 | 1.480 | 1.821 | 1.813 | 2.394 | 2.743 |
| 有色金属工业 | 1.013 | 1.199 | 1.164 | 1.420 | 1.646 | 2.135 | 2.177 | 3.248 |
| 煤工业 | 0.788 | 0.928 | 1.051 | 1.264 | 1.432 | 1.644 | 1.747 | 2.677 |
| 磷盐工业 | 0.954 | 1.060 | 1.161 | 1.426 | 1.699 | 1.754 | 1.932 | 2.416 |

资料来源：云南工业经济信息资料2001～2008，云南统计年鉴2002～2009。

工资水平也相对较高，因此第三产业平均工资水平较高，第三产业还有旅游业等吸纳就业人数较多的行业，但其收入不稳定，季节性强，平均工资水平低。相比之下，资源型工业更稳定，吸纳就业更具有优势。

从云南资源型工业内部各行业和部门工资水平来看，（1）采选业主要是体力劳动，对劳动人员要求低，主要吸纳靠体力劳动生存的人。采选业工资水平低于资源型工业平均工资水平，但逐渐向其靠近，间接就业能力略低于资源型工业。相比之下，冶炼加工业工资水平高于资源型工业，间接带动就业能力强。（2）从行业上来看，磷盐工业工资水平相对云南资源型工业工资水平是下降趋势，间接带动就业能力变弱；黑色金属工业工资水平虽然呈下降趋势，但是总体上仍高于资源型工业平均工资水平；煤工业工资水平虽然低于资源型工业，但呈增长趋势，逐渐接近，间接带动能力增强；有色金属工业工资水平基本持续高于资源型工业工资水平，是吸纳就业最有优势的行业。

另外，云南资源型工业企业多数建立了绩效管理、薪酬激励、人才培养、知识培训等制度，为吸引高素质人才提供了较好的政策制度，同时工资水平也相对较高。例如昆钢建立了多层次全方位激励机制，实现事业上留人、待遇上留人、感情上留人。一方面体现以效益为中心的导向，职工岗位工资基额随集团公司的经济效益变化而浮动；另一方面兼顾公平，在集团公司效益提高、劳动生产率提高的前提下，在加大科技、管理和关键岗位激励力度的同时，普遍提高职工收入，同时适度向管理岗位倾斜，向专业技术岗位、科技人员（知识分子）倾斜。设置生产操作、专业技术和管理三个系列，形成三个通道，为全体职工的职业发展提供了平台。实施分层次多元化的人才激励方法，关心人才、实行协商工资制，根据人才或劳动力市场供求状况，为吸引、留住、激励各类优秀人才，由公司与优秀人才双方在平等自愿基础上协商约定劳动报酬；重视科研，实行科研项目工资制，对科研成果进行激励的同时，加大对科研过程的激励，引导、激励科研人员勇于创新；评聘首席工程师，实行“技术年薪制”，技术年薪制是以技术技能对公司发展的作用及贡献确定报酬；突出专业人才，在专业技术人员中实行专业技术带头人津贴制度；注重岗位操作，在操作人员中实行岗位操作带头人津贴制度；加强对技师、高级技师的激励、管理、考核。职工取得技师、高级技师资格的，由公司给予一次性奖励；实行关键岗位（工种）津贴。

云天化建立了公司、部门、员工三个层面的绩效考核体系，考核结果切实运用于工资分配、职位调整、优秀评比等方面；云锡公司针对不同重点大学毕业的博士后、博士、硕士、本科人才制定了梯级安家费和最低薪酬制度，并对专业技术职务给予津贴补助，为大学生提供环境良好、设施齐全的公寓。

昆阳磷矿为所有员工进行了集资建房，午饭有补助，总体说来待遇较好，人员流动性不是很高，尤其是近几年基本上是流入不流出，除非员工能找到更好的工作。同时矿厂的云南本地人比较多，因此稳定性强。一线采场的工人比行政部门的工资高，年龄在30岁、40岁左右，因为一线采场工作条件比较差，也比较辛苦，技术操作人员的工资是一般员工工资的2～3倍，总的来说昆阳磷矿的生产条件在云南是很好的。

浩鑫公司与政府政策结合起来提高待遇和福利，如把部分房子零成本或者低成本提供给职工，解决住房问题，同时针对未来的个人发展做出清晰的规划，比如为普通技术人员考取技师职称提供指导和帮助，这样可以提高员工收入也提高了公司的技术水平，并改善工作环境；而针对科研人员的成果奖励按获奖奖金，以一定比例发给研发人员。驰宏锌锗新来的基层一线人员离职率高，越往上越稳定；职工工资以绩效考核的形式分配，中高级管理人员也同样由绩效考核来分配工资，公司员工子女考上大学给予奖励。

由于民营企业待遇相对较好，特别是针对具有一定的技术和管理水平的人员的待遇高，国有企业面临人才流失的危机，一些大专生先到国企学技术，之后再跳槽去私企，以获得较好的待遇。

总的来看，云南资源型工业的工资水平较高，虽然高于包括制造业和建筑业在内的其他行业，但低于云南工业的工资水平，相对吸引就业能力强；特别是采选业和金属工业，可以吸纳较多的一般劳动力，是资源型工业中吸纳就业能力强的优势行业，劳动力供应相对充足。

### 6.2.2 负担人数

从城镇和农村生活水平来看，根据城镇居民的人均可支配收入和人均农民纯收入状况，可以得出每户劳动人员的平均收入及每人平均负担的人数（表6-3），从表6-3中可以看出，云南城镇居民工资水平平均可负担2人，农民工资水平平均可负担1.5人。

**表6-3 云南城镇与农村工资水平**

| 年 份 | 城 镇 | | 农 民 | |
|---|---|---|---|---|
| | 工资水平（元/人） | 负担人数（人） | 工资水平（元/人） | 负担人数（人） |
| 2001 | 12915.6 | 1.9 | 2433.4 | 1.59 |
| 2002 | 13924.3 | 1.92 | 2511.3 | 1.57 |
| 2003 | 14744.7 | 1.93 | 2649.9 | 1.56 |
| 2004 | 18622.6 | 2.1 | 2854.5 | 1.53 |
| 2005 | 20621.9 | 2.23 | 3168.8 | 1.56 |

续表 6-3

| 年份 | 城镇 | | 农民 | |
|---|---|---|---|---|
| | 工资水平（元/人） | 负担人数（人） | 工资水平（元/人） | 负担人数（人） |
| 2006 | 21683.3 | 2.16 | 3434.9 | 1.53 |
| 2007 | 23819.3 | 2.07 | 3992.7 | 1.52 |
| 2008 | 27163.0 | 2.05 | 4686.4 | 1.51 |
| 2009 | 29363.0 | 2.04 | 5048.1 | 1.50 |

资料来源：云南统计年鉴 2002～2010。

根据资源型工业工资水平、城镇居民工资水平、农民工资水平，可以计算得到云南资源型工业及其内部各行业和部门能够负担的城镇和农村居民人数，见表 6-4 及图 6-4。从表 6-4 中可以看出：(1) 冶炼加工业人均负担人数高于采选业，并且冶炼业就业人员远远大于采选业，冶炼加工业间接就业人数多；(2) 有色金属工业间接就业人数最多，黑色金属工业与磷盐工业间接就业人数小于有色金属行业，煤工业间接就业人数逐渐增加，在 2008 年，其间接就业人数已超过黑色金属工业和磷盐工业水平。

**表 6-4 云南资源型工业就业人员负担人数** （人）

| 年份 | | 2001 | 2002 | 2003 | 2004 | 2005 | 2006 | 2007 | 2008 |
|---|---|---|---|---|---|---|---|---|---|
| 资源型工业 | 城镇 | 1.49 | 1.60 | 1.55 | 1.59 | 1.79 | 1.87 | 1.81 | 2.13 |
| | 农村 | 6.61 | 7.26 | 6.97 | 7.58 | 8.16 | 8.38 | 7.91 | 9.09 |
| 有色金属工业 | 城镇 | 1.49 | 1.65 | 1.52 | 1.60 | 1.78 | 2.13 | 1.89 | 2.45 |
| | 农村 | 6.62 | 7.50 | 6.85 | 7.61 | 8.10 | 9.51 | 8.29 | 10.47 |
| 黑色金属工业 | 城镇 | 1.98 | 2.05 | 1.74 | 1.67 | 1.97 | 1.81 | 2.08 | 2.07 |
| | 农村 | 8.78 | 9.28 | 7.84 | 7.93 | 8.96 | 8.08 | 9.11 | 8.84 |
| 煤工业 | 城镇 | 1.16 | 1.28 | 1.38 | 1.43 | 1.55 | 1.64 | 1.52 | 2.02 |
| | 农村 | 5.15 | 5.80 | 6.19 | 6.77 | 7.05 | 7.32 | 6.65 | 8.63 |
| 磷盐工业 | 城镇 | 1.40 | 1.46 | 1.52 | 1.61 | 1.84 | 1.75 | 1.68 | 1.82 |
| | 农村 | 6.23 | 6.63 | 6.83 | 7.64 | 8.36 | 7.81 | 7.35 | 7.78 |
| 采选业 | 城镇 | 1.26 | 1.32 | 1.40 | 1.59 | 1.90 | 1.83 | 1.65 | 2.08 |
| | 农村 | 5.61 | 5.96 | 6.30 | 7.57 | 8.66 | 8.20 | 7.24 | 8.90 |
| 冶炼加工业 | 城镇 | 1.61 | 1.74 | 1.61 | 1.60 | 1.74 | 1.89 | 1.92 | 2.16 |
| | 农村 | 7.13 | 7.89 | 7.24 | 7.58 | 7.94 | 8.47 | 8.40 | 9.23 |

资料来源：云南统计年鉴 2002～2009，云南工业经济信息资料 2001～2008。

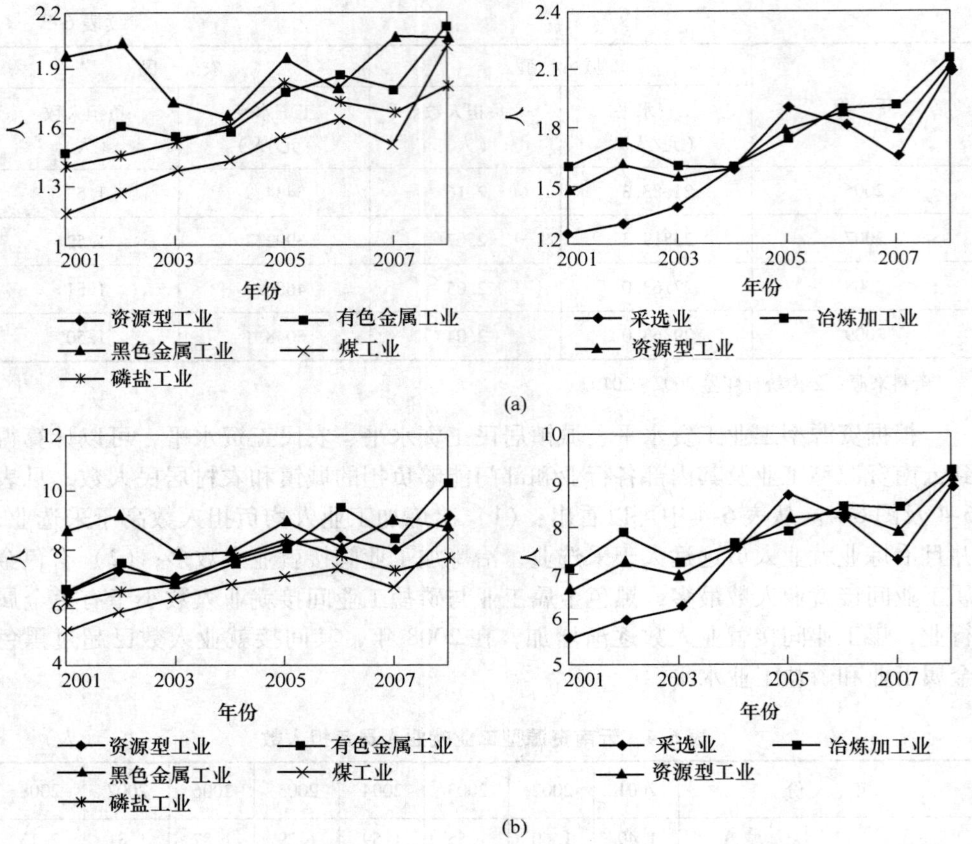


图 6-4 云南资源型工业负担城镇人口数和农村人口数

（a）负担城镇人口数；（b）负担农村人口数

总的来看，云南资源型工业工资水平的负担人数较高，特别是有色金属工业和冶炼业的负担人数最高。

云南资源型工业的就业质量较高，从工资水平上看，资源型工业工资水平虽然高于包括制造业和建筑业在内的其他行业，低于云南工业的工资水平，但吸引就业能力强；特别是采选业和金属工业，可以较多地吸纳一般劳动力，是资源型工业中吸纳就业能力强的优势行业。从负担人数来看，资源型工业工资水平的负担人数较高，特别是有色金属工业和冶炼业的负担人数最高。

## 6.3 就业空间

就业空间是指资源型工业潜在吸纳就业人员的可能，吸纳就业空间越大，吸纳就业能力就越强，越具有竞争力。可以通过就业弹性和结构偏离度来衡量就业空间大小。

### 6.3.1 就业弹性

就业弹性是指经济增长每变化一个百分点所对应的就业数量变化的百分比。就业弹性为正值时，含义比较简单、直接和容易解释：弹性越高，经济增长对就业的拉动效应越大；弹性越低，经济增长对就业的拉动效应越小。在就业弹性为负值时，弹性的含义就变得比较复杂，形成一种“海绵”效应，即经济增长对就业的作用在这种情况下可以分为两种：一种为“挤出”效应，这种效应来自于经济为正增长但就业减少的情况，此时就业弹性绝对值越大对就业“挤出”效应就越大，就业弹性绝对值越小对就业“挤出”效应就越小；另一种为“吸入”效应，这种效应来自于经济为负增长但就业增加的情况，此时就业弹性绝对值越大对就业“吸入”效应就越大；就业弹性绝对值越小对就业“吸入”效应就越小。严格说来，“吸入”效应不是一种正常的经济现象。此外，如果就业弹性为零，说明经济增长对就业增长没有拉动作用。当然，在经济增长率为零的情况下，就业弹性也就不存在了。就业弹性的计算公式为：

$$\text{就业弹性} = \frac{\text{就业人数增长率}}{\text{产业增加值增长率}} \times 100\%$$

就业弹性高说明产业拥有较强的就业吸纳能力，直接就业效应显著，产业的发展将较大带动劳动就业的增长。

2001 年、2002 年云南资源型工业的就业弹性均为负值，分别为 -99.3% 和 -27.8%，同期的工业增加值增长率为正，说明云南资源型工业具有较强的“挤出”效应，劳动效率提高比较快。2003 ~ 2007 年云南资源型工业的就业弹性均为正且逐渐增大，表明对就业的拉动效应逐渐增强，到 2007 年达到了 100%。2008 年的就业弹性为负，就业增长率为负，说明资源型工业的劳动效率有所提高。2009 年就业弹性为负，增加值增长率为负，云南资源型工业产生“吸入”效应，是一种非正常的经济现象（图 6-5）。

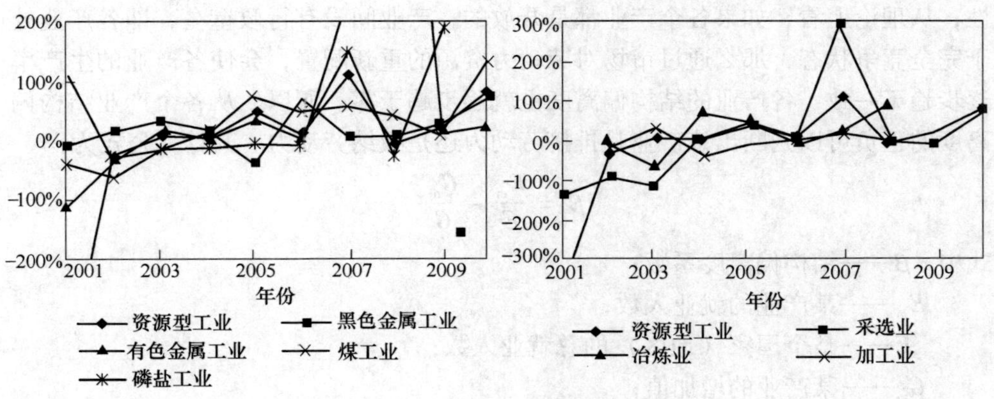


图 6-5 云南资源型工业就业弹性

从构成来看，有色金属工业在2001年、2002年、2004年的就业弹性均为负值，且就业增长率亦为负，表现出“挤出效应”，尤其是2001年的就业弹性达到了-108%，表明有金属工业劳动效率在这3年得到了较大的提高；而在其他年份的就业弹性均为正值，表明有色金属工业对就业的拉动效应比较明显，尤其是在2008年达到了856%；总的来说，有色金属工业的就业弹性表现很好，发展正常，在劳动效率提高和吸纳就业方面的表现都很好。煤工业也在劳动效率提高和拉动就业方面表现出了较好效应，2001~2003年煤工业表现出较强的“挤出”效应，说明其劳动效率得到了很大的提高，2004年以后就业弹性为正且逐渐增大，表明其对就业的拉动效应逐渐增强，到2010年达到了150%。磷盐工业的就业弹性在多数年份为负值，且就业增长率亦为负，表现出“挤出”效应，说明磷盐工业的劳动效率在提高，但是在2009年则表现出强烈的“吸入”效应，达到975%，出现强烈的不正常经济现象。

从行业来看，资源型工业的采选业在2001~2003年之间的就业弹性为负值且就业增加率亦为负，表现出较强烈的“挤出”效应，说明劳动效率提高，而在其他年份的就业弹性则均为正值，表明其对就业有较好的拉动作用，尤其是在2007年达到了282%。冶炼业在2003年表现出“挤出”效应而在其他年份则为正值，表明冶炼业总体上在提高劳动效率和拉动就业方面均有较好的表现。加工业表现也很好，其就业弹性系数表现出“挤出”效应。

### 6.3.2 结构偏离度

结构偏离度是指某一产业的就业比重与增加值比重之差。结构偏离度与劳动生产率成反比，结构偏离度大于零为正偏离，也即该产业的就业比重大于增加值比重，意味着该产业的劳动生产率较低，存在着劳动力转移出去的可能性；反之，负偏离则意味着该产业的劳动生产率较高，该产业存在着劳动力迁入的可能性；从理论上看，如果各个产业都是开放的，产业间没有行政壁垒，即各产业处于完全竞争状态，那么通过市场对劳动力资源的重新配置，会使各产业的生产率逐步趋于一致，各产业的结构偏离度也就逐步趋于零。所以，从各个产业结构偏离度的正负可以判断出该产业是排挤劳动力还是吸纳劳动力。其计算公式为：

$$\beta = \frac{E_m}{E} - \frac{G_m}{G}$$

式中 $\beta$——结构偏离度系数；

$E_m$——某产业的就业人数；

$E$——整个国家（地区）的总就业人数；

$G_m$——某产业的增加值；

$G$——全国（地区）的GDP。

2001～2010年云南省的经济发展速度不断加快，2001年云南矿业增加值占云南GDP的4.02%，资源型工业就业人数占云南省总就业人数的1.34%，到2010年云南矿业增加值占云南GDP的10.41%，矿业就业人数占云南省总就业人数的1.75%，劳动力从其他行业流向矿业，但是产业结构和就业结构两者存在显著的非协调性。结构偏离度可以定量考察产业结构和就业结构两者的非协调性。

由云南资源型工业结构偏离度图6-6可以看出，云南资源型工业的结构偏离度全部为负值，表明全社会就业比重小于资源型工业的增加值比重，存在劳动力转入的可能。一般而言，无论是在发达国家还是在发展中国家，其产业结构与就业结构的变动都表现出正相关的变动关系，也即某一产业比例下降，该产业的劳动力比例也下降，反之则产生相反的变化。但是就业结构由于受到诸多因素影响，有时并不表现为与产业结构同步变化，就业结构调整可能滞后于产业结构调整。从结构偏离度趋势曲线可以看出，各行业的结构偏离明显表现出累积的特征，都是一条向下倾斜的曲线。云南凭借拥有丰富的矿产资源优势，大力发展矿业，导致矿业结构存在明显的超前性，这种产业结构的超前性使产业就业结构严重滞后于产业结构的变化，展现出强烈的不均衡性，进而给就业结构带来显著的影响。这种偏离的累积性又进一步加速了就业滞后性的发展，表明在产业结构变动的同时就业结构的转变还存在一定的障碍，劳动力要素还没有达到最优配置。

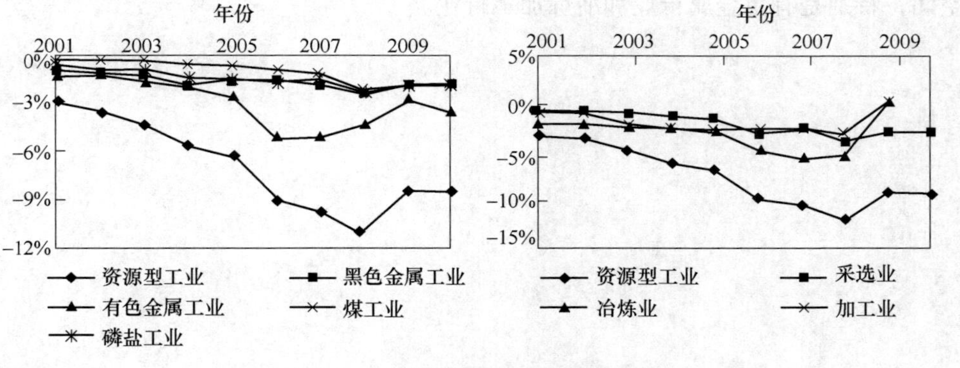


图6-6 云南资源型工业结构偏离度

从动态上来看，2001～2010年，云南资源型工业结构偏离度值在波动中加速下降，且下降程度很大，2009年、2010年偏离度朝着合理化的方向发展，云南矿业结构偏离度这几年总体下降5.81%，就业结构与产业结构差距缩小速度变缓。

从资源型工业的构成来看，导致云南产业结构和就业结构不均衡的主要是有色金属行业，资源型工业偏离度的变化趋势和有色金属偏离度变化趋势密切相关。在2006年有色金属行业结构偏离明显，是导致整个矿业产业结构和就业结构严重不均衡的主要原因。到2008年，有色金属结构偏离减弱，但其他行业继续下降，就业结构偏离的累积导致整个资源型工业仍然显现下降趋势。2009年有色金属偏离度趋于合理化发展，资源型工业偏离度趋向于0。到2010年，有色金属工业的偏离更明显，虽然其他行业偏离变弱，但整个矿业偏离程度变大。

从部门来看，采选业、冶炼业、加工业偏离都逐年增大，由于云南科技还不先进，技术相对优势还不稳定，只能凭借拥有的天然矿产资源优势来发展强大自己，因此在深加工环节明显显现出不足，无论是工业增加值还是就业人员都没有明显的变化，结构偏离度变化不大。矿业偏离度受采选业、冶炼业影响较大，变化趋势与采选、冶炼偏离度变化趋势相似，2001年采选业和冶炼业结构偏离度分别为 -0.49 和 -1.75，2008年采选业和冶炼业结构偏离程度明显，分别为 -3.50和 -4.68，结构偏离度变化明显。从结构偏离程度数值中可以发现，云南工业、矿业产业结构和就业结构偏离程度很大，远远大于偏离度为零时的均衡发展结构，云南资源型工业与就业吸纳能力之间还存在着较大偏差，其吸纳劳动力还有很大的提升空间。

在促进就业的工作中，应依据不同地区的特点和实际情况，采取相应的合理的措施以提高地区吸纳就业的能力。作为经济发展缓慢的落后地区，云南就业机会供给不足，就业环境劣于经济发达地区，另外收入水平的落后也缺乏就业吸引力。云南资源型工业的就业弹性和结构偏离度均表现较好，还有很大的就业增加空间，特别是有色金属行业和冶炼加工行业。

# 7 结 语

本书根据资源型工业的概念，结合云南经济的发展情况，从采（矿）、选（矿）、冶（炼）、加（工）四个门类和黑色金属（铁）、有色金属（锡、铅锌、铜、铝）、煤、磷、盐等四个行业归纳、分析了云南资源型工业的发展现状，并和与云南类似的湖南、广西、江西、陕西、青海等省区进行对比。

通过查阅国家知识基础设施（CNKI）、施普林格全文数据库（Springer-Link）、省市和高校图书馆、互联网等，到相关国家政府机关和资源型企业进行调研，以及向高校、政府、企业、行业协会等部门的专家进行咨询和调查，应用规范研究与实证分析、定性分析与定量分析、比较分析等方法，突出把云南作为一个“坐标”展开，注重与国家或地区之间部分有代表性产业竞争力进行比较分析，可知云南资源型工业核心竞争力的主要特点。

## 7.1 结构优化方面

结构优化从合理化和高级化两个方面进行分析：

在规模比例上，(1) 云南资源型工业总体供需关系趋于合理，与湖南类似，但采选业、冶炼加工业供需不平衡趋势显著增长：采选业供不应求，冶炼业（主要是金属冶炼业）供过于求。(2) 金属工业存在严重的矿产资源不足，冶炼，尤其是其中的铁合金冶炼和有色金属冶炼及合金产出过多，加工业略大于下游深加工的需求，但其中的钢压延加工业不能满足需求，而有色金属压延加工产出过多。从产品来看，主要是锡、铅锌、磷等产品供过于求。(3) 云南资源型工业的主导行业（主要是有色金属和黑色金属行业）突出且变化稳定，与非金属工业之间的比例关系协调，呈阶梯式结构，具有较好的比例差距。(4) 从云南省内的情况来看，云南资源型工业在未来对各主要矿产资源的需求均很紧迫。

在关联程度上，云南资源型工业对云南经济增长有很强的辐射力和制约能力，云南能源、原材料等基础工业的需求很大，在经济快速稳步发展中，对资源型工业的感应度大大增强，资源型工业对经济发展的制约作用是不言而喻的。

在区域协调能力上，云南资源型工业的区位商在全国的区位商逐渐增大，逐渐接近全国平均水平，同时部分行业（有色金属）和产品（锡、磷）具有绝对优势；省内区位商突出的地区连片集中在滇中的昆明、玉溪、曲靖、红河、楚雄地区和滇西的怒江、大理地区，同时与资源优势分布协调较好，表明云南资源型工业的优势主要源于资源优势。云南资源型工业的区位基尼系数很大，高于全国水平；同时冶炼加工业的区位基尼系数很高，而采选的区位基尼系数相对较低，较好地突出了采选分散、冶炼集中的生产布局。云南大多数区域之间的相似系数均较大，具有很大同构性和竞争性，不利于云南资源型工业的发展；只有丽江、西双版纳的资源型工业与其他州市的互补性很强，联系紧密。综合来看，云南资源型工业的发展还依赖于矿产资源本身而不是技术。

在高度化上，云南资源型工业的高技术化还未达到国家标准，科研费用、职工水平、产品附加值还不高；云南资源型工业整体上具有较好的规模经济效益，但规模集中度属于低集中寡占型，集中度还比较低，集约化程度还需要进一步提高；云南资源型工业的整体加工程度低，虽然其中有一些高水平的加工产品，但是没有形成规模。

## 7.2 技术先进方面

技术先进从管理制度合理（产业政策合理和企业管理制度先进）、生产工艺先进两个方面分析：

产业政策合理方面，云南资源型工业通过对行业标准的加强，阻止了一批技术、环保等不达标的小企业进入矿业，有利于提升云南资源型工业企业的规模和竞争力；高新技术促进政策比较齐全，对企业技术进步的鼓励力度较大，但需要在具体执行中贯彻，并适当向主导产业、支柱产业倾斜和配套人才、融资、税收等政策。企业管理制度先进上，云南资源型工业企业总部都有专门的技术部门，有科研院所的支持，具有较好的技术发展制度；但也存在利润导向过强、部门关系不顺、职责不清、一线生产的技术部门的技术实力偏弱等问题，资源型产业技术进步体系中，散、乱、弱的情况比较突出，缺乏能支撑国家级技术中心运作的核心研发机构及研发人才队伍和装备。生产工艺上，云南资源型工业的生产工艺技术和效果均比较先进，基本达到了全国的水平，有些甚至代表国际水平；装备水平和生产能力较好，但是高技术装备和高技术产品的生产规模还不够大，缺少系列化的高技术产品；产品普遍质量好，有的甚至达到了国际水准，代表国际最高品质。

## 7.3 清洁安全方面

清洁安全从清洁和安全两个方面进行分析。

清洁方面。云南资源型工业的能源与原材料消耗都在下降，主要表现为：(1) 云南资源型工业的物耗系数接近全国水平，还有进一步提升的空间。(2) 能源强度高于全国水平，也高于相似省区，但下降快，逐渐朝着全国平均水平发展。(3) 黑色金属和磷盐工业能源强度一直高于云南资源型工业；煤工业能源强度下降迅速，在2006年以后低于云南资源型工业能源强度，逐渐接近云南工业平均水平；有色金属工业一直保持低能耗，低于全国资源型工业能源强度平均值。相比之下，云南有色金属工业具有较强的优势，随着煤工业的发展，云南煤工业竞争力增强。(4) 由于资源型工业采选和冶炼加工环节的特殊性，冶炼加工业能耗要比采选业能耗大，云南冶炼业能耗一直高于全国水平，且能源强度差距变化不大。云南采选业能源强度下降较快，逐渐向全国采选业水平靠近。(5) 云南、陕西、青海、江西、广西五省能源强度都呈下降趋势，但云南却一直高于其他四省，还有待降低。(6) 云南资源型工业的清洁水耗系数低于云南工业，也远低于全国工业。云南资源型工业生产过程清洁处于全国中等水平，主要特点为：(1) 废水排放达标率较高，但低于广西、江西。(2) 废气排放有进一步减少的空间。(3) 产生的固体废物量大，不够清洁，高于全国水平，与相似省区相近。由于资源型工业产品的特殊性，云南资源型工业的产品清洁较好。

生产安全方面。生产安全主要是操作安全和环境安全，技术安全在设计时就已经考虑，一般造成技术不安全的原因主要是技术设计者的操作习惯与一般公司操作人员的习惯不一致，因此应把重点放在操作和环境上来。随着生产线的自动化程度越来越高，需要的操作人员越来越少，因此可以说只要按照规范操作，安全不存在大问题。关键是企业应该重视操作安全问题，对操作安全的行为和人员给予奖励，对操作不安全者予以严厉的批评和惩罚，形成操作安全的氛围，减少操作安全事故的发生。云南主要是有色金属矿山，埋藏位置一般在比较稳固的岩体之中，相对来说生产环境比较安全。黑色金属和磷盐工业主要是露天开采，生产环境一般也比较安全。煤工业的生产环境相对不安全。

经济安全方面。云南资源型工业的资源储量无论从成矿潜力、矿产资源种类和储量，还是开采与运输条件上都是安全的，同时矿石和材料也都是安全的，因此整体上云南资源型工业原材料是安全的。云南资源型工业进口依存度不是很大，但从进口来源国的集中程度来看，集中度过高，存在风险，不安全；同时部分矿产和企业的对外依存度太高，很不安全，主要是铜铝矿石；从供货商的集中程度来看，也存在一定的风险。云南资源型工业主要企业的绝大部分营业收入来自于国内，国外直接客户较少，客户结构比较单一，分散程度不高；就具体的客户公司而言，大部分集中在西南和华东地区，这是因为西南地区的冶炼加工厂从云南省企业购买原材料进一步加工的成本较低；而华东地区出口商和大型加工企业较多；可见，几大主要企业营业范围集中于国内市场，不利于风险规避，同时客户主要集中在加工企业和代理出口企业，意味着本土企业主要是出售原材料等，处于产业链的底端，不利于资源型工业的进一步发展。整体上来考虑，云南资源型工业市场基本安全。

## 7.4 附加值高方面

云南资源型工业附加值高的特征主要表现如下：

在工业经济效益上，云南资源型工业经济效益综合指数低于云南工业和全国工业，主要原因是总资产贡献率降低，特别是金属工业总资产贡献率下降大；另一影响因素是资本保值增值率下降，其中黑色金属工业和磷盐工业资本保值率下降最大。

在增加值上，（1）云南资源型工业的增加值对云南GDP的贡献率巨大，其中冶炼业规模最大，产出能力强，效率高，创造可用价值量最大。（2）加工业对云南GDP贡献由大到小，规模小，产出能力弱，创造的可用价值量少。（3）采选业的工业增加值逐年增高，对云南GDP的贡献也越来越大，规模逐渐扩张，开采技术进步，效率提高，创造的价值量逐年增加。（4）有色金属工业增加值所占比例最大，是资源型工业增加值的主要来源，规模大，技术水平先进，产出能力强，创造了大量财富。（5）黑色金属和磷盐工业增加值下降，生产规模仅次于有色金属。（6）煤工业增加值逐年增长，规模扩大，技术水平提高，产出能力增强，效率提高。

在附加值上，云南资源型工业附加值占云南工业的附加值比例虽是上升的，但是整体附加值率低，2004年云南资源型工业附加值占云南工业附加值的比例大大低于全国的比例。

## 7.5 吸纳就业能力强方面

云南资源型工业吸纳就业能力强的主要特征如下：

就业数量方面，云南资源型工业就业人数占工业就业人数的比重高于全国水平，而云南资源型工业就业人数占全省就业人数比重小于全国水平，说明在吸纳就业人数上，云南资源型工业在云南工业中具有重要的地位，在全社会中具有重要的地位，尤其是采选业吸纳就业人数的作用更大。行业就业效应上，云南资源型工业较低，在带动其他行业就业上没有太大的比较优势，远低于第一产业、第三产业、建筑业、食品制造与烟草加工业，也低于制造业。在就业贡献上，云南资源型工业的就业贡献率（2001~2010年平均为4%）远远低于全国平均水平14%。

就业质量方面，在工资水平上云南资源型工业虽然高于包括制造业和建筑业在内的其他行业，但低于云南工业的工资水平，吸引就业能力强；特别是采选业和金属工业，可以吸纳较多的一般劳动力，是资源型工业中吸纳就业能力强的优势行业。负担人数上云南资源型工业负担人数较高，特别是有色金属工业和冶炼业的负担人数最高。

就业空间方面，云南资源型工业的就业弹性和结构偏离度均表现较好，还有很大的就业增加空间，特别是在有色金属业和冶炼加工行业。

## 7.6 提升云南资源型工业核心竞争力思考

(1) 从提升采选业竞争力的角度来看，在云南资源储量增长有限的情况下，首先要维护矿石供给的稳定，其次是通过私人资本参与矿山建设，激发采矿业的活力，最后是要做好资源的合理利用，兼顾环境保护和社会稳定。

要维护的矿石供给稳定，首先要构建促进勘探投入增加的制度机制，可考虑鼓励民营资本进入，鼓励民营企业在东南亚、南亚市场从事勘探工作；鼓励国有企业积极建立海外矿石购买平台，支持企业境外买矿，稳定东南亚、南亚矿石采购来源，特别是缅甸和老挝；其次要加大采选业产能储备和兼并，同时对矿石进行政府收储，增加矿石供应调节的能力，减少矿石供应波动的影响；最后要加强省内、国内企业联合，增强国际矿石价格谈判话语权。

合理引导私人资本参与矿山建设，一方面要设定私人准许开采的矿山储量标准，对那些储量较大的矿山尽量由大型高技术企业进行开采；对大型矿山开采剩余残矿、边角矿等不适合大型机械作业的微少矿产资源，由私人企业组织一般劳动力有序从事大型矿山边角部、废石堆场、基地凹凸不平的小型残坡积风化矿床，特别是有色金属矿区等区域的开采活动；另一方面要加大主要矿产资源的整合力度，主要可以依靠减小私人可以进入的矿山数量，提高私人可以进入的资本标准，提高私人进入资源型工业的环境要求。

加强矿山的合理利用、环保与稳定，一是要加强矿山企业整合，提高“三率”，提高矿产资源利用率；二是结合云南陡峻的地形，推广使用平硐开采和管（索）道运输矿石，减少道路运输带来的安全威胁和环境污染；三是要求矿产资源开采的后续部门尽量选择建在开采矿区附近，既能减少运输量减低成本，又能保护环境和减少浪费；四是要协调好企业和当地政府、居民的矛盾，禁止私采滥挖，减少资源的浪费，同时出台提高矿产资源综合利用的技术引进和研发政策。

(2) 要规范好冶炼加工业，提升其核心竞争力，首先要提高冶炼加工业的集中度，其次要鼓励加工业做大做强。

提高冶炼加工业的集中度，一是要整合集聚冶炼业，减少、限制小冶炼厂的发展，兼并组合相似、相近的资源型工业企业，形成冶炼业产业集群；提高选厂的技术标准、选矿效果指标和环境标准，鼓励先进冶炼技术的研发；二是要建立矿产资源加工业园区，进一步促进加工业的区域集中化和规模化发展；三是要适当调整冶炼业，尤其是金属冶炼业的规模和产品结构比例，提高冶炼和加工技术，使资源型工业在冶炼行业相对集中、在加工业高度集中，提高资源型工业的互补性和联系性。

要鼓励加工业做大做强，一是要加大促进加工业发展的政策力度，扩大规模发展，促进资源的充分利用，确保企业自身不断提高加工技术水平，尤其是系列化、集群化、规模化的加工技术是未来云南资源型工业的重点和核心；二是在稳固主导初加工产品质量和市场的基础上，应该大力开展深加工产品的系列化研究和开发，发展附加值高的下游深加工（如装备制造业），占领利润来源的制高点；三是放宽加工业的政策约束，鼓励民营资本进入加工业，激励加工业的多元化发展和提高加工业的就业贡献，以适应加工业销售市场的细分化、多元化特征；四是积极开拓加工业材料产成品的省内外、国内外市场，提高客户质量，完善大宗物流服务，为资源型工业加工业产品的外销提供便利的运输条件。

(3) 技术是核心竞争力的源泉，因此政府要加大对科技研发的重视，促进资源优势转变为技术优势，注重吸引高级人才，培养高新技术产业集群；同时企业本身也要重视科技研发，把科研实力视为企业的核心竞争力，把科研的先进程度视为企业在未来竞争中生死存亡的关键。

政府要加大对科技研发的重视，促进资源优势转变为技术优势，一是要加大资源型工业中基础科技研发的投入，建立资源型工业企业的基础科研基金，鼓励企业参与基础科研工作，同时对科技研发有成效的资源型工业企业进行减税；二是把资源型工业企业的科技研发成效纳入对企业负责人的考核指标体系和企业审查的指标体系，同时提高环保、工艺、产品的技术标准，强制淘汰落后企业，促进企业的技术投入和进步；三是对资源型工业企业的高管应增加技术创新的考核指标，适度容忍研发的失败，承受研发的风险，对资源型工业企业科技促进政策需要加大贯彻执行力度，并配套人才、融资、税收等政策，进一步提高行业准入和行业标准，尤其是在技术上的行业标准，培育壮大大型资源型工业企业集团公司，提高其参与国内外竞争的能力。

注重吸引高级人才，一是要适度提高研发技术人员的经济和社会待遇，吸引人才，创造适合研发技术人员生活工作的软硬件环境，留住人才，比如在滇中（特别是昆明）地区设立研发中心；二是要建立公开、公平、公正、宽松的柔性绩效奖励考核制度机制，用制度吸引人才；三是要积极创建适合研发科技人员发挥聪明才智的平台，用好人才，比如建设设备先进的研究中心、试验中心、推广中心，用广阔的事业前景吸引人才。

培养高新技术产业集群，一是要建立资源型工业的高新技术产业主题园区，促进资源型工业高新技术的借鉴、组合、融合，加快资源型工业高新技术的快速发展；二是对具有绝对优势的行业和产品，在滇中地区专门区域集中发展矿产资源加工和下游产业的高新技术研发培育，特别是要促进有色金属后续产业开发的区域集中化、促进有色金属技术的集中和融合；三是既有高新技术产品应该进一步衍生开发，实现规模化、系列化、集群化发展。

企业要重视科技研发，一是企业的技术部门设置应该淡化盈利目标，理顺部门之间的关系，加强与生产实际的结合；二是提高技术水平和创新能力，提高产品质量，开发新产品；三是加大净水设施和技术的引进和研发，提高重复用水量，加大瓶颈冶炼技术攻关。

（4）区位优势对企业的竞争力影响是直接和重要的，因此加强区位优势首先要针对资源型工业同构性大的地区，分析本区域的资源型工业的优势，重点突破，实现优势行业的提升，避免多数资源型工业均处于竞争劣势。

一是要对资源型工业规模小的地区，尽快发展其他产业；二是要成立主题（有色金属、磷等）加工园区，促进企业、技术、信息、物流的融合，采、选、冶、加协同发展，构建一体化产业链，成套技术研发和引进，提高高新产品系列化的生产能力；三是要完善交通基础设施建设，尤其是海路一体化，利用北部湾出海口。

（5）随着国家和人民群众以及世界各国对环境保护越来越重视，环保日益成为影响企业核心竞争力的重要因素，要实现环保可以从减排和制度引导两个方面考虑。

要实现减排，一是切实降低云南黑色金属和磷盐工业的能源强度，尤其是要降低冶炼加工行业的能源强度，切实降低云南磷盐工业的水耗系数，大力引进和研发节能降耗设备和技术，促进云南资源型工业整体能耗下降；二是加大磷盐、黑色金属冶炼业废气排放的管理力度，削减废气排放量，对“三废”排放不达标的企业进行强制性关停；三是引进环境处理设备，加大环境设备研发的支持力度；加大“三废”资源综合利用的科研、税收支持力度，提高环境排放达标率。

制度引导一是要从废弃物的末端治理向废弃物减量化、再利用、资源化的清洁生产方式转变，建立废旧资源交易信息平台、交易市场，特许一批废旧资源经营企业在资源型工业集中区域建立“三废”处理厂，给予“三废”处理先进企业奖励，鼓励有处理能力的企业帮助其他企业处理“三废”；二是对企业的考核目标从单纯追求经济效益向追求经济效益和环境效益统一的方式转变。

（6）企业生产流程和企业的经济效益直接挂钩，因此优化企业流程可以直接带来经济效益乃至竞争力的提高。

优化企业流程，一是要加大操作安全教育培训和优化操作流程，加大操作安全奖惩力度，可以通过改进安全设备、作业环境或操作方法，将危险作业改进为安全作业，将笨重劳动改进为轻便劳动，将手工操作改进为机械操作；二是分析造成各种事故的原因，研究防止各种事故的办法，提高设备的安全性，研讨新技术、新工艺、新设备的安全措施；三是降低中间消耗，降低成本，扩大生产高附加值产品规模。

(7) 要充分发挥好资源型工业的就业和经济乘数效应，同时要充分注意和避免资源型工业带来的不好影响。

提升云南资源型工业核心竞争力，同时还要避免由于过分依赖资源型工业带来的经济全面衰退的影响，随时监测资源型工业内部行业和部门可能表现出的吸入效应，避免不正常经济现象的出现。

# 参考文献

[1] (美) 艾伯特·赫希曼，经济发展战略 [M]. 曹征海，潘照东，译. 北京：经济科学出版社，1991.

[2] 敖丽红，宋玉祥，杜晶晶. 能源约束条件下的工业结构优化研究——以吉林省工业结构调整为例 [J]. 经济纵横，2008 (9)：110~112.

[3] 奥蒂. 资源富足与经济发展 [M]. 张效廉，译. 北京：首都经济贸易大学出版社，2006.

[4] 白瑞雪，翟珊珊. 基于产业链视角的“十二五”时期产业结构优化升级研究 [J]. 中国特色社会主义研究，2012 (4)：94~98.

[5] 蔡昉，都阳，高文书. 就业弹性、自然失业和宏观经济政策——为什么经济增长没有带来显性就业? [J]. 经济研究，2004 (9)：18~25，47.

[6] 蔡昉. 人口转变、人口红利与经济增长可持续性——兼论充分就业如何促进经济增长 [J]. 人口研究，2004，28 (2)：2~9.

[7] 曹琼. 产业发展与核心竞争力：以台湾地区笔记本电脑产业为例 [M]. 北京：经济管理出版社，2010.

[8] 曾军，等. 云南省与越南进行矿产资源开发的合作优势研究 [J]. 东南亚纵横，2011 (12)：31~34.

[9] 陈佳贵.《中国工业化进程与安全生产》评介 [J]. 中国工业经济，2012 (6)：159.

[10] 陈进，等. 基于模糊评价的资源型企业可持续发展预警系统研究与应用 [J]. 昆明理工大学学报 (理工版)，2010，35 (1)：119~124.

[11] 陈永东. 核心竞争力理论的局限性——兼谈日本企业竞争力的衰退 [J]. 经济与管理研究，2003 (1)：65~67.

[12] 陈桢. 产业结构与就业结构关系失衡的实证分析 [J]. 山西财经大学学报，2007，29 (10)：32~37.

[13] 戴越. 资源与环境约束下的产业结构优化研究 [J]. 学术交流，2014 (2)：126~129.

[14] 邓崎琳. 提升钢铁产业核心竞争力 [J]. 求是，2010 (21)：44~46.

[15] 杜云月，蔡香梅. 企业核心竞争力研究综述 [J]. 经济纵横，2002 (3)：59~63.

[16] 范爱军.“十五”中国产业发展与产业政策研讨会综述 [J]. 经济研究，2000 (7)：77~78.

[17] 范剑勇，颜燕，王加胜. 改革以来就业结构变动及其对经济增长的贡献 [J]. 宏观经济研究，2001 (9)：43~47.

[18] 范剑勇. 产业集聚与地区间劳动生产率差异 [J]. 经济研究，2006 (11)：72~81.

[19] 方如康. 环境学词典 [M]. 北京：科学出版社，2003.

[20] 付凌晖. 我国产业结构高级化与经济增长关系的实证研究 [J]. 统计研究，2010，27 (8)：79~81.

[21] 干春晖，郑若谷，余典范. 中国产业结构变迁对经济增长和波动的影响 [J]. 经济研究，2011，46 (5)：4~16，31.

[22] 高新才，周一欣．甘肃省资源型产业发展研究［J］．兰州大学学报（社会科学版），2011，39（6）：83～86.
[23] 高怡冰，林平凡．区域核心竞争力与全要素生产率的动态广联性研究［J］．科技管理研究，2014，34（16）：46～50.
[24] 顾晓春．我国铜工业进展与云南铜业可持续发展［J］．昆明理工大学学报（理工版），2008，33（4）：18～22.
[25] 顾颖，陈馨．中国产业结构升级的产业关联效应——基于投入产出的实证分析［J］．云南社会科学，2012（3）：82～85.
[26] 广西壮族自治区统计局．广西统计年鉴 2006［M］．北京：中国统计出版社，2006.
[27] 郭庆．工业化进程测度统计指标体系初探［J］．统计与决策，2007（10）：60～62.
[28] 郭少新．西部经济发展：从比较优势到竞争优势［J］．西北大学学报（哲学社会科学版），2004，34（4）：41～46.
[29] 郭水珍，严丹屏．资源枯竭型城市产业结构优化升级研究［J］．管理学报，2012，9（3）：446～450.
[30] 国家统计局工业统计司．中国工业经济统计年鉴 2010［M］．北京：中国统计出版社，2011.
[31] 国家统计局国民经济核算司．中国投入产出表 2007［M］．北京：中国统计出版社，2009.
[32] 国务院发展研究中心课题组．产业集聚及其对经济发展的意义［J］．经济学动态，2003（8）：28～31.
[33] 何盛明．财经大辞典（上卷）［M］．北京：中国财政经济出版社，1990.
[34] 胡代光，高鸿业．西方经济学大辞典［M］．北京：经济科学出版社，2000.
[35] 胡建绩，张锦．基于产业发展的主导产业选择研究［J］．产业经济研究，2009（4）：38～43.
[36] 胡荣，等．江苏省产业结构有序度的测度与分析［J］．统计与决策，2008（1）：114～115.
[37] 华宏全，等．废杂铜回收利用浅析［J］．中国资源综合利用，2011，29（11）：20～23.
[38] 环境科学大辞典编辑委员会．环境科学大辞典［M］．北京：中国环境科学出版社，1991.
[39] 黄汉江．投资大辞典［M］．上海：上海社会科学院出版社，1990.
[40] 黄溶冰，胡运权．产业结构有序度的测算方法——基于熵的视角［J］．中国管理科学，2006，14（1）：122～128.
[41] 黄运武．新编财政大辞典［M］．沈阳：辽宁人民出版社，1992.
[42] 简新华，于波．可持续发展与产业结构优化［J］．中国人口·资源与环境，2001，11（1）：30～33.
[43] 简新华，杨艳琳．产业经济学［M］．武汉：武汉大学出版社，2009.
[44] 江西省统计局，国家统计局江西调查总队．江西统计年鉴 2004-2006［M］．北京：中国

统计出版社，2007.

[45] 江西省统计局，国家统计局江西调查总队．江西统计年鉴2007-2011［M］．北京：中国统计出版社，2012.

[46] 江小涓．我国出口商品结构的决定因素和变化趋势［J］．经济研究，2007（5）：4～16.

[47] 姜艾佳，朱柏铭．西部地区如何发展高附加值服务业［J］．改革，2010（5）：148～151.

[48] 姜振寰，等．技术学辞典［M］．沈阳：辽宁科学技术出版社，1990.

[49] 蒋兴明．稀贵金属产业发展［M］．北京：冶金工业出版社，2014.

[50] 蒋兴明．有色企业网络经营管理研究［D］．昆明：昆明理工大学，2002.

[51] 金碚．高技术在中国产业发展中的地位和作用［J］．中国工业经济，2003（12）：5～10.

[52] 金碚．中国工业的技术创新［J］．中国工业经济，2004（5）：5～14.

[53] 金碚．中国工业国际竞争力——理论、方法与实证研究［M］．北京：经济管理出版社，1997.

[54] 金碚．中国工业化经济分析［M］．北京：中国人民大学出版社，1994.

[55] 金碚，等．中国制造业国际竞争力现状分析及提升对策［J］．财贸经济，2007（3）：3～10.

[56] 康纪田．我国矿山开采管理“三权分立”模式初探［J］．中南大学学报（社会科学版），2011，17（3）：99～104.

[57] 李博，胡进．中国产业结构优化升级的测度和比较分析［J］．管理科学，2008，21（2）：86～93.

[58] 李琮．世界经济学大辞典［M］．北京：经济科学出版社，2000.

[59] 李冠霖，任旺兵．我国第三产业就业增长难度加大——从我国第三产业结构偏离度的演变轨迹及国际比较看我国第三产业的就业增长［J］．财贸经济，2003（10）：69～73.

[60] 李江涛．“十二五”提高我国产业核心竞争力的总体路径和措施选择［J］．国家行政学院学报，2011（1）：83～87.

[61] 李江涛．“十二五”提高我国产业竞争力的战略背景和目标选择［J］．国家行政学院学报，2010（6）：24～27.

[62] 李杰．区位基尼系数与地区产业分布——以江苏为例的考察［J］．华东经济管理，2005，19（1）：4～7.

[63] 李娟，费宇，关赟．云南省产业结构优化研究［J］．思想战线，2011（3）：143～144.

[64] 李孟刚，蒋志敏．产业经济学［M］．北京：高等教育出版社，2008.

[65] 李孟刚．产业安全理论研究［M］．北京：经济科学出版社，2010.

[66] 李明中．区域产业核心竞争力研究［D］．武汉：武汉理工大学，2003.

[67] 李邃．新兴产业与中国产业结构优化升级有序度研究［J］．科学学与科学技术管理，2010，31（12）：115～121.

[68] 李晓峰，王双双．区域战略性新兴产业核心竞争力的识别与培育——以天津市新能源产业为例［J］．科技进步与对策，28（11）：55～58.

[69] 李晓宁，邱长溶．转轨时期中国行业工资差距的实证研究［J］．山西财经大学学报，2007，29（6）：48～54.
[70] 李雪峰．创新、核心竞争力与区域经济可持续发展——西部经济可持续发展的荷兰经验［J］．商业研究，2009（2）：27～31.
[71] 李扬．西部地区产业集聚水平测度的实证研究［J］．南开经济研究，2009（4）：144～151.
[72] 李泽建，可星．以信息化建设为契机培育和提高云南医药产业核心竞争力［J］．经济问题探索，2007（1）：67～71.
[73] 刘福仁，等．现代农村经济辞典［M］．沈阳：辽宁人民出版社，1991.
[74] 刘慧龙，张敏，王亚平，等．政治关联、薪酬激励与员工配置效率［J］．经济研究，2010（9）：109～121，136.
[75] 刘军，谢锐，王腊芳．中国钢铁产业链各环节附加值的国际比较［J］．财经理论与实践，2011，32（2）：115～119.
[76] 刘平洋．中国产业国际竞争力分析［M］．北京：经济管理出版社，2003.
[77] 刘诗白，邹广严．新世纪企业家百科全书［M］．第3卷．北京：中国言实出版社，2000.
[78] 刘思峰．我国产业结构的有序度研究［J］．经济学动态，2004（5）：53～56.
[79] 刘斯敖．产业集聚测度方法的研究综述［J］．商业研究，2008（11）：64～66.
[80] 刘小铁．产业竞争力因素分析［M］．南昌：江西人民出版社，2009.
[81] 刘媛媛，孙慧，张娜娜．石油、天然气能源产业集聚与区域产业结构优化——以新疆为例的研究［J］．经济管理，2013（2）：29～40.
[82] 柳坤，申玉铭，张旺，等．河南省产业关联效应研究［J］．地域研究与开发，2013，32（1）：29～34.
[83] 罗卫平，等．基于柯布-道格拉斯生产函数的广东农业与农村技术进步贡献率测算［J］．科技管理研究，2010，30（24）：82～83.
[84] 吕时达，等．简明经济学辞典［M］．兰州：甘肃人民出版社，1986.
[85] 马建会．集群式发展：“十一五”提升西部特色优势产业核心竞争力的路径思考［J］．中国社会科学院研究生院学报，2007（1）：30～34.
[86] 马文军，李孟刚．新垄断竞争理论——产业集中、市场竞争与企业规模的最优度测算及中国钢铁产业组织安全的实证［M］．北京：经济科学出版社，2010.
[87] MICHAEL E P. 竞争优势［M］．陈小悦，译．北京：华夏出版社，2005.
[88] MICHAEL E P. 国家竞争优势［M］．李明轩，邱如美，译．北京：华夏出版社，2002.
[89] Mei Wen. Relocation and agglomeration of Chinese industry［J］. Journal of Development Economics，2004，73（1）：329～347.
[90] 毛林根．产业经济学［M］．上海：上海人民出版社，1996.
[91] 倪天麒，等．战略性资源地区资源型产业发展刍议［J］．干旱区资源与环境，2012，26（1）：6～11.

[92] 牛凌云，窦丽琛．关于工业增加值率指标的探讨和分析［J］．河北经贸大学学报，2000，21（6）：74～78.

[93] 潘维军．中国工业行业技术研发投入产出弹性估计［J］．科技进步与对策，2013，30（1）：74～78.

[94] 蒲业潇．理解区位基尼系数：局限性与基准分布的选择［J］．统计研究，2011，28（9）：101～109.

[95] 秦成逊．云南省支柱产业发展的现状——问题和对策研究［J］．昆明理工大学学报（理工版），2007，32（4）：85～89.

[96] 秦玉琴．新世纪领导干部百科全书［M］．第2卷．北京：中国言实出版社，1999.

[97] 青海省统计局，国家统计局青海调查总队．青海统计年鉴2010-2011［M］．北京：中国统计出版社，2012.

[98] 青海省统计局．青海统计年鉴2007-2009［M］．北京：中国统计出版社，2010.

[99] 汝信．中国工人阶级大百科［M］．北京：中国国际广播出版社，1992.

[100] 芮明杰，陶志刚．中国产业竞争力报告［M］．上海：上海人民出版社，2004.

[101] 芮明杰．产业竞争力的“新钻石模型”［J］．社会科学，2006（4）：68～73.

[102] 芮明杰，等．产业国际竞争力评价理论与方法［M］．上海：复旦大学出版社，2010.

[103] 瑞士国际管理发展学院．IMD世界竞争力年鉴2002［M］．姚俊梅，译．北京：中国财政经济出版社，2002.

[104] 陕西省统计局，国家统计局陕西调查总队．陕西统计年鉴2009-2011［M］．北京：中国统计出版社，2012.

[105] 陕西省统计局．陕西统计年鉴2007-2008［M］．北京：中国统计出版社，2009.

[106] 邵帅，杨莉莉．自然资源开发、内生技术进步与区域经济增长［J］．经济研究，2011（S2）：112～123.

[107] 盛世豪．产业竞争论［M］．杭州：杭州大学出版社，1999.

[108] 史东明．核心能力论——构筑企业与产业的国际竞争力［M］．北京：北京大学出版社，2002.

[109] 宋书文．管理心理学词典［M］．兰州：甘肃人民出版社，1989.

[110] 宋志平．安全生产企业才有核心竞争力［J］．求是，2013（14）：37～38.

[111] 宋志平．发展决不能以牺牲人的生命为代价：安全生产，企业才有核心竞争力［J］．求是，2013（14）：37～38.

[112] 宋周莺，刘卫东．西部地区产业结构优化路径分析［J］．中国人口·资源与环境，2013，23（10）：31～37.

[113] 孙敬水．市场结构与市场绩效的测度方法研究［J］．统计研究，2002（5）：7～12.

[114] 孙钱章．实用领导科学大辞典［M］．济南：山东人民出版社，1990.

[115] 唐德森．产业优化升级视角下的经济持续增长动力研究［J］．云南社会科学，2014（4）：63～66.

[116] 陶洪．劳动生产率分解理论及其在我国工业领域的应用研究［D］．上海：东华大学，2008.

[117] 佟晶石．产学研合作创新体系与自主知识产权［J］．中国软科学，2003（1）：114～117.
[118] 王君美．市场导向下的产业结构调整［J］．经济问题探索，2009（8）：14～17，53.
[119] 王岚．全球价值链分工背景下的附加值贸易：框架、测度和应用［J］．经济评论，2013（3）：150～160.
[120] 王洛林．中国工业利用外商投资研究报告［M］．北京：社会科学文献出版社，1999.
[121] 王明亮．后危机背景下贵阳市工业结构调整［J］．城市发展研究，2011，18（11）：5～8.
[122] 王强．金融危机下的劳动力就业与产业结构优化升级［J］．福建论坛（人文社会科学版），2009（7）：50～53.
[123] 王翔朴，等．卫生学大辞典［M］．青岛：青岛出版社，2000.
[124] 王子龙，谭清美，许箫迪．产业集聚水平测度的实证研究［J］．中国软科学，2006（3）：109～116.
[125] 魏杰．工业化进程中的规模以上工业［J］．理论探讨，2003（5）：42～47.
[126] 魏喜成，袁芸．资源型城市产业结构优化升级的对策研究［J］．天府新论，2009（1）：54～56.
[127] 温杰．中国产业结构升级的就业效应［D］．武汉：华中科技大学，2010.
[128] 武音茜，方维萱，韩润生．云南省铜产业结构分析与对策建议［J］．矿物学报，2008，28（1）：98～104.
[129] 武音茜．云南省铜资源经济与铜产业价值链结构研究［D］．昆明：昆明理工大学，2008.
[130] 向洪．国情教育大辞典［M］．成都：成都科技大学出版社，1990.
[131] 向洪．当代科学学辞典［M］．成都：成都科技大学出版社，1987.
[132] 肖文韬．产业结构协调理论综述［J］．武汉理工大学学报（信息与管理工程版），2003，25（3）：151～155.
[133] 谢刚，杨大锦．2010 年云南冶金年评［J］．云南冶金，2011，40（2）：41～56，75.
[134] 谢贤平，杨溢．2010 年云南采矿年评［J］．云南冶金，2011，40（2）：3～14.
[135] 熊鸿军．经济转型期上海工业劳动生产率增长的就业效应研究［D］．上海：东华大学，2010.
[136] 许庆，尹荣梁，章辉．规模经济、规模报酬与农业适度规模经营——基于我国粮食生产的实证研究［J］．经济研究，2011（3）：59～71，94.
[137] 薛声家．基于投入产出模型的产业结构优化［J］．济南学报（哲学社会科学），2003，25（1）：49～53.
[138] 杨飞，张文科．榆林市经济增长模式与科技进步贡献初步分析［J］．情报杂志，2011，30（z1）：288～292，254.
[139] 杨青．经济效益的两种计算方法探讨［J］．数量经济技术经济研究，1986（12）：21～26.
[140] 杨治．产业经济学导论［M］．北京：中国人民大学出版社，1985.
[141] 叶仁荪，王玉芹，林泽炎．工作满意度、组织承诺对国企员工离职影响的实证研究

[J]. 管理世界，2005 (3)：122~126.
[142] 于根元．现代汉语新词词典 [M]. 北京：北京语言学院出版社，1994.
[143] 于银杰，余韵，周海东．委内瑞拉矿业法与矿业管理体制 [J]. 国际经济合作，2012 (8)：58~61.
[144] 余秉坚．中国会计百科全书 [M]. 沈阳：辽宁人民出版社，1999.
[145] 俞肖云．工业经济效益评价指标体系的重建 [J]. 统计研究，2003 (3)：14~19.
[146] 郁德强，贾崇吉．区域核心竞争力的资源依托与产业设计——以浐灞生态区为例 [J]. 统计与信息论坛，2011，26 (7)：72~77.
[147] 袁桂秋，张玲丹．我国制造业的规模经济效益影响因素分析 [J]. 数量经济技术经济研究，2010 (3)：42~54.
[148] 云南省国土资源厅．云南矿业 30 年辉煌 [M]. 昆明：云南人民出版社，2008.
[149] 云南省人口普查办公室．云南省 2000 年人口普查资料 [M]. 昆明：云南科技出版社，2002.
[150] 云南省人民政府第二次全国经济普查领导小组办公室，云南省统计局编．云南经济普查年鉴 2008 [M]. 北京：中国统计出版社，2011.
[151] 云南省人民政府第一次全国经济普查领导小组办公室．云南经济普查年鉴 2004 [M]. 北京：中国统计出版社，2007.
[152] 云南省人民政府．云南年鉴 2008-2011 [M]. 2012.
[153] 云南省统计局，国家统计局云南调查总队编．云南统计年鉴 2009-2011 [M]. 北京：中国统计出版社，2012.
[154] 云南省统计局．云南工业经济信息资料 2001-2009 [M]. 昆明：云南科技出版社，2010.
[155] 云南省统计局．云南统计年鉴 2002-2008 [M]. 北京：中国统计出版社，2009.
[156] 云南省政府研究室，中共云南省委办公厅．云南支柱产业论 [M]. 昆明：云南人民出版社，1997.
[157] 臧旭恒，裴春霞．中国产业组织结构分析及展望 [J]. 财经研究，2001，27 (2)：3~9，15.
[158] 翟泰丰．党的基本路线知识全书 [M]. 沈阳：辽宁人民出版社，1994.
[159] 张佰瑞．北京旅游就业效应和就业乘数分析 [J]. 北京社会科学，2010 (1)：38~41.
[160] 张崇淼．矿产资源综合利用与环境保护之关系的探讨 [J]. 矿冶，2003，12 (2)：22~25.
[161] 张国兴．基于博弈视角的煤矿企业安全生产管制分析 [J]. 管理世界，2013 (9)：184~185.
[162] 张坚，孙荀．关于产业核心竞争力的思考 [J]. 科技管理研究，2010，30 (8)：109~110.
[163] 张坚．产业集群与产业核心竞争力 [J]. 科技管理研究，2010 (17)：135~137.
[164] 张金麟．云南的失业率与结构偏离度及就业增长 [J]. 云南民族大学学报（哲学社会

科学版)，2007，24（4）：79～83.
［165］张可，高庆昆．基于突破性技术创新的企业核心竞争力构建研究［J］．管理世界，2013（6）：180～181.
［166］张培刚，张建华，罗勇，等．新型工业化道路的工业结构优化升级研究［J］．华中科技大学学报（社会科学版），2007，21（2）：82～88.
［167］张清源．现代汉语常用词词典［M］．成都：四川人民出版社，1992.
［168］张荣光．关于改善我国矿业投资环境的探讨［J］．天府新论，2009（1）：35～38.
［169］张守一．劳动投入产出模型研究［J］．数量经济技术经济研究，1992（8）：17～23.
［170］张望军，彭剑锋．中国企业知识型员工激励机制实证分析［J］．科研管理，2001，22（6）：62，90～96.
［171］张唯实，胡坚．产业结构优化与中国经济可持续发展研究［J］．理论探讨，2011（1）：88～90.
［172］张卫峰，马文奇，张福锁，等．中国、美国、摩洛哥磷矿资源优势及开发战略比较分析［J］．自然资源学报，2005，20（3）：378～386.
［173］张文奎．人文地理学词典［M］．西安：陕西人民出版社，1990.
［174］张元智．产业集聚与区域竞争优势探讨［J］．国际贸易问题，2001（9）：33～36.
［175］赵洪斌．改革开放以来中国产业演化与竞争力研究［M］．北京：中国传媒大学出版社，2008.
［176］赵洪斌．论产业竞争力——一个理论综述［J］．当代财经，2004（12）：67～70.
［177］赵林如．市场经济学大辞典［M］．北京：经济科学出版社，1999.
［178］赵愚，蔡剑英，罗荣桂．技术创新与我国企业核心竞争力的构建模式［J］．中国软科学，2001（1）：94～97.
［179］郑家亨．统计大辞典［M］．北京：中国统计出版社，1995.
［180］中国百科大辞典编撰委员会．中国百科大辞典［M］．北京：中国大百科全书出版社，1990.
［181］中国社会科学院经济研究所．现代经济词典［M］．南京：凤凰出版社，江苏人民出版社，2005.
［182］中国社会科学院经济研究所．政治经济学大辞典［M］．北京：经济科学出版社，1998.
［183］中国乡镇企业管理百科全书编辑委员会．中国乡镇企业管理百科全书［M］．北京：农业出版社，1987.
［184］中国有色金属工业协会，中国有色金属工业年鉴编辑委员会．中国有色金属工业年鉴2002-2004［M］．北京：中国有色金属工业年鉴社，2005.
［185］中华人民共和国国家统计局．中国统计年鉴2002-2011［M］．北京：中国统计出版社，2012.
［186］周琛影，王宏．品牌视角下的比较优势原则［J］．中央财经大学学报，2007（1）：80～86.
［187］周林．2010年云南金属材料与加工年评［J］．云南冶金，2011，40（2）：63～72.

[188] 周平，周强.2010年云南选矿年评［J］. 云南冶金，2011，40（2）：20～32.

[189] 周晓艳，汪德华. 西方产业组织理论买方垄断势力衡量方法的述评［J］. 产业经济研究，2006（2）：68～74.

[190] 周亚. 产业竞争力理论创新与上海实践［M］. 上海：上海社会科学院出版社，2007.

[191] 朱英明. 产业集聚研究述评［J］. 经济评论，2003（3）：117～121.

[192] 朱英明. 区域制造业规模经济、技术变化与全要素生产率——产业集聚的影响分析［J］. 数量经济技术经济研究，2009（10）：3～18.

[193] 邹超，王欣亮，喻文. 产业集群内企业核心竞争力的作用机制及提升路径分析［J］. 西北大学学报（哲学版），2011，41（2）：41～45.

[194] 邹强. 云南驰宏锌锗大极板铅电解精炼技术引进及思考［J］. 中国有色冶金，2009（6）：23～2.

[195] 史谊峰，张邦琪. 云南铜业股份有限公司发展循环经济的实践［J］. 云南冶金，2009，38（5）：63～66.

[196] 郭定书. 技术进步对经济增长贡献的测算与评价方法——柯布道格拉斯生产函数的应用［J］. 云南冶金，1993（3）：13～18.

[197] 张洪珍. 对工业经济效益评价考核指标体系的分析与建议［J］. 江苏统计，1998（7）：17～18.

[198] 张默君. 如何计算工业综合经济效益指数［J］. 北京统计，2002（11）：10.